抗日战争档案汇编

抗战时期国民政府军政部兵工署第十工厂档案汇编

4

重庆市档案馆 编

中華書局

本册目录

四、职工名册

四、职工名册

兵工署炮兵技术研究处关于填报现职官佐姓名册致兵工署的呈（一九三六年十一月十日）

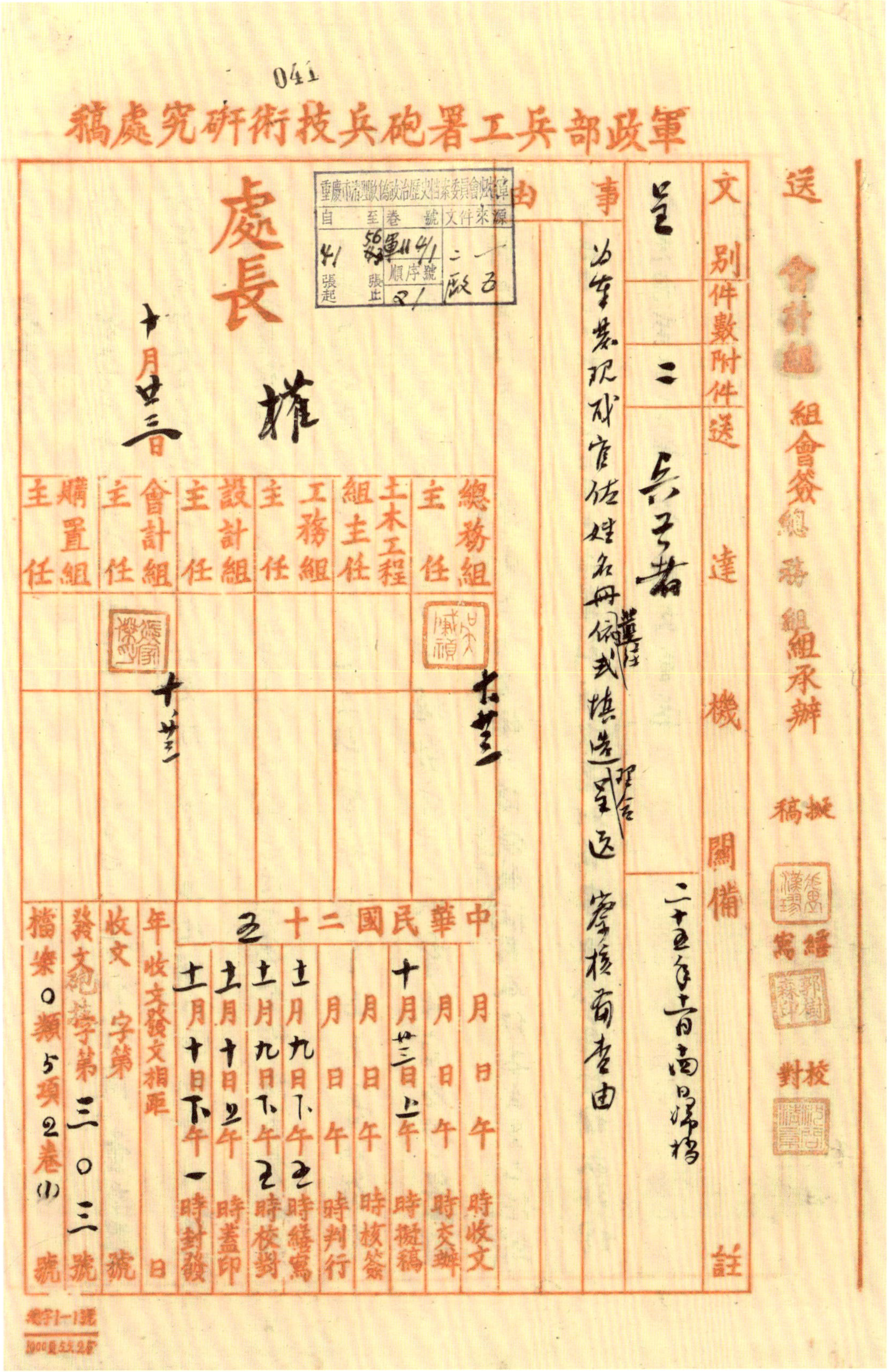
041

軍政部兵工署砲兵技術研究處稿

送：會計組

組會簽：總務組

組承辦

擬稿

繕寫 郭樹森印

校對

文別：呈

件數附件：二

送達機關：兵工署

事由：為本處現職官佐姓名冊依式填造業經理合呈送 鑒核備查由

備註：二十五年十一月十日歸檔

處長：權 十月廿三日

總務組主任	土木工程組主任	工務組主任	設計組主任	會計組主任	購置組主任
十廿三				十廿三	

中華民國二十五年

收文	交辦	擬稿	核簽	判行	繕寫	校對	蓋印	封發
月日午時	月日午時	十月廿三日上午時	月日午時	月日午時	十一月九日下午三時	十一月九日下午三時	十一月十日上午時	十一月十日下午一時

年收文發文相距日

收文字第號

發文砲技字第三〇三二號

檔案〇類5項2卷(1)號

042

案奉

钧署廿五年十月十九日秘（国）字第一〇四三号训令开：「查本署附属内外各单位为整理起见，拟定登记办法，以资分别推行。前经录「现职官佐姓名册」一种共两本（附填载方法一份），令仰该厂长迅即转令专员依式查填明白，限于文到一星期之内呈送来署，以备察查为要。此令」。计附发册两本、填载方法一纸。奉此，自应遵照办理。兹将业经呈奉委任军需主任各职员依式填载，遂厂调用及续委各员已经先行列呈，并由西呈请委任而尚未奉到核准者，拟俟奉准后再行补报外，理合先将本厂原册两本备文呈送

察核。谨呈

署長台

附呈現職官佐姓名冊兩本

金衍藩

(1)

044

總務組

階級職別（以編制為準）	姓名	請委日期	令准日期	到差日期	到本廠服務日期	離差日期	備考（註明現敘級別）
簡任六級至四級 廠長	莊權		廿五年九月廿三日	廿五年九月廿三日	廿五年四月一日		簡任五級
薦任三級至二級 總務組主任	吳肇祺	廿五年六月廿四日	廿五年十月廿四日	廿五年五月五日			薦任二級
同少校 文牘員	慶萍瑤	廿五年七月四日	廿五年十月廿四日	廿五年四月二十日			同少校
三等軍醫正 軍醫							
一等軍醫佐 軍醫							
二等司藥佐 司藥							
同上尉 庶務	吳傑	廿五年七月四日	廿五年十月廿四日	廿五年四月十六日			同上尉
同中尉 庶務	陳奕	廿五年九月五日		廿五年七月廿七日			同中尉 呈請委任後尚未奉指令
委任八級至六級 出納員	王文楠	廿五年七月四日	廿五年十一月廿四日	廿五年五月廿一			委任六級

29

階級職別（以編制為準）	姓名	請委日期	令准日期	到差日期	到[illegible]報到服務日期	離差日期	備考（註明現充職別）
同少校 辦事員	葉叔芬	廿五年七月四日	廿五年八月廿四日	廿五年五月五日			同少校
同少校 辦事員	黃榮甫	廿五年九月五日					查調用該員呈請委任案尚未奉指令尚未到差
同上尉 辦事員	李恩慶	廿五年九月五日		廿五年七月十一日			同上尉呈請委任該員案尚未奉指令
同中尉 辦事員	吳佩民	廿五年七月四日	廿五年八月廿四日	廿五年五月十五日			同中尉
同中尉 辦事員	毛鍔	廿五年九月五日		廿五年八月一日			同中尉派往駐株洲分廠服務呈請委任該員案尚未奉指令
同中尉 書記	余悌徽	廿五年六月五日		廿五年五月廿九日			同中尉
同准尉 司書	貢道生	廿五年七月四日	廿五年八月廿四日	廿五年四月九日			同准尉
同准尉 司書	沈間清	廿五年七月四日	廿五年八月廿四日	廿五年六月廿三日			
同准尉 司書							

30

046

駐株辦事處　駐渠辦事處　土木工程組

階級職別（以編制為準）	姓名	請委日期	令准日期	到差日期	到工廠服務日期	離差日期	備考（註明現敘級別）
荐任四級至三級 駐株辦事處主任							
荐任四級至三級 駐渠辦事處主任							
荐任三級至簡任六級 土木工程組主任							
荐任五級至三級 技正							
委任三級至二級 技士或技佐	徐經常	廿五年七月四日	廿五年八月廿四日	廿五年四月一日			委任二級
委任十級至六級 監工員	石瑞堂	廿五年六月四日	廿五年八月廿四日	廿五年五月廿六			委任十級
委任十級至六級 監工員							
委任十級至六級 監工員							
委任十一級至六級 繪圖員	阮元衡	廿五年七月四日	廿五年八月廿四日	廿五年五月廿六			委任十級

31

第0047

工務組

階級職別（以編制為準）	姓名	請委日期	令准日期	到差日期	到本機關服務日期	離差日期	備考（註明現敍級別）
委任十一級至六級 繪圖員							
委任十一級至六級 測量員	孫一鳴	廿三年七月四日	廿三年八月廿四日	廿三年四月十五			委任十一級派往駐株辦事處服務
委任十一級至六級 測量員							
薦任二級至簡任六級 工務組主任							
薦任四級至三級 機廠主任							
薦任四級至三級 機廠技術員							
薦任六級至四級 機廠技術員	趙達	廿三年七月四日	廿三年八月廿四日	廿三年四月廿四			薦任四級派在駐湘辦事處服務
薦任六級至四級 機廠技術員							
委任七級至三級 機廠技術員							

32

(5)

048
48

階級職別(以編制為準)	姓名	呈請委任日期	令准日期	到差日期	到廠服務日期	離差日期	備考(註明現薪級別)
委任七級至三級兵廠技術員							
委任七級至五級兵廠技術員							
委任十二級至六級兵廠技術員	陶模	卅五年七月四日	卅六年八月四日	卅五年六月一日			委任六級派在檔置組办事
仝上							
仝上							
仝上							
仝上							
月薪一千零五十元奧國工程師	裴文夏			卅五年四月廿三			
月薪八百元奧國工程師	毛毅齊			卅五年四月廿三			

33

階級職別（以編制為準）	姓名	請委日期	令准日期	到差日期	到本機關服務日期	離差日期	備考（註明現敘級別）
月薪八百元 奧國工程师	魯格			三十五年四月廿三			
月薪八百元 奧國工程师	安蘭菲許納			三十五年四月廿一			
薦任六級至四級 機廠廠主任							
委任四級至二級 機廠廠技術員	王澤隆	三十五年七月四日	三十五年八月四日	三十五年四月十三			委任三級派充駐灣水力廠服務
仝上	陸用清	三十五年七月四日	三十五年八月四日	三十五年三月四日			委任三級
仝上	戚儒華	三十五年七月四日	三十五年八月四日	三十五年六月一日			委任三級
委任十二級至七級 機廠廠材料員							
仝上							
仝上							

階級職別（以編制為準）	姓名	請委日期	令准日期	到差日期	到本廠服務日期	離差日期	備考（註明現級職別）
委任十二級至七級 槍彈廠技術員							
薦任五級至三級 砲彈廠主任							
委任五級至三級 槍彈廠技術員							
仝上							
委任十二級至七級 槍彈廠技術員							
仝上							
仝上							
仝上							
薦任六級至四級 機器廠主任							

35

階級職別（以編制為準）	姓名	請委日期	令准日期	到差日期	到本機關服務日期	離差日期	備考（註明現敘級別）
薦任六級至四級 加工廠技術員							
委任十一級至七級 加工廠技術員	陸子和	卅五年七月四日	卅五年八月廿日	卅五年五月廿五			委任七級
仝上							
仝上							
仝上							
仝上							
委任四級至薦任五級 動力廠主任							
委任四級至一級 [illegible]廠技術員							
委任十一級至七級 [illegible]廠技術員	曾憲昌	卅五年七月四日	卅五年八月廿日	卅五年四月廿日			委任七級

051

6

(9)

052

階級職別（以編制為準）	姓名	請委日期	令准日期	到差日期	服務日期	離差日期	備考（註明現職級類）
委任十一級至七級 [redacted]技術員							
仝上							
仝上							
仝上							
仝上							
委任六級至三級 煉鋼及軋鋼兩主任							
委任六級至三級 [redacted]技術員	江之方	廿四年七月四日	廿四年十一月廿日	廿五年五月十二日			委任三級
委任十一級至七級 [redacted]技術員							
仝上							

37

一四〇 053

設計組

階級職別（以編制為準）	姓名	請委日期	令准日期	到差日期	到本機關服務日期	離差日期	備考（註明現敘級別）
委任五級至三級 本局主任							
委任十一級至七級 本局技術員							
仝上							
薦任七級至簡任六級 設計組主任							
薦任六級至三級 設計組技術員							
仝上							
仝上							
仝上							
仝上							

1

38

054

階級職別（以編制為準）	姓名	請委日期	令准日期	到差日期	到廠服務日期	離差日期	備考（註明現叙級別）
委任四級至薦任六級 設計組技術員							
仝上							
仝上							
委任八級至六級 設計組技術員							
仝上							
仝上							
委任十二級至九級 設計組技術員	謝鏞	卅一年七月四日	卅一年八月廿日	卅一年一月廿三			委任十一級
仝上	王湧培	卅一年七月四日	卅一年八月廿日	卅一年六月九日			委任十一級
仝上							

39

會計組

購置組

055

階級職別（以編制員額為準）	姓名	請委日期	令准日期	到差日期	到本機關服務日期	離差日期	備考（註明現敘級別）
仝上							
仝上							
委任三級至一級 會計組主任	張家傑	廿五年七月四日	廿五年八月廿日	廿五年四月六日			委任二級
委任七級至五級 會計員	周克功	廿五年七月四日	廿五年八月廿日	廿五年五月一日			委任八級
仝上							
委任十一級至九級 會計員	郭孝同	廿五年七月四日	廿五年八月廿日	廿五年四月六日			委任十級
仝上							
薦任六級至三級 購置組主任							
委任十級至六級 購置員	程書乾	廿五年七月四日	廿五年八月廿日	廿五年五月廿三			委任六級

056

藝術排

階級職別（以編制為準）	姓名	請委日期	令准日期	到差日期	到本職服務日期	離差日期	備考（註明現叙級別）
仝上							
中（少）尉藝術排長							

41

0090

軍政部兵工署砲兵技術研究處現職官佐名冊

二六年四月十四日

隸屬	級職	姓名	就職年月日	備攷
砲兵技術研究處	簡任六級至四級 處長	莊權	二五、九、二三、	以簡任五級任用
總務組	薦任三級至二級 主任	吳肇禎	二五、五、五、	以薦任二級任用
	同少校 文牘員	盧漢璆	二五、四、二〇、	
	三等軍醫正 軍醫			
	一等軍醫佐 軍醫			
	二等司藥佐 司藥			
	同上尉 庶務	吳傑	二五、四、十六、	
	同中尉 庶務	陳炎	二五、七、二七、	

53

0091

	出納員	委任八級至六級	王文楠	二五、五、二二、	以委任六級任用
	同 办事員	少校	葉叔芬	二五、五、一、	
	仝	上	黃榮甫	二五、二、一六、	
	同 办事員	上尉	李恩慶	二五、七、一四、	代理上尉
	同 办事員	中尉	毛錫	二五、八、三、	
	仝	上	吳潤民	二五、五、一五、	
	同 書記	中尉	余悌徵	二五、四、一	以代理少尉任用
駐株办事處	主任	薦任四級至三級	梁強		兼
駐廣办事處	主任	薦任四級至三級	陸君和		兼
土木工程組	主任	薦任一級至簡任六級	梁強	二八、二、一、	以簡任六級任用
	技正	薦任五級至三級			
	技士或技佐	委任三級至二級	徐徑常	二五、四、六、	以委任二級技士任用

軍政部兵工署……

0092

工務組

職別	姓名	日期	備考
委任十級至六級 監工員	石端堂	二五、五、一八、	以委任十級任用
仝上	俞秉政	二五、八、一、	以委任十級任用
仝上			
委任十一級至八級 絵圖員	莊亜良	二五、二、二、	以委任九級任用
仝上	阮元衡	二五、五、一六、	以委任十一級任用
委任十一級至八級 測量員	孫一鳴	二五、四、一五、	以委任十一級任用
荐任二級至簡任級 主任	榮泉馨	二五、二、一六、	以荐任二級任用
荐任四級至二級 砲廠主任	陸君和	二五、二、一七、	以荐任三級任用
荐任四級至三級 技術員			
荐任六級至四級 技術員	趙達	二五、四、一七、	以荐任四級任用

55

0093

仝　工	彭鍾岷	二五、一〇、二七、	以委任壹级任用
委任七级至五级技術員	朱家陽	二五、一二、一三、	以委任七级任用
仝　上	陶模	二五、六、一	以委任六级任用
仝　上	馬運復	二六、三、三、	以委任五级任用
委任十级至六级技術員			
仝　上			
仝　上			
仝　上			
仝　上			
輿國 工程師 月薪壹千四百元	裴夏		

軍政部兵工署砲兵技術研究處

56

0094

月支新八百元 奧國工師	宓蘭菲許納		
仝上	毛毅斉		
仝上	魯林		
薦任六級至四級 槍彈廠主任			
委任四級至三級 技術員	王澤隆	二五、四、一三、	以委任三級任用
仝上	陸用清	二五、三、二四、	以委任三級任用
仝上	戚儒華	二五、六、一六、	以委任三級任用
委任十三級至七級 技術員	孫澤溢	二五、九、二三、	以委任八級任用
仝上	呂則仁	二五、一一、一六、	以委任九級任用
仝上			

57

0095

仝上			
荐任五級至三級 砲彈廠主任			
委任五級至三級 技術員	孟繼奎 已建卡	二五、一一、一六、	以委任三級任用
仝上	王永慶	二五、七、三、	以委任三級任用
委任十一級至七級 技術員	張石泉	已二五、一二、八	以委任九級任用
仝上			
仝上			
仝上			
荐任六級至四級 機四三廠主任	沈莘耕 已建卡	二六、三、一三、	以荐任五級任用
荐任六級至四級 技術員	陳喜棠 已建卡	二六、三、一、	以荐任五級任用

軍政部兵工署砲兵技術研究處

58

委任十級至七級技術員	陸子和	三五、五、二五、	以委任七級任用
仝上	羅斉儉	三五、七、二七、	以委任九級任用
仝上	許海律	三五、七、二七、	以委任九級任用
仝上	方儼	三五、七、一六、	以委任十級任用
仝上			
委任四級至薦任五級動力廠主任	貝增晢		
委任四級至一級技術員	熊明善	三五、一一、一六、	以委任二級任用
委任十級至七級技術員	馬家偉	三五、九、一、	以委任十二級任用
仝上	方炳盤	三六、一、一三、	以委任十級任用
仝上			

0096

59

0097

仝上			
仝上			
仝上			
委任六級至三級 熔銅及輾銅間主任	楊梼	三五、二、二五、	以委任四級任用
委任六級至三級 技術員	江元方	三五、五、二、	以委任三級任用
委任十級至七級 技術員	徐芳堂	三五、二、二、	以委任九級任用
仝上			
委任五級至三級 木工間主任	蔣璜	三五、九、二六、	以委任五級任用
委任十級至七級 技術員			
仝上			

軍政部兵工署砲兵技術研究處

60

設計組

主任（薦任二級至簡任六級）			
技術員（薦任六級至三級）	陳世仁	三五、二、一六、	以薦任五級任用
仝上	王思濂	三五、一、三、	以薦任三級任用
仝上	蔡其恕	三六、一、五、	代理薦任四級
仝上	唐漢宗	三六、三、一、	以薦任五級任用
仝上			
技術員（委任四級至薦任六級）	呂持平	三五、二、一六、	代理薦任六級
仝上	蘇知檢	三五、二、一六、	以委任二級任用
仝上	孫以璠	三五、二、一六、	以委任二級任用
技術員（委任八級至六級）			

0099

仝	上			
委任十一級至七級 技術員		張曉	卅五、二、廿六、	以委任九級任用
仝	上	謝鏞	卅五、六、三、	以委任十一級任用
仝	上	王湧培	卅五、六、九、	以委任十一級任用
仝	上	李繼遜	卅六、三、十五、	以委任十一級任用
仝	上			

會計組

主任	委任三級至一級	張家傑	卅五、四、六、	以委任二級任用
會計員	委任七級至五級	周克功	卅五、五、一、	以委任八級任用
仝	上	俞守身	卅五、一二、一〇、	以委任八級任用

62

0100

	会计員（委任十一级至九级）	郭孝同	二五、四、六、	以委任十级任用
	仝	上 葛世英	二五、七、二〇、	以委任十一级任用
購置組	主任（薦任六级至三级）	張敏慎	二五、五、二五、	以薦任四级任用
	購置員（委任十级至六级）	程書乾	二五、五、十三、	以委任六级任用
	仝	上 高擎安	二五、七、二七、	以委任六级任用
砲兵技術研究處	技副四级服務員	楊甯謨	二六、三、一三、	
	仝	上 陳舉賢	二六、二、二五、	
	仝	上 陳松齡	二六、三、三〇、	
	仝	上 王秩信	二六、三、九、	
	仝	上 趙光漢	二六、二、二五、	

63

0101

仝上		姜增耀	二六、三、九、	
少(中)尉	警衛排長	張劍操	二五、一一、一〇、	中尉

軍政部兵工署砲兵技術研究處

64

0002

軍政部兵工署砲兵技術研究處現職官佐名冊　廿七年四月

隸屬	級	職	姓名	就職年月日	備攷
砲兵技術研究處	簡任五級至四級	處長	莊權	二五，九，二三。	以簡任五級任用　出差　奉兵工署溝造(元)字第一〇七三号訓令派工務組主任[illegible]兼代
總務組	薦任二級至一級（同上校）	主任	盧漢瑤	二七，一，一六。	奉兵工署渝(元)字第六五三号指令暫准兼代總務主任
	同少校（中）	文書股股長	盧漢瑤	二七，一，一六。	以同中校任用
	同少校	股員	葉叔芬	二六，十，二七。	
	仝	上	程書乾	二六，七，二〇。	
	同上尉	股員	姚榜元	二六，七，二〇。	
	仝	上	卜尚人	二六，七，二〇。	
	同中尉	股員			

0003

仝上				
同少(中)尉	譯電員			
同中尉	書記	吳潤民	二六，十，二七.	
同少尉	書記	沈聞清	二六，八，三.	
同准(少)尉	司書	楊葆生	二五，十一，十八.	以准尉任用
仝上		許榮成	二六，八，一.	以准尉任用
委任六級至四級(同少校)	出納股長	李家斌	二六，七，二〇.	以委任六級任用
委任十級至九級(同中尉)	股員	萬世炎	二六，十，二七.	以委任十一級任用
同准(少)尉	司書	吳易	二六，十一，十六.	以准尉任用
上尉	庶務股股長	吳傑	二六，十，二七.	以同上尉任用

軍政部兵工署砲兵技術研究處

0004

土木工程組

中尉股員	陳炎	二六、十、二七、	以同中尉任用
仝上			
少尉股員	余悌徵	二六、十、二七、	以同少尉任用
仝上			
同准尉(少)司書	韓雨亭	二六、八、一、	以准尉任用
中(少)尉警衛排排長	張劍操	二五、十一、十、	以中尉任用
薦任三級至二級主任	陳延曾	二七、二、九、	兵工署技正兼代奉漢造(云)字第一九七七號指令照准
委任二級至一級技術員	胡兆琪	二六、三、一、	以委任四級任用
委任四級至三級技術員	蔣璜	二六、十一、一、	以委任四級任用
委任八級至七級仝上	莊亞良	二六、十、二七、	以委任九級任用

0005

工務組

委任九級至八級 仝上	阮元衡	二六，十一，一.	仝上
委任十級至九級 仝上	俞秉政	二六，十一，一.	仝上
辦事員 委任六級至五級（同少校）			
仝上 委任十級至八級（同上尉）	李恩康	二六，十，二七.	以同上尉任用
仝上 委任十二級至十級（同中尉）	毛鈞	二六，十，二七.	以同中尉任用
主任 薦任二級至一級	梁泉譽	二五，十一，十六.	以薦任二級任用
技術員 薦任三級至二級			
技術員 委任四級至三級	鍾持	二六，十，二七.	以委任四級任用
事務員 同中尉			
事務員 同少尉			

軍政部兵工署砲兵技術研究處

薦任四級至三級製砲廠技術員				
薦任五級至四級全上	陳喜棠	二六，三，一。	以薦任五級任用
委任二級至一級全上	熊明善	二五，十一，十六。	以委任二級任用
委任三級至二級全上	王澤隆	二五，四，十三。	以委任三級任用
全上	江元方	二七，四，五。	以委任二級任用
委任九級至八級全上	呂則仁	二六，十一，一。	以委任八級任用
委任十一級至十級全上			
薦任五級至四級檢彈廠技術員	林清許	二六，七，二六。	以薦任五級任用
委任三級至二級全上	陸用清	二五，三，二四。	以委任三級任用
全上	臧儒華	二五，六，一。	全上

0007

	委任五級至四級仝上	馬運廈	二六，三，二三.	以委任五級任用
	委任七級至六級仝上			
	委任九級至八級仝上	張石泉	二五，十二，八.	以委任九級任用
	委任十一級至十級仝上			
	薦任四級至三級砲彈廠技術員	蔡其恕	二六，一，五.	以薦任四級任用
	委任三級至二級仝上			
	委任十一級至十級仝上			
	薦任四級至三級機器廠技術員	陳心元	二六，十，四.	以薦任五級任用
	薦任五級至四級仝上			
	委任四級至三級仝上			

軍政部兵工署砲兵技術研究處

委任五級至四級仝上			
委任六級至五級仝上	王　銓	二六，六，二四.	以委任六級任用
委任八級至七級仝上			
仝上	張志祥	二六，十一，十三.	以委任七級任用
委任九級至八級仝上	徐步堂	二五，十一，二.	以委任九級任用
委任十級至九級仝上	方炳鑑	二六，一，十三.	以委任十級任用
委任十二級至十級仝上	何　傑	二六，七，一.	以委任十二級任用
仝上	葉昭浩	二六，七，一.	仝上
仝上			
仝上			

委任一級至荐任六級 發電所技術員	吳增耆	二六，四，二三.	以委任二級任用
委任五級至四級 仝上	陳瑞圻	二七，一，十四.	以委任四級任用
委任十級至九級 仝上			
委任十二級至十級 仝上			
設計組主任			處長兼不另支薪
薦任二級至一級 技術員			
薦任三級至二級 仝上	陸君和	二六，十二，三.	以荐任三級任用
薦任五級至四級 仝上	沈華耕	二六，三，二三.	以荐任五級任用
薦任六級至五級 仝上			
委任一級至荐任六級 仝上			

軍政部兵工署砲兵技術研究處

仝上	委任二級至一級	蘇知檢	二五，十一，十六。	以委任二級任用
仝上		孫成璀	二五，十一，十六。	仝上
仝上	委任三級至二級	孟繼炎	二六，十，一。	仝上
仝上		張嘉寶	二七，二，一。	以委任三級任用
仝上	委任九級至八級	張曉	二六，十，一。	以委任八級任用
仝上	委任十一級至十級	盧光宗	二六，十一，二二。	以委任十二級任用
仝上		謝鑑	二六，十，一。	以委任十級任用
仝上		王源培	二六，十，一。	仝上
兵器試驗室技術員	薦任六級至五級			
仝上				

0011

仝上	委任三級至二級			
仝上	委任五級至四級			
仝上	委任八級至七級	李繼遷	二六，三，一五。	以委任八級任用
仝上	委任九級至八級	羅齊倫	二六，十，二七。	以委任九級任用
仝上		許海津	二六，十，二七。	仝上
仝上	委任十級至九級	仲士熹	二六，四，二一。	以委任十級任用
仝上				
仝上	委任十一級至十級			
材料試驗室技術員	薦任五級至四級	唐漢宗	二六，三，一。	以薦任五級任用
仝上	薦任六級至五級			

軍政部兵工署砲兵技術研究處

全上	委任六級至五級	張錦亭	二七，一，二〇	呈請以委任五級調用尚未奉准
全上				
全上	委任七級至六級	孫澤溢	二六，十，二七	以委任八級任用
全上	委任九級至八級			
全上	委任十級至九級			
全上	委任十一級至十級			
會計組 主任	委任一級至荐任六級	張家傑	二七，二，一	以委任一級任用
組員	委任七級至六級	蔡同舉	二六，八，一	以委任七級任用
全上	委任八級至七級	周克功	二六，十，一	全上
全上		郭孝同	二七，三，一	呈請以委任八級升敘尚未奉准

0013

	仝上	委任十級至九級	朱一中	二七、三、二八	呈請以委任十級任用尚未奉准
	仝上		陳忠棠	二六、九、二八	以委任十級任用
	仝上	委任十一級至十級	王啓賢		呈請以委任十級任用尚未奉准
購置組	主任	薦任三級至二級	王恩溥	二七、一、二二	以薦任三級任用
	組員	委任六級至五級			
	仝上		高潔安	二七、一、十二	以委任五級任用
	仝上	委任十一級至十級			
	仝上	委任十級至八級或同中上尉	楊維根	二六、八、一	以同中尉任用
	仝上	同少校			
駐漢辦事處	主任	薦任三級至二級	趙達	二六、十二、三	以薦任四級任用

軍政部兵工署砲兵技術研究處

0014

部派服務員技副四級	楊開謨	二六，三，十三.
仝上	陳松齡	二六，三，三〇.
仝上	王秩信	二六，三，九.
仝上	趙光漢	二六，二，二五.
仝上	龔增耀	二六，三，九.

军政部兵工署炮兵技术研究处现职人员报告表（一九三八年十二月）

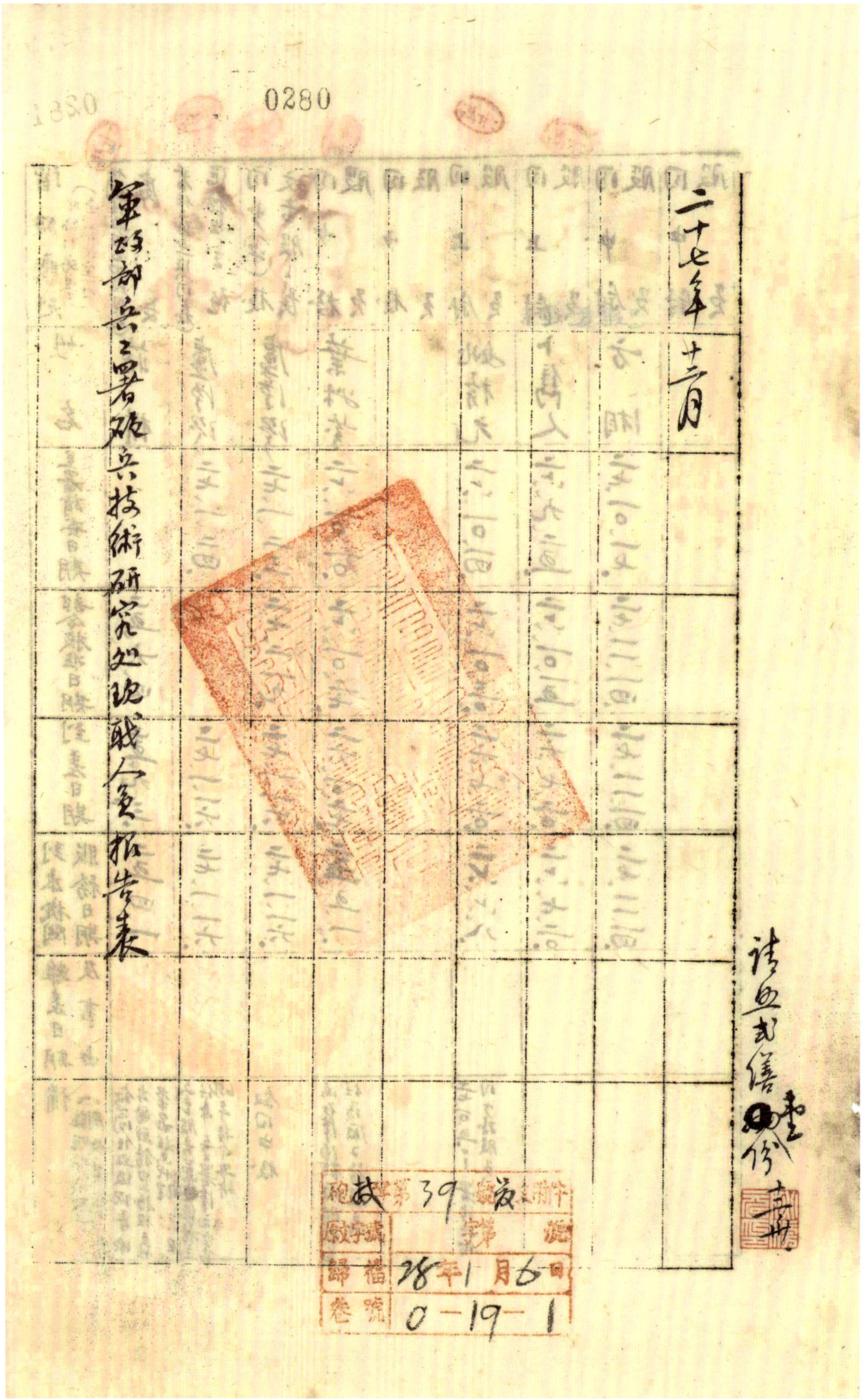
0280

軍政部兵工署砲兵技術研究處現職人員報告表

二十七年十二月

歸檔 28年1月6日

卷號 0-19-1

0281

階級職別（以編制為準，並按次序先後填）	姓名	呈署請委日期	部令核准日期	到差日期	到本機關服務日期	離差日期及事由	備考（附註明別及其他）
處長 簡任五級三四級（同少將）	莊楷		二五、六、四。	二五、九、三。	二五、四、一。		敘簡任五級 現奉派出國，職務由總務組主任[illegible]暫代理
總務組主任 荐任二級三級（同上校）	盧溥璆	二七、一、二四。		二七、一、一六。	二七、一、一六。		文書股長兼總務組主任 奉呈署[illegible]字第657號指令照准
文書股長 同少（中）校	盧溥璆	二七、一、二三。	二七、二、一九。	二七、一、一六。	二七、一、一六。		敘同中校
股員 同少校	葉姓蒼	二六、一〇、一〇。	二六、一〇、二七。	二六、一〇、二七。	二五、五、一。		派在漳[illegible]廠服務兼任該廠事務股長
股員 同少校							
股員 同上尉	姚榜元	二六、一〇、四。	二六、一〇、三。	二六、七、三〇。	二六、六、八。		二七、一〇、五日呈署請升代同少校股員
股員 同上尉	卜雋人	二六、九、二五。	二六、一〇、二五。	二六、七、三〇。	二六、七、三〇。		
股員 同中尉	方湘	二七、一〇、一七。	二七、二、一四。	二七、二、一四。	二七、二、一四。		
股員 同中尉							

0282

同少(甲)尉譯電員	許常成	二七、四、二六	二七、五、二六	二七、五、二六	二六、八、一	叙同少尉
同中尉書記	吳潤民	二六、一〇、一〇	二六、一〇、二七	二六、一〇、二七	二五、五、一五	
同少尉書記	沈潤清	二六、一〇、一〇	二六、一〇、二七	二六、八、三	二五、六、三	二五、一〇、七、署令調升同中尉股員
同准(少)尉司書	楊葆生	二七、四、一九	二七、五、二一	二七、五、二一	二五、一二、一六	叙同少尉
同准(少)尉司書						
委任六級出納股股長(同少校)	陳忠策	二七、九、三	二七、一〇、三一	二七、一〇、三一	二六、九、二八	叙委任九級
委任十級先級(同中尉)股員	葛世炎	二七、四、二六	二七、五、二六	二七、五、二六	二五、七、二〇	叙委任十級 奉署長七月佳濟材電調炸料分廠服務
同准(少)尉司書	吳勿	二七、一、一九	二七、二、二五	二六、一二、二六	二六、一二、二六	叙同准尉 臨時濟渝砲廠服務
上尉庶務股股長	吳傑	二六、一〇、一〇	二六、一〇、二七	二六、一〇、二七	二五、四、一六	叙同上尉
中尉股員	陳炎	二六、一〇、一〇	二六、一〇、二七	二六、一〇、二七	二五、七、二七	叙同中尉

0283

階級職別（以編制為準無編制者以工作為準）	姓名	呈請委任日期	部令核准日期	到差日期	到本機關服務日期	離差日期及事由	備考（註明現任職級別及其他）
中尉股員							
少尉股員	余悌徽	二六、一〇、一〇。	二六、一〇、二七。	二六、一〇、二七。	二五、五、九。		
少尉股員							
同准（下）尉司書	韓雨亭	二七、二、五。	二七、二、二。（暑）	二六、八、一。	二六、八、一。		叙同准尉 係本業家族留守处服務
中（少）尉警術排排長	張劍梯	二六、十二、一五	二六、三、三。	二五、一二、一〇。	二五、一二、一〇。		叙中尉 係摩洞砲廠服務
薦任三級至二級 東工程組主任	陳延曾			二七、二、九。	二七、二、九。		原薦任六級 兵工署核派兼代春濮造國字第一九七七号指令照派
委任二級至一級 技術員	胡兆瑛	二六、三、一五。	二七、一、一〇。	二六、一二、一二。	二六、一二、一二。		叙委任四級 二七、一、三〇。呈署請以委任三級升叙
委任四級至三級 技術員	蔣璜	二六、一〇、一〇。	二六、一〇、二七。	二六、一二、一。	二五、九、二七。		叙委任四級 係兼掌家族留守处主任
委任八級至七級 技術員	莊亞良	二六、一〇、一〇。	二六、一〇、二七。	二六、一〇、二七。	二五、一一、一三。		叙委任九級 二七、一、三〇。呈署請以委任八級外補叙

0284

委任九級至八級 技術員	阮元衛	二六、一〇、一〇	二六、一〇、二七	二六、一二、一	二五、五、二六		叙委任九級 呈署請以委任八級叙 二七、一二、二六
委任十級至九級 技術員	俞秉政	二六、一〇、一〇	二六、一〇、二七	二六、一二、一	二五、八、一		叙委任九級
委任六級至五級（同准尉） 辦事員	[illegible]						
委任六級至六級（同上尉） 辦事員	李恩慶	二六、一〇、一〇	二六、一〇、二七	二六、一〇、二七	二五、七、一四		叙同上尉
委任十二級至十級（同中尉） 辦事員	毛鏐	二六、一〇、一〇	二六、一〇、二七	二六、一〇、二七	二五、八、三		叙同中尉
薦任二級至一級 工務組主任	榮彝槃	二五、九、四	二六、二、一	二五、一二、二六	二五、一二、二六		叙薦任二級　兼代處長職務奉兵工署渝造二七字二〇七三三號訓令飭知
薦任三級至二級 技術員							
委任四級至三級 技術員	楊持	二六、一〇、一〇	二六、一〇、二七	二六、一〇、二七	二五、一二、二五		叙委任四級 呈署請以委任三級叙 二七、一〇、三
同中尉 事務員	陸培根	二七、一〇、九					尚未奉准
同少尉 事務員							

0285

階級職別（以編制爲準並[illegible]）	姓名	呈請委日期	部令核准日期	到差日期	到本機關服務日期	離差日期及事由	備考（列明[illegible]）
薦任四級至三級製砲廠技術員							
薦任五級至四級技術員	陳喜棠	二六、二、一五	二六、三、三〇	二六、三、一	二六、三、一		敘薦任五級 奉派隨廠長出國
委任二級至一級技術員	熊明善	二五、九、四	二五、一一、一四	二五、一一、一六	二五、一一、一六		敘委任二級 二六、一〇、三呈署請以委任一級改敘
委任三級至二級技術員	王澤隆	二五、七、四	二五、八、一九	二五、四、一三	二五、四、一三		敘委任三級 奉派隨廠長出國
委任三級至二級技術員	江元方	二七、三、二〇	二七、四、五	二七、四、五	二五、五、二		敘委任二級 派陝廠還滬籌備如出調該員任瓷搪器廠主任並已呈署照武[illegible]尚未奉准
委任九級至五級技術員	呂則仁	二六、一〇、一〇	二六、一〇、二七	二六、一一、一	二五、一一、二六		敘委任八級 奉派隨處長出國
委任十二級至十級技術員	陳絡維	二七、六、四	二七、六、八	二七、四、二	二七、四、二		敘委任十一級 派在漢陽砲廠服務
薦任五級至四級槍彈廠技術員	林清許	二六、三、三〇	二六、四、二〇	二六、七、十一	二六、七、一		敘薦任五級 派在漢陽砲廠服務兼任該廠第六分廠主任技術員
委任三級至二級技術員							

委任三級五三級 技術員	戚儒華	二五、七、四	二五、八、九	二五、六、一	二五、六、一		敘委任三級 派在漳陽砲廠服務
委任五級五四級 技術員	馬逢後	二六、二、三	二六、三、三	二六、三、三	二六、三、三		敘委任五級 派東駐宜運輸組長（另二廠來函商調並由該廠呈署核示）
委任七級五六級 技術員	沈秋齋	二七、五、二	二七、六、八	二七、六、十六	二七、六、十六		敘委任六級（仝上該員已先往報到）
委任九級五八級 技術員	張石泉	二五、三、四	二六、一、一五	二五、三、八	二五、三、八		敘委任九級（仝上該員已先往報到）
委任十級五十級 技術員							
薦任四級五三級 砲淬廠技術員	蔡其懋	二六、十、十	二六、十、廿七	二六、十、廿七	二六、一、一五		敘薦任四級
委任三級五二級 技術員	陳志靜	二七、十、二九					擬敘委任二級 尚未奉准（向城塞局調用）
委任十二級五十一級 技術員							
薦任四級五三級 機器廠技術員 建卡	陳心元	二六、二、七	二七、一、二五	二六、十、四	二六、十、四		敘薦任五級
薦任五級五四級 技術員							

階級職別（以編制為準）	姓名	呈署請委日期	部令核准日期	到差日期	到本機關服務日期	離差日期及事由	備註（註明現職別及其）
委任四級至三級 技術員	李彥安	二七、一〇、九		二七、九、二			先行到差 擬叙委任三級 尚未奉派
委任五級至四級 技術員							
委任六級至五級 技術員	王銓	二六、五、二七	二六、六、一四	二六、六、一四	二六、六、一四		叙委任六級 奉派 赴贛驗收機器
委任八級至七級 技術員	李貫今	二七、六、二	二七、六、六	二七、五、一七	二七、五、一七		叙委任八級
委任八級至七級 技術員	張志祥	二七、一、八	二七、一、一四	二六、一一、一三	二六、一一、一三		叙委任七級（第二十五工廠來函商調並由該廠呈署核示）
委任九級至八級 技術員	徐崇堂	二五、一一、一八	二五、一二、二	二五、一一、一二	二五、一一、一二		叙委任九級（全上該員已先往報到）
委任十級至九級 技術員	方炳藍	二六、二、一	二六、四、九	二六、一、一三	二六、一、一三		叙委任十級 呈署請以委任九級 二七、一、二五、姑准叙
委任十一級至十級 技術員	何傑	二七、六、一三	二七、六、六	二七、六、六	二六、七、一		叙委任十一級（第二十五廠來函商調並由該廠呈署核示該員即先往報到）
委任十二級至十一級 技術員	葉昭浩	二七、六、一三	二七、六、六	二七、六、八	二六、七、一		叙委任十一級

0288

委任十二级至十级 技術員	顧善侔	二七、九、二五		二七、七、一六			先行試用擬叙委任十二級尚未奉准派在漢陽砲廠服務
委任十二級至十級 技術員	謝象圻	二七、九、二五		二七、七、一六			仝上
委任一級至薦任六級 發電所技術員	吳增耆	二六、一〇、一〇	二六、一〇、二七	二六、十、二七	二六、四、二三		叙委任二級
委任五級至四級 技術員	陳瑞炘	二七、二、二〇	二七、三、八	二七、一、一四	二七、一、一四		叙委任四級
委任十級至九級 技術員							
委任十二級至十級 技術員	孫寶奎	二七、九、二五		二七、七、一六			先行試用擬叙委任十二級尚未奉准派在漢陽砲廠服務
設計組主任							處長兼任不給職
薦任二級至一級 技術員							
薦任三級至二級 技術員							
薦任五級至四級 技術員	沈莘耕	二六、一〇、二〇	二六、一〇、二七	二六、十、二七	二六、十二、二三		叙薦任五級派在漢陽砲廠服務兼任該廠第一分廠主任技員

階級職別（以編制所列為準）	姓名	呈請委任日期	部令核准日期	到差日期	到本機關服務日期	離差日期及事由	備考（列註明現敘級俸）
薦任六級至五級 技術員	朱恩明	二六、七、二九	二六、九、二				敘薦任五級 奉委函尚未到差
委任一級至薦任六級 技術員	過持志	二七、九、二六					擬敘薦任六級尚未奉派
委任二級至一級 技術員	苏知栓	二五、九、四	二五、一一、二四	二五、一一、二六	二五、一一、二六		敘委任二級奉派隨處長出國
委任二級至一級 技術員	孫成璠	二五、九、四	二五、一一、二四	二五、一一、二六	二五、一一、二六		敘委任二級派在瀋陽砲廠服務
委任三級至二級 技術員	盂泓炎	二六、一〇、一〇	二六、一〇、二七	二六、一一、一	二五、一一、一六		敘委任二級奉派隨處長出國
委任三級至二級 技術員	張嘉室	二六、九、二一	二七、二、一六	二七、二、一	二七、二、一		敘委任三級（第二十五工廠未商調並由該廠呈署核示該員已先往報到）
委任九級至八級 技術員	張曉	二六、一〇、一〇	二六、一〇、二五	二六、一一、一	二五、一一、一六		敘委任八級
委任十二級至十級 技術員	盧光宗	二七、一、二一	二七、二、五	二六、一二、二三	二六、一二、二三		敘委任十二級派在瀋陽砲廠服務 二七、二、八呈署請以委任十一級錄敘
委任十二級至十級 技術員	謝鏞	二六、一〇、一〇	二六、一〇、二七	二六、一二、[illegible]	二五、二、二三		敘委任十級派在瀋陽砲廠服務

0290

委任十二級至十級 技術員	王湧培	二六、一〇、一〇	二六、一〇、二七	二六、一二、一	二五、六、九		敘委任十級 現在漳湯砲廠服務
薦任六級至五級 兵器試驗室技術員							
薦任六級至五級 兵器試驗室技術員							
委任三級至二級 技術員	李冰心	二七、一〇、四					擬敘委任三級尚未奉准 現在漳河砲廠服務
委任五級至四級 技術員							
委任八級至七級 技術員	李紹璐	二六、三、一	二六、五、（四、）九	二六、三、一五	二六、三、一五		敘委任八級
委任九級至八級 技術員	王秩信	二七、八、八	二七、八、六	二七、八、六	二六、三、九		敘委任九級 現駐筑站運輸組
委任九級至八級 技術員							
委任十級至九級 技術員	仲士熹	二六、三、二	二六、五、（四、）九	二六、四、二	二六、四、二		敘委任十級（第十五工廠未函商調並由該廠呈署核示該員已先往報到）
委任十級至九級 技術員	曹正光	二七、九、二五		二七、七、一六			先行到差擬敘委任十二級尚未奉准現在漳河砲廠服務

階級職別（以編制為準）（無編制者另註明）	姓名	呈署請委日期	部令核准日期	到差日期	到本機關服務日期及事由	離差日期	備考（註明現敘級別及其他）
委任十二級至十級 技術員	張敦醫	二七、九、二五（六）		二七、七、一六			先行以差札叙委任十二級，尚未奉准，現派在漢陽砲廠服務
薦任五級至四級 材料試驗室技術員	唐偉宗	二六、二、一五	二六、三、三〇	二六、三、一	二六、三、一		叙薦任五級（第二十五工廠未出，商調並由該廠呈署核示，該員已先往報到）
薦任六級至五級 技術員							
委任六級至五級 技術員	張錦亭	二七、六、七	二七、五、八	二七、一、二六	二七、一、一六		叙委任五級（第二十五工廠未出，商調並由該廠呈署核示，該員已先往報到）
委任六級至五級 技術員	張家驥	二七、十、二五		二七、六、六			擬以委任七級調補，尚未奉准（向技術司調用）
委任七級至六級 技術員	孫澤滋	二六、十、一〇	二六、十、二七	二六、十、二七	二五、九、二三		叙委任八級（第二十五工廠未出，商調並由該廠呈署核示，該員已先往報到）
委任九級至八級 技術員	陳松齡	二七、八、八	二七、八、六	二七、八、六	二六、三、二三		叙委任九級
委任十級至九級 技術員	楊開謨	二七、八、八	二七、八、六	二七、八、六	二六、三、二三		叙委任九級，派在漢陽砲廠服務
委任十二級至十級 技術員	趙光澤	二七、八、八	二七、八、六	二七、八、六	二六、二、二五		叙委任十級，原派在漢陽砲廠服務，現據該廠呈稱該新職守[illegible]轉予通緝等情，須填具，俟更來轉呈兵工署核示

0292

會计组主任 委任一级至荐任六级	張家傑	二七、一、一四	二七、二、三	二七、二、一	二五、四、六		叙委任一级
组员 委任七级至六级	蔡同琳	二七、一、六	二七、一、一四	二六、八、一	~~[illegible]~~ 二六、八、一		叙委任七级
组员 委任八级至七级	周克功	二六、一〇、一〇	二六、一〇、二七	二六、一二、一	二五、五、一		叙委任七级
组员 委任八级至七级	郭孝同	二七、四、一五	二七、五、五	二七、三、一	二五、四、六		叙委任八级
组员 委任十级至九级	朱一中	二七、四、一五	二七、五、五	二七、三、六	二七、三、六		叙委任十级
组员 委任十级至九级							
组员 委任十二级至十一级	王啟賢	二七、四、一五	二七、五、五	二七、一、一	二七、一、一		叙委任十级 派在漢陽砲廠服務
兼署组主任 荐任三级至二级	王思廉	二七、二、一	二七、二、二十七	二七、一、三	二五、三、三		叙荐任三级
组员 委任六级至五级	舒洪鈞	二七、七、二七					拟叙同上尉 尚未奉准
组员 委任六级至五级							

階級職別	姓名	呈請委派日期	部令核准日期	到差日期	到本機關服務日期	離差日期及事由	備考（註明別及其敘級）
委任十二級至十級組員 委十級至五級（空同中尉）組員	楊作根	二七、一、一六	二七、一、二四	二六、八、一	二六、八、一		叙同中尉
同少校組員 薦任三級至二級 駐漢辦事處主任	趙達	二七、二、一〇	二七、三、二	二六、三、三	二五、四、二七		叙薦任四級 兼漢陽砲廠主任
特聘專家 特聘專家	紫夏			二五、四、二三	二五、四、二三		支薪一〇五〇元奉滬隨電長出國薪金在試造費內開支
奧國工程師 特聘專家							魯格一員 支薪八〇〇元 二五、四廿三到差 二七年一月底解除聘約 當時未行呈署備案
奧國工師 特聘專家							毛毅齊一員 仝上
奧國工師 特聘專家							客蘭蒲許勒一員 仝上
奧國工師 調用第五十二廠 薦任三級技術員	李錚			二六、九、一七	二六、九、一七		二六、一〇、六奉兵工署秘（臣）字第[illegible]號令調用現派為本處駐滬代表

兵工署炮兵技术研究处汉阳炮厂现职人员报告表（一九三九年二月）

階級職別	姓名	呈處請委日期	部令核准日期	到差日期	到本機關服務日期	離差日期及事由	備考
主任	趙達						由處本部駐漢辦事處主任兼任現敘薦任四級
工作股股長	陳喜棠						由處本部現敘薦任五級技術員兼任
委任三級至二級技術員	顧曾霖	二六、三、二三	二六、五、一二	二六、六、一			現敘委任三級
委任八級至七級技術員	荣鋭之	二六、四、一六	二六、五、一八	二五、二、一			現敘委任八級
委任九級至八級技術員	孫庭瑞	二六、四、一六	二六、五、一八	二五、二、一			現敘委任九級
同中尉辦事員	蔣世新	二六、四、一六、	二六、五、八	二五、二、一			
同右	朱志堂	二七、七、六	二七、九、一七	二七、十、十五、			
同少尉辦事員	王士格	二六、三、二三	二六、五、一三	二五、二、九		二六、七、三	因病辭職尚待奉准
同右							懸缺尚待請補

事務股股長	葉叔芬						由處本部總務組同少校股員兼任
同上尉股員	金樾聲	二七、三、一七	二七、五、一〇	二七、一、一			
同中尉股員	高劍英	二六、三、二三	二六、五、三	二六、六、一			
同少尉書記	查有英	二六、四、一六	二六、五、八	二五、二、一			
委任六級至五級會計股股長	傅詠農	二七、一、一	二七、二、一三	二六、六、六			現敘委任五級
委任七級至六級股員	金殿續	二六、一、三〇	二七、二、一三	二六、一〇、一			現敘委任八級
同右	韋鄂生	二七、三、一七	二七、五、一〇	二七、一、一			現敘委任九級
委任八級至七級股員	李作人	二七、三、一七	二七、五、一〇	二七、一、一			同右
同右							懸缺尚待請補
同中尉庫房管理員							同右

階級職別	姓名	呈處請委日期	部令核准日期	到差日期	到本機關服務日期	離差日期及事由	備考
中尉警衛隊隊長							本廠警衛隊編制係奉砲技(三)字第一一〇四號指令轉奉　部令核准又隊長一職現由司事劉文光暫代尚待遴員請委
少尉或准尉分隊長	張建功	二七、五、一			二七、五、一二		該員係以少尉銜呈處請委奉砲技(三)字第六二四號指令准予轉呈
准尉特務長	胡大猷				二七、一二、一		該員係根據二十七年九月十四日桃(三)砲字第一五八八號呈署修正編制案使用尚待請委
事務股同上尉股員	周仲賡	二七、九、二〇			二七、七、六		擬請處鈞請委尚未奉准現係額外人員
醫務股股長	楊光第				二七、七、一三		以下均屬額外人員　該股編制係於二十七年八月十九日呈署奉(衛)造(三)甲字第五六八六號指令准轉請核示尚待請委
醫務股醫師	湯璞遜				二七、七、一五		仝
土木工程所技術員兼所長	朱志揚				二七、八、一		該員奉　處令調在本廠服務新俸由是設費項下開支該所人員編制已呈處備案現係額外人員
土木工程所工程員	余普英				二七、八、一		仝
土木工程所工程員	李俊才				二七、八、一		仝

0303

土木工程所工程員	姚自勉				二七、八、一六		仝
同　左	范新熙				二七、八、一六		仝
同　左	吳乃森				二七、八、一六		該員係由司事調升薪俸由建設費項下開支現係額外人員

兵工署炮兵技术研究处沅陵修炮厂工人花名册（一九三九年五月）

5

砲兵技術研究處沅陵修砲廠工人花名冊

砲術字第1189號收文附件
原文字號 字第 號
歸檔 28年5月3日
卷號 0-9-3

6

工號	部別	工別	姓名	年齡	籍貫	月資	入廠年月	備攷
3	車工	領工	周蔚巖	47	湖南長沙	六五○○	民廿三年十月	
4	裝配	〃	莊開泉	62	江蘇上海	六五○○	民八年五月	
5	表尺	〃	方紀根	51	浙江寧波	六○○○	民三年一月	
7	檢查	〃	劉振堂	47	江西安福	五○○○	民廿五年十二月	
9	刨鋼	〃	林寶定	36	浙江寧波	五六○○	民廿三年十月	
15	設備	〃	周少卿	34	浙江寧波	六五○○	民廿六年二月	
16	副工	〃	沈玉書	32	浙江崇德	日資 八○	民廿六年十二月	

7

工号	部別	工別	姓名	年齡	籍貫	日資	入廠年月	備攷
31	車工	司事	劉文光	32	山東歷城	六〇〇〇 薪	民廿六年二月	
32	〃	〃	葉榮元	23	廣東梅縣	一〇〇〇	民廿七年十一月	
33	銑工	〃	馬克泉	28	陝西青同	四〇〇〇 薪	民廿三年三月	
36	裝配	〃	朱錫華	38	安徽鳳陽	一五〇	民廿七年十月	
41	刨鑽	〃	顧雪彤	37	江蘇武進	一三〇	民廿七年二月	
47	裝配	〃	項守松	21	浙江鄞縣	一五〇	民廿八年七月	
49	工具	〃	曹培生	26	浙江崇德	一三〇	民廿七年二月	
51	設備	〃	李文彬	28	湖北沙市	一三〇	民廿七年三月	
54	副工	〃	高士源	21	江蘇常熟	七〇	民廿七年六月	

7-1

55	鍛工	〃	江介繁	27	江蘇儀徵		一三〇	〃	調桂林修配廠工作
58	裝配	〃	龐惺剛	36	江蘇常熟		一三〇	民卅七年七月	
59	〃	〃	周文	28	湖北黃岡		八四	民卅七年八月	
60	刨鋼	〃	胡基旺	25	湖北武昌		一〇〇	民卅七年七月	
61	〃	〃	葉穎育	23	〃		一〇〇	〃	
63	〃	〃	張蔵培	21	湖北漢陽		一〇〇	民卅七年八月	
64	銑工	〃	祁继文	29	湖北黃梅		一〇〇	〃	
65	設備	〃	陳開鈞	30	湖北武昌		七〇	民卅七年七月	
66	鍛工	〃	馬柏青	23	浙江紹興		一一〇	民卅七年九月	

8

工号	部别	工别	姓名	年龄	籍贯	日资	入厂年月	备考
102	砲門	工匠	黄榮昌	54	廣東順德	一一〇	民二年一月	
103	車工	〃	孫三寶	40	江蘇六合	一一〇	民廿六年十二月	
104	〃	〃	王鼎臣	57	江蘇無錫	一一〇	民四年一月	
105	〃	〃	陳耀華	50	廣東番禺	一一〇	民三年四月	
106	〃	〃	倪順林	41	江蘇上海	一一〇	民十四年九月	
108	〃	〃	陳春廷	56	湖北漢陽	一〇〇	民二年二月	
109	〃	〃	劉恩	26	廣東新會	一〇〇	民廿六年十二月	
110	〃	〃	劉文發	43	江蘇南京	一〇〇	民十六年一月	
116	〃	〃	王漢卿	37	浙江寧波	九六	民廿六年十二月	

8-1

120	〃	〃	吳永泉	37	江蘇無錫	九六	民廿三年七月
124	〃	〃	戴永年	31	江蘇揚州	八八	民廿三年四月
132	〃	〃	王筱連	34	湖北漢陽	七三	民廿一年二月
133	〃	〃	李國祖	35	廣東番禺	七二	民卅四年八月
134	〃	〃	袁瑞龍	58	湖北鄂城	七三	民廿年十一月
136	〃	〃	王啟發	34	湖南湘潭	六八	民廿二年七月
137	〃	〃	龔家源	35	安徽合肥	八四	民廿六年十二月
139	〃	臨時工匠	鄭春賢	37	浙江寧波	一四〇	民廿三年三月
142	〃	〃	吳香林	32	湖北黃陂	九二	民廿二年十二月
144	〃	工匠	李元富	24	江蘇江都	七二	民廿六年十二月

9

工号	部别	工别	姓名	年龄	籍貫	日資	入廠年月	備攷
146	車工	工匠	李紹卿	29	安徽太平	七六	民廿六年十二月	
148	〃	〃	黃善楚	34	江蘇上海	九六	民廿年一月	
151	工具	〃	徐康仁	38	江蘇高郵	一三〇	民廿五年十二月	
156	車工	〃	劉傳富	28	湖北漢陽	六八	民廿六年十二月	
157	鉗鍛	〃	宋魏卿	34	江蘇上海	一〇〇	民廿五年十二月	
159	車工	〃	王湘賓	28	江蘇江寧	八〇	民廿六年二月	
162	〃	藝徒	莊根富	16	江蘇上海	二四	民廿七年十月	
164	〃	工匠	姚四海	39	浙江寧波	一二〇	民廿六年二月	
165	〃	〃	陳志堅	30	江蘇南通	一二〇	〃	

9-1

168	〃	藝徒	周振法	20	江蘇上海	三〇	民廿六年十二月
171	〃	工匠	黃興木	28	湖北漢陽	七二	〃
174	〃	藝徒	張忻榮	19	廣東新會	亖五	民廿七年一月
175	〃	工匠	黃善定	30	江蘇上海	一一〇	民廿六年八月
179	〃	〃	陳醉亭	26	浙江寧波	一一〇	民廿七年四月
181	工具	〃	李運順	37	江蘇南京	一五〇	民廿五年十二月
187	〃	〃	朱訓義	27	江蘇丹徒	九二	民廿六年十二月
191	〃	〃	李世元	34	江蘇上海	一一〇	民廿六年十一月
193	〃	藝徒	郭木卿	20	湖北黃岡	亖五	民廿六年十一月
194	〃	〃	陳炳炎	19	江蘇南京	亖	〃

工号	部别	工别	姓名	年龄	籍贯	日资	入廠年月	備攷
195	車工	工匠	韓楚寶	24	湖北應城	七二	民廿七年四月	
196	〃	藝徒	姚成初	19	廣東石龍	二四	民廿七年五月	
197	〃	工匠	張治平	31	湖北漢陽	一〇〇	〃	
198	〃	藝徒	傅敏舟	20	浙江紹興	二八	民廿七年六月	
199	工具	工匠	王申長	26	安徽合肥	九六	〃	
201	〃	〃	朱介祥	23	江蘇南京	八四	〃	
205	銑工	〃	馬鴻斌	34	江蘇高郵	一一〇	民廿四年一月	
206	〃	〃	楊文釗	37	江蘇鎮江	一〇〇	民廿三年一月	
208	〃	〃	陳錦文	45	江蘇上海	九六	民廿三年四月	

10-1

210	〃	〃	江明正	30	江西九江	九二 民廿六年十一月
214	〃	〃	徐福根	45	江蘇南京	八八 民廿三年七月
218	〃	〃	林棣綿	36	廣東中山	八〇 民廿三年四月
219	〃	〃	孔竹生	28	湖北武昌	八〇 民廿六年十一月
220	〃	〃	虞慶恩	26	江蘇上海	八四 民廿三年四月
221	〃	〃	王一明	47	江蘇高郵	八〇 民廿四年一月
222	〃	〃	周文德	43	湖北漢陽	七二 民廿三年四月
223	〃	藝徒	陳世洪	20	〃	二八 民廿六年十二月
224	〃	工匠	戚長富	50	江蘇上海	八〇 民廿五年十二月
226	〃	〃	徐大全	36	江蘇江寧	一〇〇 民廿六年八月

川

工号	部别	工别	姓名	年龄	籍貫	日資	入廠年月	備考
227	銑工	藝徒	周樹慎	17	江蘇高郵	二五	民廿六年十二月	
230	車工	〃	李定應	16	湖南湘鄉	二〇	民廿七年一月	
231	〃	〃	周良坤	19	湖北漢陽	三六	民廿七年七月	
232	裝配	〃	蕭友臣	32	〃	六〇	民廿七年十月	
233	鉚工	〃	劉家治	30	河南济源	一五〇	民廿七年九月	
234	裝配	〃	辛庚生	21	湖北漢陽	六〇	〃	
235	〃	藝徒	楊伯濤	20	〃	三〇	民廿七年八月	
237	修理	工匠	姚阿慶	28	江蘇	七〇	民廿七年九月	
240	設備	藝徒	羅咸慎	18	浙江諸暨	二六	民廿七年七月	

21-1

242	〃	臨時工匠	王春山	38	湖北漢陽	七六	民廿六年十二月
~~243~~ 244	〃	工匠	李厚雲	34	浙江鎮海	一〇〇	民廿七年一月
243	〃	〃	傅志明	33	浙江紹興	八八	〃
246	〃	臨時工匠	吳松林	26	浙江鎮海	八〇	民廿七年十月
249	〃	藝徒	王福根	19	安徽桐城	二〇	民廿六年六月
253	刨鍘	工匠	鍾滬生	30	湖南長沙	一〇〇	民廿三年七月
256	〃	〃	張明池	33	湖北武昌	九二	民廿三年四月
257	〃	〃	鍾國强	33	江蘇上海	九二	民廿三年七月
258	表尺	〃	董云傑	35	湖北漢陽	八八	民廿三年四月
262	檢查	〃	陳源發	38	江蘇江寧	八四	民廿四年一月

12

工号	部别	工别	姓名	年龄	籍贯	月資	入廠年月	備攷
263	刨鋼	工匠	徐光照	48	江蘇江寧	八四	民七年八月	
264	〃	〃	王有根	31	〃	八〇	民廿三年七月	
265	〃	〃	方蔭堂	45	江蘇上海	九二	〃	調往林修配廠工作
268	〃	〃	王德名	31	江蘇江寧	七六	〃	
269	〃	〃	侯孝坤	31	江蘇南京	九六	民廿七年四月	
271	木工	〃	彭少坤	24	湖南寧鄉	八〇	民廿七年六月	
273	〃	〃	張福田	30	河北寧津	七〇	〃	
277	〃	〃	王得芬	27	安徽合肥	六二	〃	
282	刨線	〃	鄭廷卿	38	湖北漢陽	一三〇	民廿一年六月	

12-1

283	〃	〃	龔三寶	29	江蘇江寧	一一〇	民廿三年七月	
286	〃	〃	李滄懷	32	湖南長沙	九六	民廿三年四月	
291	檢查	〃	金阿富	42	浙江寧波	一三〇	民十四年九月	
292	〃	〃	何榮成	37	廣東三水	一二〇	民十六年九月	
294	砲問	〃	安文元	53	河北天津	七二	民廿三年八月	
296	檢查	〃	張錫明	55	浙江鎮海	一三〇	民十五年十二月	
302	木工	〃	范江挺	44	江蘇上海	一〇〇	民十四年八月	
303	〃	〃	王雪榮	31	〃	八〇	民十八年十一月	
304	〃	〃	曹斌洪	44	浙江奉化	八四	民廿三年八月	
306	〃	〃	康桃松	39	江蘇上海	七二	民十九年三月	

13

工號	部別	工別	姓名	年齡	籍貫	日資	入廠年月	備攷
308	木工	工匠	吳順才	49	安徽合肥	六二	民卅三年十月	
309	〃	〃	翟近臣	45	安徽桐城	五三	〃	
315	〃	臨時工匠	馬少蓮	31	江蘇上海	六四	民卅四年十月	
317	〃	工匠	蔣耀忠	39	浙江奉化	九二	民廿六年十月	
319	〃	〃	范芝興	36	江蘇上海	八四	〃	
320	〃	〃	唐有才	36	〃	八四	〃	
322	修理	〃	沈六弟	33	〃	一三〇	民卅四年一月	
323	〃	〃	呂有科	43	江蘇六合	一二〇	民卅三年二月	
324	設備	〃	瞿雲生	41	江蘇上海	一二〇	〃	

13-1

327	修理	〃	虞継尧	36	安徽芜湖		一二〇	民卅五年十二月	
328	检查	〃	劉鴻生	37	江蘇南京		一〇〇	民廿三年七月	
329	修理	〃	黄景维	32	湖南長沙		一〇〇	民卅四年一月	
331	〃	〃	王雲龍	42	江蘇六合		九二	〃	
332	〃	〃	王高林	37	安徽懷寧		九二	民廿三年二月	
333	〃	〃	唐海珍	37	江蘇無錫		八四	民廿六年十二月	
334	〃	〃	王維周	45	安徽桐城		九二	民廿三年四月	
335	〃	〃	沈榮昌	30	浙江寧波		八八	民卅四年一月	
336	車工	〃	王才訂	50	〃		八四	民廿三年二月	
337	修理	〃	林贊友	31	〃		八四	〃	

14

〇一	330	337	341	342	343	344	346	347	349
部别	修理	〃	〃	〃	〃	〃	設備	修理	〃
工别	工匠	〃	〃	〃	〃	〃	〃	〃	〃
姓名	季銘生	胡世榮	柏永泉	王鳳岐	王炳坤	俞章仙	劉建學	呂志寿	林茂森
年齡	24	31	32	25	28	24	35	23	22
籍貫	安徽合肥	湖北漢陽	安徽懷寧	河北南宮	江蘇上海	浙江紹興	安徽合肥	湖北漢口	湖北漢陽
日資	七二	八四	八四	八四	八〇	九二	七二	八八	七二
入廠年月	民廿七年一月	民廿七年十一月	民廿四年一月	民廿七年六月	民廿三年十一月	民廿七年六月	民廿四年一月	民廿七年六月	〃
備考									

14-1

350	〃	〃	熊　曦	21	湖北漢口	八四	〃
353	〃	〃	陳嘉寿	25	江蘇江寧	七六	〃
354	〃	〃	段茂雲	20	湖北漢陽	八〇	民廿四年一月
356	〃	〃	李超慶	19	湖北夏口	八〇	民廿五年二月
358	〃	〃	周愛生	33	浙江馬山	一二〇	民廿五年十一月
359	設備	〃	黃桂榮	31	江蘇上海	九二	〃
365	木工	藝徒	盧啟化	19	福建永定	二〇	民廿六年五月
366	表尺	工匠	陳長仲	27	河北天津	九二	民廿七年六月
367	〃	〃	范中瀛	24	湖北黃陂	九二	〃
368	〃	〃	張其華	24	安徽巢縣	九二	〃

15

工號	部別	工別	姓名	年齡	籍貫	日資	入廠年月	備攷
369	修理	工匠	陸子華	25	湖北漢陽	八〇	民廿七年十一月	
370	表尺	〃	胡福生	37	浙江鎮海	八八	民廿三年七月	
378	砲閂	〃	蔡兆林	42	江蘇上海	一〇〇	民廿三年二月	
385	設備	〃	王得芳	35	安徽合肥	一一〇	民廿三年七月	
388	砲閂	〃	趙光學	40	浙江定海	一〇〇	民廿五年十二月	
391	〃	〃	張錫保	40	浙江寧波	一〇〇	民廿三年十二月	
392	〃	臨時工匠	張仁海	40	江蘇上海	一〇〇	民廿五年四月	
401	設備	工匠	夏福全	43	〃	八八	民廿三年二月	
404	砲閂	〃	程恒興	46	江蘇南京	八四	民廿三年七月	

15-1

413	〃	藝徒	王湘江	16	湖南湘鄉	二〇	民廿六年五月
415	〃	〃	李明友	19	湖北漢陽	三〇	民廿四年十月
421	裝配	工匠	羅海廷	51	湖南長沙	一二〇	民十四年十月
424	〃	〃	董可金	53	湖北漢陽	一〇〇	民三年七月
427	〃	〃	程闓容	56	廣東中山	一〇〇	民元年九月
428	〃	〃	黃福海	71	江蘇上海	一〇〇	民前十五年二月
429	〃	〃	楊得志	40	江西南昌	一一〇	民十三年三月
430	〃	〃	熊元發	49	湖北漢陽	九六	民九年八月
431	〃	〃	朱明香	54	〃	九二	民元年九月
432	〃	〃	辛雨亭	52	湖北孝感	九六	民二年二月

16

工号	部别	工别	姓名	年龄	籍贯	日资	入厂年月	备攷
433	裝配	工匠	張松柏	30	河北天津	九六	民廿六年十二月	
434	〃	〃	董寿山	44	湖北漢陽	八八	民十二年三月	
436	〃	〃	董少雄	25	〃	六八	民廿七年六月	
437	〃	〃	吳芳慶	49	〃	八〇	民廿四年三月	
438	〃	〃	姜金富	53	湖南寶慶	八〇	民十二年九月	
439	〃	〃	蕭國彬	52	湖北漢陽	八〇	民十八年九月	
440	〃	〃	莊榮富	42	江蘇上海	八〇	民十三年四月	
441	〃	〃	劉萬元	48	湖北漢陽	七二	民十二年五月	
442	〃	〃	彭福廷	58	湖北武昌	七二	民廿四年八月	

16-1

443	〃	藝徒	周鳳生	20	江蘇無錫	二五	民廿六年十二月
444	〃	工匠	陳雲清	41	湖北漢陽	六八	民廿一年二月
445	〃	〃	龍奕生	33	廣東番禺	六八	民廿三年七月
447	設備	臨時工〃匠	彭少卿	36	湖北夏口	一〇〇	民廿二年三月
448	裝配	工匠	潘潤溪	55	安徽桐城	九六	〃
449	〃	〃	杜昇平	26	湖北漢陽	八四	民廿七年六月
450	表尺	藝徒	周詠章	26	湖南湘潭	三四	民廿七年五月
451	〃	工匠	徐得元	36	江蘇上海	一〇〇	民廿四年十一月
452	〃	〃	張毓祥	27	廣東〃莞	一〇〇	民廿六年十二月
453	〃	〃	阮學成	45	安徽桐城	九二	民廿七年八月

17

工号	部别	工别	姓名	年龄	籍贯	日資	入廠年月	備
454	表尺	工匠	李寿松	52	安徽安慶	九一	民廿九年九月	
456	〃	〃	周景龍	27	安徽合肥	八四	民廿三年四月	
457	〃	〃	於從義	52	〃	八八	民廿三年五月	
458	〃	〃	周樹賢	28	江蘇高郵	九六	民廿六年十二月	
459	〃	〃	童楊茂	30	湖北漢陽	八四	民廿六年七月	
463	〃	〃	楊漢泗	32	〃	六八	民廿四年八月	
465	〃	藝徒	殷犀	21	湖北黄岡	二〇	民廿六年五月	
466	鍛工	工匠	吳漢	47	廣東順德	一二〇	民廿六年十二月	
470	〃	〃	姚子初	26	廣東東莞	六二	〃	

275

17-1

472	〃	〃	程根弟	40	廣東中山	一一〇	民卅三年十二月
473	〃	〃	許覞潮	62	〃	一一〇	民三年二月
474	〃	〃	張海酹	62	廣東東莞	一〇〇	民卅二年四月
475	〃	〃	李　祖	51	廣東中山	八八	民卅三年七月
477	〃	〃	王江蔵	54	湖北漢川	八〇	民卅四年八月
482	〃	〃	沈元富	51	湖北漢陽	七二	民三年二月
483	〃	〃	朱華貴	32	〃	七二	民卅六年十二月
484	〃	〃	吳家銀	55	安徽桐城	七二	民卅五年四月
485	〃	〃	劉長庚	35	江蘇上海	七二	民卅三年七月
486	〃	〃	朱向榮	43	湖南湘潭	六八	民卅五年四月

18

工號	部別	工別	姓名	年齡	籍貫	日資	入廠年月	備攷
488	鍛工	工匠	王福崇	33	山東濟南	六八	民廿三年七月	
489	〃	〃	薛世才	43	江蘇高郵	六八	民廿三年十二月	
490	〃	〃	賴如光	41	廣東潮州	六四	民廿三年七月	
492	〃	〃	程恒隆	47	江蘇南京	六二	〃	
494	〃	〃	杜才德	31	湖北黃岡	五六	〃	
498	〃	〃	陳雨貞	40	江蘇上海	一一〇	民廿三年十二月	
499	〃	〃	薛兆亮	27	〃	六八	〃	
500	鉚工	〃	周潯榮	28	江蘇江都	八〇	民廿七年六月	
501	〃	〃	陳駒	62	廣東番禺	一二〇	民八年四月	

18-1

504	〃	〃	朱良桂	52	湖北黃岡	九二	民十四年八月
505	〃	〃	程貞榜	37	湖北孝感	九六	民十九年一月
508	〃	〃	孔泰山	29	江蘇江都	八四	民廿三年四月
509	〃	〃	王在朝	45	〃	八〇	民十四年八月
511	〃	〃	周金勝	40	〃	一二〇	民廿六年五月
512	〃	〃	楊大興	58	湖北黃岡	七三	民前十二年八月
515	〃	〃	姚桂榮	52	江蘇無錫	六八	民十九年三月
518	〃	〃	黃銓勝	43	廣東東莞	六八	民廿四年一月
520	〃	〃	黃寶亭	28	湖北漢陽	五六	民廿三年四月
522	〃	〃	涂廣富	27	江蘇江都	五六	〃

19

工號	部別	工別	姓名	年齡	籍貫	日資	入廠年月	備攷
523	鉚工	工匠	聶雲卿	43	湖北漢陽	四八	民廿七年十一月	
525	〃	〃	程和福	42	安徽桐城	一三〇	民廿五年十二月	
527	設備	〃	丁長根	34	江蘇上海	一二〇	〃	
528	工具	〃	錢仲生	35	〃	一一〇	〃	
534	鉚工	〃	周根榮	43	〃	一一〇	民廿六年五月	
535	〃	〃	沈得榮	44	浙江杭州	六四	〃	
540	副工	臨時小工	蔡盛			五〇		
541	銑工	藝徒	楊木森	18	福建閩侯	二〇	民廿六年五月	
545	副工	臨時小工	梁松山	23	湖南湘潭	五〇	民廿七年十一月	

546	〃	〃	黃澤清	29	廣東保安	五〇	民廿七年九月
547	〃	小工	楊　靖	21	湖北漢陽	五〇	民廿七年十月
548	〃	臨時小工	湯保順	29	〃	五〇	〃
549	〃	〃	董必坤	27	〃	五〇	〃
550	〃	工匠	謝步藍	39	〃	七六	民九年四月
551	〃	臨時小工	余漢生	31	〃	五〇	民廿七年十一月
552	〃	〃	龍　華	23	湖南衡陽	五〇	民廿七年十一月
556	〃	小工	黃學桂	54	湖北應山	六二	民廿五年四月
558	〃	小工	蔡成寬	38	湖北黃岡	六二	民廿四年九月
559	〃	〃	王鼎祥	46	湖北漢陽	六二	民廿一年二月

22

工号	部别	工别	姓名	年龄	籍贯	日资	入厰年月	備攷
560	副工	小工	許長興	49	湖北黄岡	六二	民廿年二月	
563	〃	〃	劉少卿	37	湖北武昌	六〇	民廿五年十二月	
564	〃	〃	羅超萬	41	湖南桃源	五六	民廿三年二月	
565	〃	臨時小工	劉道恒	30	江蘇宜興	五〇	民廿七年十月	
571	〃	〃	姜正夫	45	湖南寶慶	五四	民廿七年五月	
574	〃	〃	鄧明文			五〇	民廿七年十二月	
575	〃	〃	王心才			五〇	〃 〃	
577	〃	〃	張發年	29	湖北漢陽	五四	民廿七年六月	
579	〃	〃	丁漢橋			五〇	民廿七年十月	

20-1

582	〃	小工	遅坤文	36	湖北沔陽	吾	民廿四年十月
583	〃	臨時小工	王功秀	48	湖北漢陽	吾	〃
584	〃	〃	吳桂生	22	〃	吾	民廿七年十月
586	〃	〃	汪長興	29	湖北漢川	吾	民廿四年十月
588	〃	〃	姜怡順	52	江蘇江都	吾	〃
591	〃	〃	周生宗	26	湖北漢陽	吾	民廿五年六月
596	〃	〃	李雲清	29	〃	吾	〃
597	〃	〃	羅自立	25	湖南桃源	吾	〃
602	〃	〃	安立中	26	湖北漢陽	吾	民廿六年七月
605	〃	〃	黃述成	30	湖北黃陂	吾	〃

21

工号	部别	工别	姓名	年龄	籍贯	日资	入厂年月	备攷
606	副工	臨時小工	黄文駒	28	湖北黄陂	吾	民廿七年七月	
611	〃	〃	劉玉山	32	湖北孝感	吾	〃	
617	〃	〃	趙登富	28	江蘇六合	吾	〃	
620	〃	〃	唐貴才	30	湖南武岡	吾	民廿八年一月	
622	〃	〃	王津龍	28	湖北黄陂	吾	民廿七年十一月	
623	〃	〃	何學文	34	湖北沙市	吾	〃	
626	〃	〃	姜順生	26	湖南寶慶	吾	〃	
628	〃	〃	丁宗元	32	湖北漢陽	吾	民廿七年十一月	
629	〃	〃	黄述河	32	湖北黄陂	吾	〃	

21-1

633	〃	〃	張漢生	23	湖北天門	五〇	〃
635	〃	〃	劉運生	30	湖北漢陽	五〇	〃
637	〃	小工	崔長建	24	河南葉縣	五〇	民卅七年一月
638	〃	〃	李忠隆	24	浙江温州	五〇	〃
639	〃	〃	黄步雲	29	江蘇無錫	四〇	民卅七年二月
640	〃	〃	龐文漢	41	江蘇南京	四〇	民卅七年十二月
641	〃	臨時小工	韓世德	27	湖北漢口	五〇	民卅七年七月
642	〃	〃	韓世銀	27	〃	五〇	〃
643	〃	〃	劉小黑	25	湖北漢陽	五〇	〃
644	〃	〃	李彩平	21	湖南岳陽	五〇	〃

22

工号	部别	工别	姓名	年龄	籍贯		日资	入厰年月	備攷
645	副工	臨時小工	陳硯海	21	湖北漢陽		五〇	民廿七年十二月	
646	〃	〃	李家富	26	湖南宝慶		五〇	〃	
647	〃	〃	姚又清	26	〃		五〇	〃	
648	〃	〃	張義廣	19	湖北漢陽		五〇	〃	
649	〃	〃	沈長富	26	湖北鄂城		五〇	〃	
650	〃	〃	趙炳臣	31	湖南桃源		四〇	民廿七年十月	
655	木工	臨時工匠	陳紀昌	31	江蘇上海		七六	民廿七年二月	
656	〃	〃	孫梅林	32	〃		七六	〃	
665	装配	工匠	秦景福	24	湖北孝感		八八	民廿七年十二月	

22-1

666	〃	〃	李海卿	31	湖北漢陽		六八	〃
667	〃	〃	張河海	27	浙江平湖		八四	〃
668	〃	〃	吳毓華	24	安徽巢縣		九六	〃
669	〃	〃	黃正清	25	〃		八六	〃
670	設備	〃	劉炳根	28	江蘇武進		一〇〇	〃
671	〃	〃	徐永昌	28	浙江寧波		一〇〇	〃
672	〃	〃	胡紀生	25	江蘇上海		七二	〃
673	〃	〃	張鴻鈞	29	江蘇江寧		九六	〃
674	〃	〃	程和明	36	安徽合肥		六四	〃
675	〃	〃	湯成林	26	江蘇上海		六二	〃

23

工号	部别	工别	姓名	年龄	籍贯	日资	入厰年月	备考
676	設備	工匠	鄭玉廷	28	湖北漢陽	八四	民廿七年十一月	
677	副工	小工	張金亭	18	湖南常德	三〇	民廿八年八月	
678	〃	工匠	陳大郎	35	江蘇上海	八四	民廿七年十二月	
680	設備	〃	陳金山	25	湖北漢陽	七〇	〃	
681	副工	小工	胡槺明	33	〃	五〇	〃	
683	〃	〃	吳紀鄉	38	湖北黃陂	五〇	〃	
684	〃	〃	陳光甲	26	湖北夏口	五〇	〃	
685	〃	〃	謝正德	31	湖北漢陽	五〇	〃	
686	〃	〃	鄧樹根	37	〃	五〇	〃	

23-1

693	〃	〃	劉金臣	30	〃	五〇	〃	
694	〃	〃	王世珍	31	〃	五〇	〃	
695	〃	〃	吳恒義	34	〃	五〇	〃	
697	〃	〃	李福祥	21	湖南湘鄉	三八	民廿七年七月	
700	〃	〃	曾慶雲	49	湖南衡山	八〇	民廿七年六月	
701	〃	〃	鄭銘德	23	湖南岳陽	六七	〃	
702	〃	臨時小工	汪玉發	26		四八	民廿七年十月	
704	〃	〃	羅源泰	26	湖南桃源	四〇	民廿七年八月	
709	〃	〃	唐厚生	33	湖南衡州	五〇	〃	
710	〃	〃	唐爾全	28	湖南全慶	五〇	〃	

24

工號	部別	工別	姓名	年齡	籍貫	日資	入廠年月	備攷
711	副工	臨時小工	劉陽和	28	湖南武岡	五〇	民卅七年八月	
712	〃	〃	劉起平	29	湖南安化	五〇	〃	
713	〃	〃	易玉泉	22	湖南湘潭	五〇	〃	
714	〃	〃	易明軒	25	〃	五〇	〃	
715	〃	〃	溫硯龍	37	湖南寧鄉	五〇	〃	
716	〃	〃	盧永光	25	貴陽	五〇	〃	
718	〃	〃	潘友明	30	湖南湘陰	五〇	〃	
719	〃	〃	閻家訓	28	河南開封	五〇	〃	
720	〃	〃	王稀卿	20	湖南湘潭	五〇	〃	

24-1

721	〃	〃	劉祥	30	湖南益陽	五〇	〃
722	〃	〃	范隨一	34	山東观城	五〇	〃
723	〃	〃	馮占祥	26	河南裡城	五〇	〃
724	〃	〃	夏百增	24	河南陳留	五〇	〃
725	〃	〃	常振業	30	河南西平	五〇	〃
726	〃	〃	孫錫臣	35	山東濟南	五〇	〃
729	〃	〃	王加友	31	湖南桃源	四〇	〃
730	〃	〃	鄭選成	29	〃	六〇	〃
731	〃	〃	鄭漢臣	30	〃	四〇	〃
733	〃	〃	孫順安	28	江蘇江陰	四八	〃

25

工号	部别	工别	姓名	年龄	籍贯	日资	入廠年月	備攷
734	副工	臨時小工	李德芳	20	湖南桃源	四〇	民廿七年八月	
735	〃	〃	劉松華	22	湖南湘潭	五〇	〃	
736	〃	〃	姜仕生	36	湖南邵陽	五〇	民廿六年十月	
737	〃	〃	張藻廷	43	湖南桃源	四〇	民廿七年八月	
738	〃	〃	張圭根	33	〃	四〇	〃	
740	〃	〃	潘宗元	43	〃	四〇	〃	
741	〃	〃	梁梅生	23	湖南湘潭	四〇	民廿七年九月	
742	〃	小工	易澤桂	22	〃	四〇	〃	
743	〃	臨時小工	石生生	29	江蘇常熟	五〇	民廿七年十月	

744	〃	〃	羅壽臣	27	〃	四〇	民廿七年八月
745	〃	小工	林輔漢	31	湖南湘潭	四〇	〃
746	〃	臨時小工	王德涛	45	江西贛縣	五〇	民廿七年九月
747		測工	張自新	32	湖南常寧	五〇	〃
749		司機	張錦清	22	江蘇南通	一五〇	民廿七年七月
750	副工	小工	劉興國	33	湖南衡陽	五〇	民廿七年九月
753		測工	陳鼎飛			六〇	民廿七年七月
754		〃	龍漢秋			五六	〃
755		〃	溫利仁	24	湖南湘潭	四〇	〃
757		司機	王保森			一四〇	〃

26

工号	部别	工别	姓名	年龄	籍贯	日資	入廠年月	備攷
760	副工	臨時小工	李裕清			五〇	民廿七年十月	
761	〃	〃	姜維富	33	湖南新化	五〇	民廿七年十月	
762	〃	〃	涂菊狗			五〇	民廿七年十月	
764	〃	〃	胡小慶			五〇	〃	
768	〃	〃	盧啟漢			五〇	〃	
772	〃	〃	洪明山			五〇	〃	
774	〃	〃	秦三洪			五〇	〃	
775	〃	〃	陳耀清			五〇	〃	
776	〃	〃	朱世祥			五〇	民廿七年八月	

26-1

777	〃	〃	易修寬				吾	〃
778	〃	〃	王長達				吾	〃
780	〃	〃	李得發				吾	吾民廿七年七月
781	〃	〃	侯孝銀				四	四民廿七年八月
782	〃	〃	陳士海				吾	〃
786	〃	〃	劉光遠	26	湖南桃源		吾	吾民廿七年十月
788	〃	〃	董炳初	25	湖南湘潭		吾	〃
789	〃	〃	王心泮	33	湖南常德		吾	〃
793	〃	〃	謝詠桃	22	湖南湘鄉		四	〃
794	〃	〃	張海泉	27	安徽桐城		四	〃

工号	部别	工别	姓名	年龄	籍贯	日资	入厂年月	备考
795	副工	临时小工	陆林生	28	江苏南通	四八	民廿七年十月	
796	〃	〃	吴妙继	23	〃	四八	〃	
797	〃	〃	李正山	27	江苏阜宁	四八	〃	
798	〃	〃	邵金友	28	山东滕县	四八	〃	
799	〃	〃	彭光志	26	湖北黄陂	四八	〃	
800	〃	〃	张海龙	26	安徽桐城	四八	〃	
831	〃	〃	陈阿林	28	江苏上海	五〇	民廿七年十一月	
832	〃	〃	刘维钧	33	江苏六合	五〇	〃	
833	〃	〃	王和尚	28	江苏上海	五〇	〃	

27-1

834	〃	〃	沈桂堂	32	〃		五	〃	
835	〃	〃	張云廷	25	湖南桃源		四	〃	
836	〃	〃	李　順	21	湖南常德		四	〃	
837	〃	〃	王遠生	24	湖北漢陽		四	〃	
838	〃	〃	楊福成	29	湖南寧鄉		四	〃	
839	〃	〃	楊世居	28	湖南桃源		四	〃	
840	〃	〃	尹云龍	24	湖北漢陽		四	〃	
843	〃	〃	張漢臣	36	安徽寧國		五	〃	
844	〃	〃	鄭玉亭	33	山東臨縣		五	〃	
845	〃	〃	汪國明	41	安徽壽州		五	〃	

28

工号	部别	工别	姓名	年龄	籍贯	日资	入厰年月	備攷
847	副工	臨時小工	趙明倫	26	河南商邱	五〇	民廿七年十二月	
848	〃	〃	賈亭才	26	河南滑縣	五〇	〃	
849	〃	〃	劉文生	22	安徽泗州	五〇	〃	
851	〃	〃	李長清	34	山東壽章	五〇	〃	
852	〃	〃	唐金龍	36	江蘇海縣	五〇	〃	
853	〃	〃	朱登臣	40	安徽巢縣	五〇	〃	
854	〃	〃	高德山	37	河北宛平	五〇	〃	
855	〃	〃	宋清河	21	湖南寧鄉	五〇	〃	
856	〃	〃	姜樹楼	20	湖南湘潭	五〇	〃	

28-1

857	858	859	860	862	863	865	866	921	922
〃	〃	〃	〃	〃	〃	〃	〃		
〃	〃	〃	〃	〃	〃	〃	〃	臨時工匠	〃
袁懷林	湯月林	李厚香	王熙融	王國忠	陳金樹	張鳳祥	姜桂元	盧星明	黃應學
33	29	33	29	23				41	27
〃	〃	安徽宿縣	河南鄭州	湖南湘潭				浙江紹興	湖北孝感
五〇	五〇	五〇	五〇	五〇	五〇	五〇	五〇	八八	七六
〃	〃	〃	〃	〃				民廿七年十一月	〃

29

工号	部别	工别	姓名	年龄	籍贯	日資	入廠年月	備攷
923		臨時工匠	余其昌	29	湖北漢陽	古	民廿七年十月	
924		〃	劉冬生	40	湖北黄岡	八八	〃	
925		臨時工匠	朱山寶	42	江蘇上海	八〇	〃	
841	副工	臨時小工	李士釗	25	安徽合肥	五〇	民廿八年二月	
561	〃	小工	喻福元	31	湖北黄岡	〡〢	民廿四年八月	

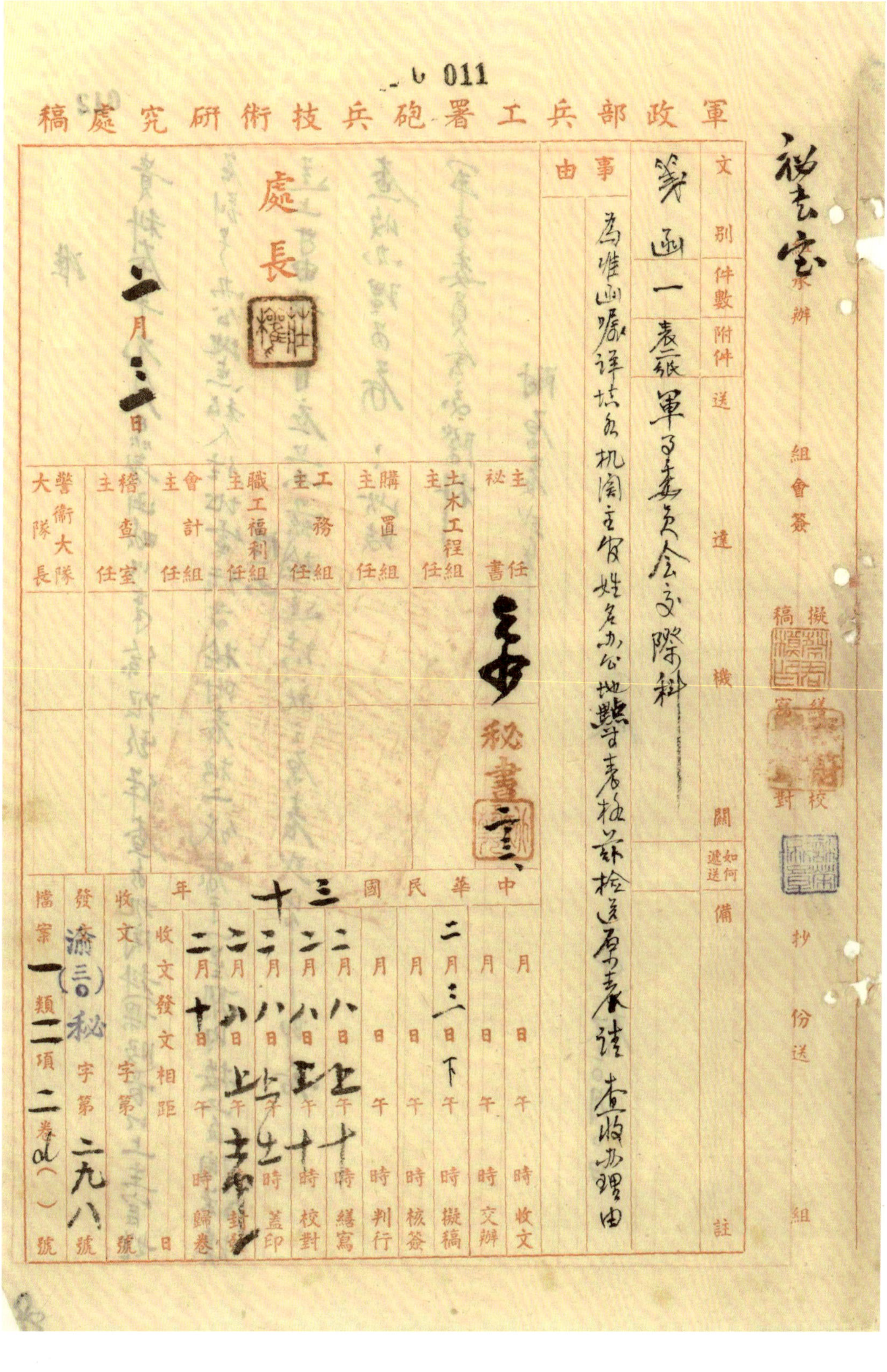
軍政部兵工署砲兵技術研究處稿

文別	箋函
件數	一
附件	表一張
送達機關	軍事委員會交際科
事由	為准函屬詳填本机關主官姓名辦公地點等表格繕送查收辦理由

處長

中華民國三十年

兵工署十工厂为报送该厂主官情况表致军事委员会交际科的笺函（一九四一年二月八日）

012

准

贵科本年元月八日笺函略以奉饬限期详查各机关科（课、股）长以上主官姓名别号、办公地点、私人住址、电话等，检附表格二纸，嘱于一星期内按式详填送上等由，准此。自应照办，兹检送填就之原表贰纸，随函即希

查收办理为荷。此致

军事委员会交际科

附原表贰纸

（一）厂

年 启 〇月〇日

013

辦公地點：代龍橋對江忠恕沱　電話：一六〇四九

職級	姓名	別號	年齡	省縣	出身	詳確經歷
簡任五級 廠長	莊權	巽行	四六	江蘇武進	德國撒克遜工業大學機械科畢業、德國機械工程師	歷充中央兵工廠副技師、赴歐調查兵器特派員、又槍廠技師兼技術股主任、上海兵工廠工程師兼機器廠主任、漢陽兵工廠機器廠廠長、上海勞動大學工學院院長、兵工署兵工研究委員會委員兼檢驗主任、技術司砲兵科科長、[illegible]聯合會主任委員兼[illegible]等職
簡任六級 主任秘書	曾克家		三九	四川涪陵	上海光華大學政治系畢業	歷充平漢鐵路管理局秘書、鐵道部專員、軍政部上校秘書、上校組長、中國運輸司令部[illegible]、公司保險處副處長又黔緬運輸處副處長等職
秘書室 同上校秘書	盧漢璆	雄文	五五	福建永定	上海神州法政專門學校法律本科畢業	歷充國民革命軍海軍總司令部政訓處少校股長、中校股長、砲兵技術研究處同少校文牘員、中校股長、總務主任又同上校總務主任等職
同中校秘書	姚榜元	良伯	二九	江蘇無錫	無錫國學專修學院畢業	歷充軍委會交通研究所訓育組少尉組員、訓練總監部國民軍事教育處中尉處員、武漢行營[illegible]同上尉書記、川陝邊區綏靖主任公署同上尉書記、砲兵技術研究處同上尉書記、[illegible]股員、少校[illegible]課長等職
同	周克功		二八	浙江杭縣	復旦實驗中學商科畢業	歷充武昌第一紗廠會計員、兵工署會計科科員、砲兵技術研究處會計組組員、漢陽砲廠事務股股長、桂林修砲廠會計課長兼事務課課長、官商合辦民華公司會計長等職
事務課 同中校課長	吳傑	季蕃	四一	安徽歙縣	安徽省立第二師範學校畢業	歷充淞滬護軍使署秘書處收發主任、電政總局電池廠會計員、電燐鐵公司[illegible]、機械廠庶務、砲兵技術研究處同上尉庶務又同上尉股長等職
出納課 同上尉課長	余坲徵	則凱	二八	江蘇武進	江蘇省立常州中學畢業	歷充砲兵技術研究處總務組少尉書記、股員、中尉[illegible]課員等職
土木工程處 薦任三級處長	蕭人彥		三七	湖北黃陂	唐山大學土木工程科學士	歷充國民革命軍總司令部[illegible]設計[illegible]、國都設計技術專員辦事處技佐、南京市政府工務局技士、河南省建設廳技士技正、四川省政府秘書處技正等職
購置科 薦任三級科長	陳喜棠		三四	廣東梅縣	國立中山大學畢業、德國勃浪斯威大學機械科畢業	歷充兵工署兵工研究委員會助理委員、砲兵技術研究處技術員、廿四工程師等職

014

職別	姓名	年齡	籍貫	學歷	經歷
工務處 簡任六級處長	[illegible]泉馨	三八	江蘇無錫	德國柏林工業大學畢業	歷充上海兵工廠砲彈廠主任、製砲廠主任、同濟大學教授、建設委員會電機製造廠籌備員及兵工署委員、砲兵技術研究處專員兼組主任等職
工程師室 薦任一級總工程師	王思濂	四一	廣東蕉嶺	同濟大學機械科畢業、柏林工業大學電機科畢業	歷充德國西門子電機廠工程師、廣西省政府水電專員、廣東軍工處兵器製造廠工務主任、兵工署技術官、砲兵技術研究處薦任技術員等職
工作支配課 薦任六級課長	熊明善	三六	四川巴縣	兵工專門學校畢業	歷充漢陽兵工廠技術員、兵工署技術司委任三級技佐、砲兵技術研究處委任三級及一級技術員、課長等職
工作準備課 委任一級課長	陳志靜	三五	江蘇武進	兵工專門學校畢業	歷充上海兵工廠技術員、參謀本部城塞組技術隊組長、城塞局技士、砲兵技術研究處委任二級及一級技術員等職
檢驗課 薦任四級課長	林清許	四三	廣東蕉嶺	日本東京工業大學機械科畢業、柏林大學德文班	歷充廣東第一集團軍空軍司令部飛機廠少校技士又航務處少校科員、奉派赴歐洲捷克國斯可達廠見習製砲、砲兵技術研究處薦任五級技術員
材料庫 委任三級庫長	陳志暄 鳳超	三七	安徽廬江	安徽省立第一工業學校畢業	歷充上海兵工廠司書、兵工署製造司錄事、七一五四九級科員等職
第一所 薦任六級所長	蔡其恕 行之	三八	江蘇青浦	同濟大學工學士機械系畢業	歷充同濟大學機師、材料教員、附中教務主任、砲兵技術研究處代理薦任技術員、薦任三級技術員等職
第二所 薦任六級所長	王銓 選之	三六	河北定縣	兵工專門學校畢業、德國克虜伯廠實習	歷充上海兵工廠技術員、漢陽兵工廠技術員、砲兵技術研究處委任六級、二級技術員等職
第三所 薦任三級所長	陳心元 寶善	三九	山東惠民	同濟大學工學院電工機械系畢業	歷充啓新洋灰公司幫機械工程師、砲兵技術研究處委任五級技術員、薦任四級技術員等職
第四所 薦任六級所長	吳增耆 幼實	三九	安徽盱眙	國立浙江大學工學院電機工程科畢業	歷充福州電氣公司技士、杭州電氣公司工務主任、兵工廠技術員、砲兵技術研究處委任二級技術員、委任一級技術員等職

10

C 015

職工福利處 薦任一級處長 程嘉垕 三九 湖南衡陽 北京朝陽大學畢業 歷充交通部編委會秘書、唐山電話局二等、軍委會政訓處華北宣傳總隊上校科長、戰時工作幹訓團聘任教官、中國戰時生產促進會理事兼總幹事、重慶市保甲設計委員會委員等職、交通部薦任技士

事業課 同中校課長 陸寶齡 三六 江蘇武進 江蘇省立工業專門學校畢業 歷充江蘇武進縣黨部委員、省黨部幹事、總幹事、江陰民教館主任、阜寧、泰興、靖江等縣教育科長、西南運輸處秘書

訓育課 委任一級課長 成杌禪 三一 江蘇武進 江蘇省立教育學院畢業 歷充江蘇省立第二農學校、吳縣農場技術員、武進縣立湘塘橋及前黃民教館長、浙江吳興私立戴氏樹林小學校長、吳興縣立民教館教育部第二社教工作團統計室、經濟部西康局助理員、江陰縣政府秘書等職

醫院院長 聘任 葉少芙 四一 廣東梅縣 國立中山大學醫學院畢業、德國漢堡大學醫學博士 歷充中山大學醫科助教兼醫師、廣東電政管理局全部軍醫、漢堡大學病院醫師、柏林大學內科部醫師、中山大學醫學院教授兼第一醫院內科副主任、護士學校校長等職

農林場 委任八級場長 金仲賢 頌彥 二七 江蘇吳縣 江蘇省立蘇州農業學校[redacted]畢業 歷充江蘇省立蘇州農校園藝科技術員兼推廣員、吉浦縣農業推廣所指導員、鐵道部技術員、兼及委員服務員等職

會計處 薦任五級處長 張家傑 三五 江蘇儀徵 復旦大學商學院會計系畢業、商學士學位 歷充中央政府上海商務部會計員、鐵道部科員、技術研究委員會會計組長、二及委員一主任又兼上主任等

簿記課 委任三級課長 張景瑞 三四 江蘇灌雲 復旦大學商學院會計系畢業 歷充江西省政府經委會統計股長、又任江西省政府秘書處會計室主任、軍委會西南進出口物資運輸總經理處重慶分處會計科長、會計股長及重慶修車廠專任會計、砲技處會計主任等職

成本計算課 委任四級課長 姚榮貴 永規 二八 上海市 復旦大學商學院會計系畢業 歷充正則會計師事務所計算員、稽核、復旦大學助教、兵工署第廿五工廠成本課委員課員及委員課長等職

審計課 委任四級課長 蔡因琳 三五 浙江鄞縣 復旦大學商學院會計系畢業 歷充上海華中地產公司會計主任、上海興業信託社辦事員、鎮海縣立商校教務主任、砲技處會計組員及審計課委員課員及委員課長等職

稽查室 少校主任 晏益元 醫源 二八 江蘇寧 中央軍官學校特訓班畢業、政治科畢業 歷充第九戰區司令長官司令部政治部見習、中尉組員、上尉隊長、挑夫少校大隊附、中國運輸公司等職、服務隊大隊附等職

8 11

一一三

警衛大隊中校大隊長　郭振荣　三五　廣西灵川　中央軍事政治學校第一分校第一期步科畢業　歷充第十五軍少中尉排長、上尉連長、陸軍新編第一師上尉副官、中央軍官政治學校第一分校特務連連長、灵川縣民團司令部少校督練官、中校副司令、軍政部軍械司少校科員等職

025

军政部兵工署第十二厂编制内现有人员名册

卅年四月五日

编制级职	现任级职	姓名	备考
简任六级至四级同少将处长	简任五级处长	莊權	
荐任二级至简任六级同上校处长办公所主任秘书	简任六级处长办公所主任秘书	曾克家	在请委中
荐任三级至二级同中（上）校或秘书室秘书	同上校秘书室秘书	盧漢璆	在请调中
荐任六级至四级同中校或秘书	同中校秘书	姚榜元	在请调中
同右	同、右	周克功	在请委中
同右	同少校秘书	吴鍾驤	在请调中
同少（中）校秘书	同右	蔣隆樹	在请委中
同上（少校）尉事务员	同上尉事务员	沈向清	取销

19

U.026

同右	同右	吳鼎周	
同中（上）尉事務員	同右	朱潔民	
同右	同中尉事務員	蔡君模	在請委中
同少（中）尉書記	同中尉書記	胡佩玉	
同右	同右	房崇建	
同中（上）尉譯電員	同上尉譯電員	許崇成	
同准（少）尉書記	同少尉書記	王瀞華	在請委中
同右	同右	李蔚農	
同右	同右	黃建力	在請委中
同少（中）校事務課課長	同中校事務課課長	吳傑	在請升中

20

同上(少校)尉 課員	代理同少校 課員	舒洪鈞	
同 右	同少校 課員	陳炎	在請假中
同中(上)尉 課員			
同 右	同中尉 課員	嚴遵裔	在請假中
同 右	同上尉 課員	薛貞元	在請假中
同少(中)尉 課員	同中尉 課員	陳凱	
同 右	同 右	許鍾荣	在請假中
同 右	同少尉 課員	胡學恒	
同准(少)尉 書記	同准尉 書記	王継春	
同 右	同 右	戴德明	

21

0028

委任六级至一级或同少（中）校出纳课课长	同（中）上尉出纳课课长	余悌徽	
委任八级至四级或同上（少校）课员	委任八级课员	濮济强	
委任十级至六级或同中（上）尉课员	同少尉课员	杨福桂	现请委中
同右	同中尉课员	葛燮卿	现请委中
同右	同少尉课员	徐永涛	张佳调中
同右			
同准（少）尉司书	同准尉司书	吴梓森	现请委中
同右	同少尉司书	邓英	仝右
同少校			
成品库库长			
同中（上）尉库员	同上尉库员	郭品璋	

22

029

原職	新職	姓名	備考
同中（上）尉庫員	同□尉庫員右	吴震明	不詳去向
同少（中）尉庫員	同中尉庫員	楊葆生	
同右	同右庫員	章表孝	[illegible]
同准（少）尉書記	代理同少尉書記	王健	
薦任五級至一級土木工程組主任	薦任三級土木工程組主任	蕭人彥	[illegible] 不詳去向
同上（少校）組員	同少校組員	凌以曦	[illegible] 不詳去向
同少中尉事務員	同少尉事務員	葉鳳元	
同右	同右	王啓華	[illegible]
委任三級至薦任五級工程師	委任十級工程師	唐[illegible]	[illegible]
委任四級至一級工程師	委任二級工程師	蔣璜	

23

U 030

委任五級至三級技術員	委任六級技術員	朱世錕	
委任七級至五級技術員	同右	陳明謙	
同右			
同右	委任九級技術員	胡崇聖	
同右	支上尉薪技術員	殷先	
同右	同右	張正華	
委任八級至六級工程員			
同右			
同右	同少尉工程員	何乃燊	
同右	委任七級工程員	苗興增	在請委中

24

委任十二級至八級 測繪員	同測繪少尉員	朱景規	
同右	同中右	黃有才	
薦任四級至一級 購置組主任	薦任五級 購置組主任	王汝弼	在請委中
委任五級至二級或同少校 組員	代理同少校 組員	汪承祝	
同右	同右	金樾声	
委任七級至五級 組員	支委任六級薪 組員	楊維根	改請委中
同右	支委任五級薪 組員	王德基	改請委中
同右	委任八級 組員	李厚源	
委任十級至八級或同上尉 組員			
同右	同上尉 組員	盧渠波	

032

同右	同組員上尉	朱炳元	改派委中
同右	同右	童世祥	仝右
同右	同右	沈有年	仝右
委任十二級至十級組織同少(中)尉員		張成金	專補委
同右	同組員少尉	吳高源	
少(中)尉押運員	同押運員少尉	聶九五	
同右	代理押運員同中尉	薛士美	
同右			
准(少)尉押運員	同准尉押運員	凌炳	
同右	同右	陳康	

26

同右	同少尉押運員	李笑余	存疑查中
荐任二級至简任六級工務組主任	简任六級工務組主任	榮泉馨	
同少校組員	同少校組員	卜雋人	所請調中
同准（少）尉 司书	同准尉 司书	邱世昌	
同右	同右	屈文才	
荐任三級至简任六級總工程师	荐任一級總工程师	王思濂	
荐任四級至一級工程師			
荐任六級至二級工程师	荐任三級工程师	陳喜棠	
委任一級至荐任三級工程师	同右	譚友岑	
同右	荐任六級工程师	孟繼夫	

27

0034

委任二級至薦任六級 工程師	薦任六級 工程師	蘇知桧	
同右	委任一級 工程師	戚儒華	
委任四級至一級 技術員	委任一級 技術員	胡兆瑛	
同右	委任三級 技術員	燕翊治	在請委中
同右			
委任六級至三級 技術員	委任六級 技術員	李學定	製造司借缺
同右	同右	蕭學忠	同右
同右			
委任八級至五級 技術員	委任六級 技術員	陳俊明	
同右	委任十級 技術員	鄒松壽	在請委中

28

同 右 委任八級 技術員 郭鴻翔

委任十一級至七級 技術員 委任十級 技術員 陳炳年

同 右同 右 趙鳴謙

同 右同 右 謝汝圭

同 少（上中）尉 同 少尉
同 務員 同 務員 馬向真

同 右同 右 高乱 在請委中

委任一級至薦任三級 工作支配課ノ長

委任四級至二級 技術員 委任三級 技術員 呂則仁

同 右

委任十一級至四級 技術員

29

0036

同 右

同 右委任十一級技術員 吳大恒

同少（上中）尉事務員 同少尉事務員 李富徵 擬請委中

同 右同 章子猷

委任一級至薦任三級工作準備課課長 委任一級工作準備課課長 陳志靜

委任四級至二級技術員

同 右委任四級技術員 吳庭亨 擬請委中

委任十一級至四級技術員

同 右委任九級技術員 趙文才

同 右委任六級技術員 劉崇恩 擬請委中

30

同少（中上）尉予務員	同中尉予務員	王豫宗	
同右	同少尉予務員	楊錫松	在請委中
委任一級至薦任三級檢驗課之長	薦任の級檢驗課之長	林清許	
委任の級至委任二級課員			
同右	委任五級課員	張石泉	
委任十一級至の級課員	委任八級課員	余炳儒	
同右			
同右	委任七級課員	劉承澤	
同右	委任十一級課員	何[illegible]琛	
同右	委任九級課員	陳以桃	在請委中

31

038

同少（上中）尉 司務員	同少尉 司務員	蘇少甫	原請審中
同右	同准尉 司務員	諶南山	原請審中
委任一級至薦任三級 或同中校 工政課課長	委任五級 工政課課長	李继遜	原請改審中
委任五級至一級 或同少校 課員	同上尉 課員	潘鴻	
同右	同上尉 課員 同右	卜耀圻	
同中（上）尉 課員	同右	李子範	
同右	同中尉 課員	宋義山	
同右	同右	但功淮	
同右	同右	陳謙之	
同右	同少尉 課員	易志鴻	

32

同少(上中)尉事務員	同少尉事務員	汪淦	
右	同准尉事務員	曾維峯	
委任五級至一級或同少(甲)校材料庫々長	委任三級材料庫々長	陳志暄	
委任八級至五級或同上尉庫員			
右	同上尉庫員	楊康亭	在請委中
委任十一級至七級或同中(上)尉庫員	同中尉庫員	譚聲洋	
右			
右	同上尉庫員	畢仁林	在請委中
右	同少尉庫員	孫庠大	在請委中
同少(上中)尉事務員	同中尉事務員	吳鑑甫	在請委中

33

…040

同右			
委任一級至薦任二級第一科科長	薦任二級第一科科長	蔡其恕	
委任二級至薦任六級技術員	薦任六級技術員	過持志	
委任三級至一級技術員			
同右			
委任八級至四級技術員	委任六級技術員	王秩信	
同右	委任七級技術員	劉寓武	
同右	仝右	林祐任	存請審查
同右	委任十級技術員	王宗墉	
委任十一級至七級技術員	委任八級技術員	洪錫範	

34

同右	委任八級技術員	李宗集
同右	同右	謝夢馳
同右	委任九級技術員	陳樹業
同少（上中）尉事務員	同中尉事務員	丁本強
同右	同右	王楚濠
同右	同右	彭壽頤
同右	同少尉事務員	陳明
同右	同少尉事務員	陶開周
同右	同右	虞瑞鴻
同右	同右	倪祖昭

35

042

同右	同少尉司務員	黄培基	在請委中
同右	同右	李峻淵	在請委中
同右	同右	黎進之	在請委中
同右			
委任二級至薦任一級第二所所長	薦任六級第二所所長	王銓	
委任三級至一級技術員			
同右			
委任四級至二級技術員	委任二級技術員	鄒昱	
同右	委任三級技術員	何戊德	
同右	委任四級技術員	張世權	

36

委任八級至の級委任七級 技術員	技術員	李永仁
同 右		
同 右		
委任十一級至七級 技術員		
同 右		
同 少(上)(中)尉 〃務員	同 中尉 〃務員	虞政
同 右	同 右	郭萍皋
同 右	同 少尉 〃務員	陳灼
同 右	同 右	黃雷明
同 右	同 准尉 〃務員	戴德溶

册

44

0044

同	右司务员 同准尉	左輝	在请委中
委任一級至荐任薦任三級 第三科科長	第三科科長	陳心充	
委任三級至一級 技術員			
同	右 委任八級 技術員	沈培孫	在请委中
委任八級至四級 技術員	委任七級 技術員	姚錦松	
同	右 委任八級 技術員	葉昭浩	
同	右同	何傑	
同	右同	朱寶鈺	
同	右同	王蓉孫	
委任十一級至七級 技術員	委任十一級 試用技術員	張宗澤	在请委中 试用

38

045

同　右　委任十級技術員　陳錫康

同　右　同　右　林圭剛

同　右　同　右　朱兆剛

同　右　委任八級試用技術員　~~朱叔彝~~　調 △

同少（上中）尉事務員　同中尉事務員　馮劍青

同　右　同　右　趙永齡

同　右　同少尉事務員　莊孚康

同　右　同　右　丁靜齋

同　右　同办所事務員　劉謙　在[?]監中

同　右　同少尉事務員　顧正華

37

-- 0 046

同右	同少尉司務員	梅雁生	移請委中
同右	同准尉司務員	丁聲林	
同右	同右	甯相瑗	移請委中
同右	同少尉司務員	王義榮	移請委中
同右	同右	歐大祿	
同右			
同右			
委任一級至薦任二級第四所所長	薦任六級第四所所長	吳增耆	
委任四級至二級技術員	委任三級技術員	錢啓時	
委任八級至四級技術員	委任六級技術員	方炳盤	

40

同右			
委任十一級至七級技術員			
同右			
同少(上)尉事务員	同少尉事务員	曹俊生	
同右	同右	濮家琛	
同右	同准尉事务員	何俊可	
荐任四級至荐任一級 職工福利組主任			
同上(少校)尉組員	代理同少校組員	陳新	
同中尉組員	同中尉組員	許之暢	病請假中
同少(中)校事業課長	同中校課長	陸寶齡	仝右

41

-0048

同上（少校）尉 課員			
同中（上）尉 課員	同上尉 課員	程正風	原係委中一
同少（中）尉 課員	同少尉 課員	袁子臣	
同右	同准尉 課員	江有光	
同准（少）尉 同書	同准尉 同书	卞肇揚	
同右	同右	吳高祥	
委任二級至薦任二級 或同中校 訓育課長	委任一級 訓育課長	成機禪	
委任六級至三級 或同上（少校）尉 訓育員			
同右	委任四級 試用訓育員	鄒景良	
委任九級至六級 或同中（上）尉 訓育員	委任八級 訓育員	江煥堂	原係委中一

42

0049

同右	同上尉訓育員	盛景冠	
委任十二級至九級同少(中)尉訓育員	同中尉訓育員	吳紹贛	在請升中
同右			
同准(少)尉司書	同少尉司書	張藝青	在請委中
同右	同准尉司書	毛國勳	
聘(三百至四百元)任醫院院長	聘(支薪四百元)任醫院院長	葉少芙	在請委中
聘(二百至三百元)任醫師	聘(支薪三百元)任醫師	蕭道嘉	仝右
同(百五十至二百元)右	同(支薪一百六十元)右	劉世達	
同右	同(支薪二百元)右	胡乃淑	在請委中
聘(八十至一百三十元)任藥劑師	聘(支薪七十元)任藥劑師	劉恬曾	在請聘中

43

050

聘（五十至八十元）任 助産士	聘（支薪八十元）任 助産士	金偉如	在試委中
聘（五十至八十元）任 護士	聘（支薪八十元）任 護士	葉志英	在請委中
同右	同（支薪八十元）右	劉德俊	在請委中
同准（少）尉 同右	同准尉 同右	王玲	
委任五級至一級 農林場場長	委任八級 農林場場長	金仲賢	
委任八級至四級 技術員			
同右			
委任十二級至八級 技術員	委任八級 技術員	張允晉	在請委中
同右	委任十一級 技術員	沈展雲	同右
同准（少）尉 同右	同准尉 同右	謝融	

44

051

荐任三级至一级 会计组主任	荐任五级 会计组主任	張家傑	
荐任三级 専員	荐任六级 専員	郭孝同	在该案中
同 少校 组員	同 少校 组員	韓光賓	在该案中
委任三级至荐任五级 簿记课课长	委任三级 簿記课课長	張景瑞	
委任五级至一级 课員			
同 右			
委任八级至五级 课員	委任五级 课員	朱毓鍾	
同 右	委任八级 课員	韓方喜	
同 右	同 右	王心浩	
委任十二级至八级 课員	委任七级 课員	符荷百	

45

052

同右	委任十级课员	汪一鳴	
同右	委任廿级试用课员	饒琢之	乙 试用
委任三级至荐任五级成本计算课课长			
委任五级至一级课员	委任五级课员	馮金辛	改请委任
同右	委任四级课员	王鑾	令存
同右			
委任八级至五级课员	委任六级课员	蔣其焜	
同右	委任八级课员	胡錫康	改请委任
同右	委任十二级课员	唐尚堪	改请委任
同右			

46

同右	委任八級課員	趙幼雲	原請委中
委任十二級至八級課員	委任九級課員	楊均實	
同右	同右	鄭經源	
同右	委任十級課員	陳琳	原請委中
同右	委任九級課員	向鳴岐	原請委中
同右			
委任三級至薦任五級審計課々長	委任の級審計課々長	蔡同琳	
委任五級至一級課員			
同右			
委任八級至五級課員			

41

0054

同右	委任七级课员	陈忠策	
同右	委任八级课员	陆康九	
委任十二级至八级课员	同右	周以贺	
同右	委任九级课员	程仲尧	请委中
少（中）校稽查室稽查主任	稽查室稽查主任	晏益元	请委中
上尉稽查员	上尉稽查员	张珉白	仝右
同右	同右	屈自强	仝右
同右			
中尉稽查员	中尉稽查员	张国藩	在请委中
同右	同右	韩幼成	仝右

48

0055

階級職務	職務	姓名	備考
同右	少尉稽查員	樂其餘	在調查中
同右			
同右			
同右			
准尉(步)司書	少尉司書	郭竹青	在調查中
同右	同右	冷厚祥	在調查中
少校(中)警衛隊大隊長			
上尉(步騎)大隊附			
中尉副官			
少尉副官			

49

0056

二(一)等軍需佐

軍需		
同中尉書記		
同准尉(少)司書	同准尉司書	洪根琛
上尉中隊長	上尉中隊長	程鯤
同右		
准尉特务長	准尉特务長	張治華
同右		
少(中)尉分隊長	中隊分隊長	秦世瑾
同右		
同右		

50

同右	中尉 分隊長	程學剛	
同右	少尉 分隊長	楊鳳鳴	存信丞中
同右			
中尉	消防隊隊長		

兵工署第十工厂一九四一年度下半年工人花名册（一九四二年二月）

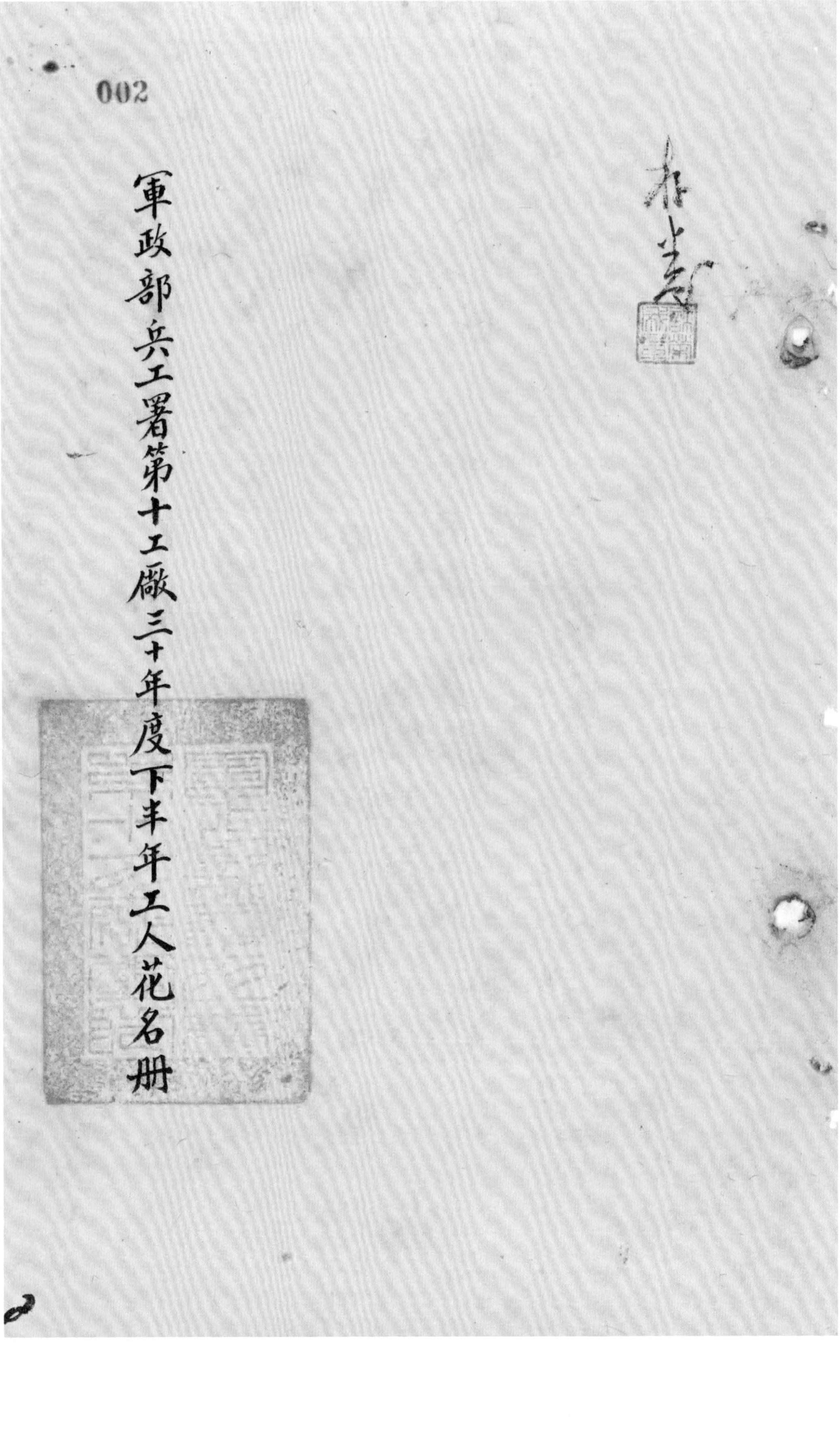

002

軍政部兵工署第十工廠三十年度下半年工人花名冊

003

所別	分工	工別	工號	姓名	年齡	籍貫	操行	技能	每日工資	入廠年月	備考
第六所	鉗工	工匠	1	陳本成	三九	福建閩侯				二六·三·二	
仝	車工	仝	2	呂志揚	二七	江蘇宜興				二六·三·五	
仝	仝	仝	4	徐承宣	三三	江蘇揚州				二六·三·二六	
仝	機工	仝	6	田秉為	四五	山東單縣				二七·六·七	
仝	車工	仝	9	林則敏	二八	福建閩侯				二七·二·二六	
第八所	藝徒	藝徒	11	楊世驎	一八	江蘇南京				二七·三·二三	
第十所	機工	工匠	13	趙佩蘭	三〇	安徽潁上				二七·四·六	
第八所	小工	小工	20	王鳳池	二一	湖南湘潭				二七·五·六	
材料庫	仝	仝	22	吳耀東	四五	安徽合肥				二七·五·六	
第十所	機工	工匠	25	劉寶榮	二一	河南武直				二七·五·二一	

所别	分工	工别	工号	姓名	年龄	籍贯	操行	技能	每日工资	入厰年月	備考
第八所	車工	工匠	31	張鴻祥	三五	江蘇無錫				二七.五.三〇	
仝	藝徒	藝徒	32	董新龍	一八	仝右				仝右	
材料庫	小工	小工	34	韓文法	二七	河南孟津				二七.八.一	
第八所	鉗工	工匠	35	汪家維	二四	安徽合肥				二七.一〇.一〇	
第八所	車工	仝	36	李俎釗	三〇	四川巴縣				二七.一〇.六	
第八所	仝	仝	37	王培壽	二七	四川長壽				仝右	
仝	鉗工	仝	39	楊寶奎	二八	四川瀘縣				仝右	
仝	車工	仝	40	晏光遠	二六	四川巴縣				二七.一〇.一二	
仝	仝	仝	43	張本修	三二	仝右				仝右	
仝	仝	仝	44	葉茂林	三四	仝右				仝右	

004

所別	分工	工別	工號	姓名	年齡	籍貫	操行	技能	每日工資	入廠年月	備考
第八所	車工	工匠	45	張森廷	三三	四川廣安				三七.一〇.二五	
第二所	仝	仝	46	蘇朝西	二八	四川壁山				仝右	
第八所	仝	仝	48	李伯超	二七	四川巴縣				三七.一〇.一八	
仝	鉗工	仝	49	金為政	二四	四川長壽				三七.一〇.二四	
第四所	車工	仝	51	李春發	二九	江蘇上海				三七.一二.一〇	
第八所	鉗工	仝	53	汪根須	三一	湖北漢陽				仝右	
第四所	車工	仝	55	張啟源	二七	江蘇南京				三七.一二.二二	
仝	仝	仝	57	羅守富	二六	江蘇上海				仝右	
第八所	鉗工	仝	60	呂榮祿	二六	江蘇南京				三七.一二.二三	
第四所	仝	仝	61	姜敬熙	三四	浙江杭州				仝右	

5

47

所別	分工	工別	工階	姓名	年齡	籍貫	操行	技能	每日工資	入廠年月	備考
第二所	鉗工	工匠	62	李書雲	二八	安徽桐城				二七.二.五	
第八所	車工	仝	64	傅金全	二六	四川長壽				二七.三.五	
第一所	鉗工	仝	65	沈勇發	二六	江蘇上海				二七.三.二四	
第二所	車工	仝	68	傅智恒	二七	四川巴縣				二七.三.八	
第四所	仝	仝	71	王桂年	四八	安徽懷遠				二八.六.九	
第九所	木工	仝	73	謝憲章	二六	四川巴縣				二八.六.二四	
第十所	小工	小工	75	曾樹葉	三五	四川江北				二八.三.二七	
第四所	學工	工匠	76	房茂林	二七	江蘇溧陽				仝右	
第八所	藝徒	藝徒	77	陳怡午	一六	湖南長沙				二八.三.二九	
第十所	仝	仝	78	周宗華	一七	浙江吳興				仝右	

所別	分工	工別	工號	姓名	年齡	籍貫	操行	技能	每日工資	入廠年月	備考
第四所	藝徒	藝徒	80	丁持盈	一九	江蘇江都				二八三三	
第八所	仝	仝	81	王永康	一八	四川江北				仝右	
仝	仝	仝	84	唐城棨	一八	仝右				二八三八	
第二所	學工	工匠	85	何孟東	三〇	湖北宜昌				仝右	
仝	小工	小工	86	李錫鈞	三八	河南[illegible]				仝右	
第八所	藝徒	藝徒	89	陳楠萍	一九	四川巴縣				二八三〇	
第九所	學工	工匠	90	謝華清	二七	湖南芷江				二八三二	
第八所	鉗工	仝	95	官嘉民	二七	廣東[illegible]				二八四五	
第一所	學工	仝	100	劉萬和	三三	四川璧山				二八四六	
第八所	仝	仝	101	賀培紱	一八	仝右				仝右	

54

所別	分工	工別	工階	姓名	年齡	籍貫	操行	技能	每日工資	入廠年月	備考
第九所	木工	工匠	103	蘇海全	二七	四川江北				二八·四·八	
仝	仝	仝	104	蘇海廷	二一	仝右				仝右	
仝	仝	仝	105	高海清	一八	仝右				仝右	
操槍所	學工	仝	107	鄒根	二五	湖北黃岡				二八·四·六	
第一所	仝	仝	108	房乾生	二九	江蘇溧陽				仝右	
第十所	小工	小工	112	周炳成	三一	四川武勝				二八·四·二	
仝	仝	仝	113	周海泉	三四	四川江安				仝右	
仝	電工	工匠	115	郭殿臣	三三	河南南陽				仝右	
仝	仝	仝	116	周德臣	三三	河南信陽				仝右	
第八所	藝徒	藝徒	120	劉炳雲	一九	湖南湘潭				二七·十二	

8

006

所别	分工	工别	工號	姓名	年齡	籍貫	介紹人	保證人	技能	每日工資	入廠年月	備考
第一所	藝徒	藝徒	121	許雲祥	一八	湖南衡陽					二七.四.二七	
第五所	火工	工匠	122	劉爆章	二〇	四川武勝					二八.四.二七	
第八所	藝徒	藝徒	125	張正倫	一九	四川巴縣					二八.四.二六	
第九所	學工	工匠	130	張樹成	一九	四川江北					二八.四.二四	
第八所	藝徒	藝徒	131	彭炳材	一八	四川巴縣					仝右	
第四所	仝	仝	132	杜方申	一八	湖北黃陂					仝右	
第八所	學工	工匠	134	汪靜菴	一九	四川江北					仝右	
仝	藝徒	藝徒	136	游明聽	一六	仝右					仝右	
仝	仝	仝	137	洪象新	一九	安徽壽縣					仝右	
仝	仝	仝	138	任黎卿	一八	四川巴縣					仝右	

47

6-1

所别	分工	工别	工牌	姓名	年龄	籍贯	操过技能	每日工资	入厂年月	备考
第四所	藝徒	藝徒	140	申澤民	一六	四川巴縣			二六、四、一四	
第八所	仝	仝	142	熊秉剛	一七	四川江津			仝右	
第六所	火工	工匠	143	趙賚書	一九	江蘇南京			二六、四、一五	
仝	仝	仝	145	徐文衛	三一	安徽鳳陽			仝右	
第五所	仝	仝	146	彭人和	二四	湖南新化			仝右	
第六所	仝	仝	147	袁仕時	二五	仝右			仝右	
仝	仝	仝	148	范連明	二〇	江蘇南京			仝右	
第五所	仝	仝	149	秦正元	三六	湖南益陽			仝右	
仝	仝	仝	150	王炳炎	三六	江蘇南京			仝右	
第六所	仝	仝	151	吳業成	二七	安徽合肥			仝右	

150

007

所別	分工	工別	工號	姓名	年齡	籍貫	操行	技能	每日工資	入廠年月	備考
第五所	火工	工匠	154	周道興	一九	四川巴縣				二八·四·二五	
第三所	仝	仝	155	王瑞康	一九	仝右				仝右	
第八所	藝徒	藝徒	157	晏家賢	一七	四川江津				二八·四·二六	
第六所	硫火工	工匠	159	阮仲倫	二一	仝右				二八·四·二六	
第一所	學工	仝	166	龍岩國	二四	四川璧山				二八·五·五	
第九所	木工	仝	167	龍祝山	二一	仝右				仝右	
仝	仝	仝	168	張茂森	二五	四川巴縣				仝右	
第一所	學工	仝	173	張少成	一九	四川江北				二八·五·二六	
第八所	鉗工	仝	179	劉金盛	二六	四川榮昌				二八·六·五	
仝	仝	仝	180	盧鏡光	三二	四川瀘縣				二八·六·七	

117

71

所別	分工	工別	工階	姓名	年齡	籍貫	操行	技能	每日工資	入廠年月	備考
第八所	車工	工匠	184	謝世宗	二九	四川梁山				二九.六.二三	
第一所	學工	仝	187	趙富城	二六	四川璧山				二八.六.二九	
第四所	車工	仝	193	唐國華	二七	四川銅梁				二八.六.二四	
仝	小工	小工	197	李正光	三三	四川璧山				二八.七.一	
第一所	學工	工匠	198	葉樹雲	二四	仝右				仝右	
第十所	機工	仝	200	葉清云	二〇	仝右				仝右	
第五所	火工	仝	204	彭少云	二二	四川巴縣				二八.七.二三	
第七所	仝	仝	205	王永正	二三	仝右				仝右	
第六所	仝	仝	207	陳厚全	二二	四川犍為				仝右	
第五所	仝	仝	212	安長春	二八	河北武清				仝右	

70

008

所别	分工	工别	工號	姓名	年齡	籍貫	操行	技能	每日工資	入廠年月	備考
第五所	大工	工匠	214	耿道南	三六	江蘇寶應				二八.七.三	
第七所	仝	仝	215	許傅宣	二八	安徽涇縣				仝右	
第八所	學工	仝	220	李海澤	二一	四川璧山				二八.七.三一	
第五所	火工	仝	223	蘇鴻林	四二	江蘇南京				二八.八.二	
第四所	鉗工	仝	226	楊金生	四五	江蘇上海				二八.九.二〇	
第十所	小工	小工	238	鄧顯名	三五	四川璧山				二八.十.二	
第二所	車工	工匠	240	蘇錫濤	二九	仝右				二八.十.五	
第十所	小工	小工	243	晏紹伯	二五	仝右				二八.十.二	
第八所	鉗工	工匠	252	鍾舉才	二六	四川巴縣				二八.十.三	
仝	藝徒	藝徒	253	甯豪錫	一七	四川富順				二八.十.六	

13XX

84

所别	分工	工别	工階	姓名	年龄	籍贯	操行	技能	每日工資	入廠年月	備考
第一所	車工	工匠	260	杜樹松	三五	四川廣安				二八.二.二〇	
第二所	學工	仝	261	李殿義	四四	四川梁山				二八.二.二三	
第六所	火工	仝	264	黃道成	三五	江蘇宿遷				二八.二.二七	
第七所	仝	仝	262	徐紀華	三三	江蘇和州				二八.二.二四	
第八所	藝徒	藝徒	267	楊榮福	一八	上海				仝右	
第四所	仝	仝	268	李東山	二一	湖南長沙				仝右	
第一所	鉗工	工匠	272	唐智仁	二九	上海				二八.三.二七	
第十所	小工	小工	278	陳燦章	二八	四川璧山				二八.三.二六	
第八所	學工	工匠	282	鄭國安	三二	四川永川				二八.三.二二	
第五所	火工	仝	284	夏振華	三〇	河南武陽				二八.三.二五	

009

所別	分工	工別	工號	姓名	年齡	籍貫	資歷	操行	技能	每日工資	入廠年月	備考
第八所	鉗工	工匠	292	楊展程	二〇	湖南沅江					二九·六·九	
仝	車工	仝	293	劉朝斌	二四	四川華陽					仝右	
工程師室	晒圖	仝	297	譚樹明	一九	四川巴縣					二九·六·五	
第八所	藝徒	藝徒	306	胡越淮	一七	四川南充					二九·六·二二	
第四所	車工	工匠	307	賴永康	二三	四川[illegible]縣					二九·六·二九	
第一所	鉗工	仝	309	文泉滙	三〇	四川營山					二九·七·一五	
仝	藝徒	藝徒	311	鍾俊明	一八	四川巴縣					二九·六·三〇	
第六所	火工	工匠	314	徐繼貴	三〇	南京					二九·六·二二	
第九所	學工	仝	316	連啟書	二七	四川武勝					二九·六·五	
仝	仝	仝	317	周用錢	三〇	四川巴縣					仝右	

1548

所别	分工	工别	工阶	姓名	年龄	籍贯	操行	技能	每日工资	入厂年月	备考
第九所	木工	工匠	318	石永全	二〇	四川巴县				二九·二·五	
第八所	艺徒	艺徒	319	吴文藻	二二	仝右				二九·二·三	
仝	学工	工匠	321	梁益发	二六	四川梁山				二九·二·四	
仝	艺徒	艺徒	322	张文斌	一八	浙江黄岩				仝右	
仝	钳工	工匠	339	张寿臣	三三	吉林永吉				二九·三·八	
仝	学工	仝	340	尹大章	二三	四川荣昌				[illegible]	
第四所	车工	仝	344	罗小东	二〇	四川大足				二九·三·一〇	
第七所	火工	仝	346	秦治和	二九	南京				二九·三·二三	
第五所	仝	仝	352	陈如明	二三	南京				二九·三·二三	
第八所	钳工	仝	357	袁宗易	二九	四川南充				仝右	

010
~~000~~

所別	分工	工別	工號	姓名	年齡	籍貫	操行	技能	每日工資	入廠年月	備考
材料庫	小工	小工	361	李鴻鈞	三四	四川忠縣				一九四·九	
第七所	火工	工匠	368	陳賽三	二四	浙江蘭谿				一九四·七	
仝	仝	仝	370	李[illegible]彬	三三	江蘇江寧				一九四·三	
第五所	仝	仝	378	王銀昌	二一	河南臨頴				一九四·九	
仝	仝	仝	380	李敬烈	二〇	四川梁山				一九五·八	
第十所	機工	仝	387	楊再富	四三	湖南湘潭				一九五·六	
第八所	鉗工	仝	394	彭識濂	二七	四川遂寧				一九五·三	
第七所	火工	仝	396	任恭金	三三	浙江義烏				一九六·三	
第二所	車工	仝	398	鍾方正	二五	四川長壽				一九六·五	
第八所	藝徒	藝徒	401	袁雪山	二七	湖南湘潭				一九五·七	

010

101

所别	分工	工别	工號	姓名	年齡	籍貫	操行	技能	每日工資	入廠年月	備考
第八所	藝徒	藝徒	402	何家潤	一八	湖南衡陽				元五一	
仝	仝	仝	403	賀炳景	一七	仝右				仝右	
仝	仝	仝	405	周谷法	一六	湖南湘潭				仝右	
仝	仝	仝	406	劉冬生	一六	仝右				仝右	
仝	仝	仝	408	劉遠振	二一	湖南衡陽				仝右	
仝	仝	仝	409	郭森	一七	湖南桂東				仝右	
第十所	仝	仝	413	胡厚甫	一五	浙江寧波				仝右	
第八所	仝	仝	414	毛維一	二〇	湖南衡陽				仝右	
仝	仝	仝	417	庹焕吉	一八	仝右				仝右	
第四所	仝	仝	419	唐禄	一七	仝右				仝右	

48

所別	分工	工別	工號	姓名	年齡	籍貫	操行	技能	每日工資	入廠年月	備考
第八所	藝徒	藝徒	421	李成春	一七	湖南衡陽				元五六	
仝	仝	仝	422	任桂林	一九	仝右				仝右	
仝	仝	仝	423	毛文章	一六	仝右				仝右	
仝	仝	仝	424	鄒過深	一六	仝右				仝右	
仝	仝	仝	425	鄒和	一八	仝右				仝右	
仝	仝	仝	426	陳劬元	一八	仝右				仝右	
仝	仝	仝	428	毛慧勳	一七	仝右				仝右	
仝	仝	仝	429	嚴德發	一七	仝右				仝右	
仝	仝	仝	430	高揚華	一八	仝右				仝右	
仝	仝	仝	431	曾垂甲	一九	仝右				仝右	

11-1

所別	分工	工別	工號	姓名	年齡	籍貫	操行	技能	每日工資	入廠年月	備考
第八所	藝徒	藝徒	434	岳甲生	一八	湖南衡陽				元.五.一	
工程師室	仝	仝	435	毛榮生	二〇	仝右				仝右	
第八所	仝	仝	436	毛客輔	二〇	仝右				仝右	
仝	仝	仝	437	蕭德桂	一九	仝右				仝右	
仝	仝	仝	441	毛榮華	一九	仝右				仝右	
仝	仝	仝	442	羅曙岑	一九	湖南湘潭				仝右	
仝	仝	仝	444	唐偉	一八	湖南衡陽				仝右	
仝	仝	仝	446	周洪元	一七	仝右				仝右	
第十所	仝	仝	448	李明錫	一九	仝右				仝右	
第八所	仝	仝	449	毛文武	一七	仝右				仝右	

4900

所別	分工	工別	工號	姓名	年齡	籍貫	操行技能	每日工資	入廠年月	備考
第十所	藝徒	藝徒	450	朱正興	二〇	湖南衡陽			二九.五.二	
第一所	學工	工匠	459	毛啟坤	二六	仝右			仝右	
第四所	仝	仝	461	陳世民	三〇	仝右			仝右	
第八所	鉗工	仝	474	楊飛	三七	湖南永州			二九.六.九	
仝	藝徒	藝徒	477	石永常	二九	四川巴縣			二九.六.三〇	
仝	鉗工	工匠	484	譚篤贊	二九	湖南湘潭			二九.六.二八	
第五所	火工	仝	491	汪健中	二六	安徽合肥			二九.七.二	
第八所	藝徒	藝徒	492	鄧自強	一八	四川巴縣			二九.七.二五	
第七所	木工	工匠	493	姚成楷	二八	安徽[illegible]			二九.七.二三	
第八所	藝徒	藝徒	495	張大財	一七	湖北宜昌			二九.七.六	

247

127

所别	分工	工别	工號	姓名	年龄	籍贯	操行	技能	每日工資	入厰年月	備考
第八所	車工	工匠	497	谷虎山	三三	河南武陟				元·七·三	
第二所	學工	仝	502	龔憲章	一九	四川榮昌				元·八·一	
第八所	鉗工	仝	504	張恩正	三三	四川德陽				元·七·廿一	
第五所	火工	仝	505	王見青	三三	四川江北				元·八·二	
仝	仝	仝	509	石振起	廿七	河北灤縣				仝右	
第六所	仝	仝	516	吴合成	二六	四川江北				元·八·四	
第七所	仝	仝	517	劉子青	卌	南京				元·八·廿六	
第六所	鉗工	仝	518	范勝勤	三一	湖南岳陽				元·八·廿七	
第七所	火工	仝	521	黄海洲	三三	四川岳池				元·八·元	
第八所	鉗工	仝	522	周文德	三九	湖北漢陽				元·八·三	

013

所別	分工	工別	工號	姓名	年齡	籍貫	操行	技能	每日工資	入廠年月	備考
第七所	火工	工匠	524	曾健民	廿五	四川江北				廿九.八.廿七	
第四所	學工	仝	527	譚宜樹	廿三	四川忠縣				廿九.九.一	
第二所	仝	仝	529	譚宜清	廿四	仝右				廿九.九.廿	
第七所	火工	仝	535	趙宗發	廿七	南京				廿九.九.廿九	
仝	仝	仝	539	文雲生	廿六	江西安遠				廿九.九.廿七	
第五所	仝	仝	540	李永生	廿四	河南睢縣				仝右	
第六所	仝	仝	546	楊玉修	廿六	河南寶豐				廿九.十.廿	
第二所	車工	仝	552	文既明	廿三	四川江北				廿九.十.四	
第七所	火工	仝	553	張德才	廿二	山東滕縣				仝右	
第六所	仝	仝	565	任貽傑	廿九	江蘇銅山				廿九.十.廿	

所別	分工	工別	工號	姓名	年齡	籍貫	操行	技能	每日工資	入廠年月	備考
第七所	大五	工匠	566	蕭學惠	三三	河北磁縣				元六二	
仝	仝	仝	568	袁海泉	二五	安徽太湖				仝右	
第五所	仝	仝	569	王福資	二八	河南商邱				仝右	
第七所	仝	仝	570	王之賢	二五	河北大名				仝右	
第六所	仝	仝	571	徐　樹	三三	四川益陽				仝右	
第五所	仝	仝	574	李中興	三一	江蘇徐州				元六三	
操砲課	操砲工	仝	582	鄭　傑	三三	四川遂寧				元六五	
仝	仝	仝	599	蔣文質	二三	四川內江				元六六	
仝	仝	仝	602	張線一	三三	浙江義烏				仝右	
仝	仝	仝	603	阮先友	三五	仝右				仝右	

014

所別	分工	工別	工號	姓名	年齡	籍貫	操行	技能	每日工資	入廠年月	備考
檢驗課	檢驗工	工匠	605	夏繼禹	二一	湖北孝感				一九.一〇.六	
第八所	車工	仝	606	劉炳軒	一九	四川江津				仝右	
第七所	火工	仝	608	程起良	二七	河南固始				仝右	
仝	仝	仝	610	楊位俊	三三	山東滕縣				一九.一〇.七	
檢驗課	檢驗工	仝	613	黃煦	一九	四川廣安				一九.一〇.八	
第四所	鏇工	仝	614	唐立虎	一九	四川潼南				一九.一〇.七	
第八所	鉗工	仝	615	高士山	四九	上海				一九.一〇.六	
第七所	火工	仝	620	鄧華堂	二一	安徽舒城				一九.一〇.一九	
仝	仝	仝	626	朱道成	二六	安徽合肥				一九.一〇.一二	
第二所	鏇工	仝	630	陳華	二五	四川潼南				仝右	

2503

141

所别	分工	工别	工號	姓名	年齡	籍貫	操行	技能	每日工資	入廠年月	備考
第八所	車工	工匠	632	王雨知	三三	四川江北				元言云	
第一所	小工	小工	634	陳元清	四〇	四川潼南				仝右	
第十所	仝	仝	639	鄧孝良	二〇	四川璧山				元言言	
仝	仝	仝	640	張治安	二四	仝右				仝右	
第五所	火工	工匠	641	李大松	二五	安徽太湖				元言壹	
第七所	仝	仝	642	王德	二六	河南開封				仝右	
第六所	仝	仝	643	丁紀漢	二七	河南南陽				仝右	
第五所	仝	仝	644	況榮新	二四	江西萬載				仝右	
第七所	仝	仝	651	馬玉華	一九	四川江北				元言六	
仝	仝	仝	652	黃達叁	三五	四川岳池				仝右	

178

015

所別	分工	工別	工號	姓名	年齡	籍貫	從前操行	技能	每日工資	入廠年月	備考
第六所	火工	工匠	657	陳家財	二〇	浙江義烏				元〇六	
仝	仝	仝	658	郜玉慶	三二	浙江浦江				元〇元	
仝	仝	仝	662	虞瑞法	三三	浙江義烏				元〇音	
第七所	小工	小工	663	裘東成	一四	四川璧山				元〇六	
檢驗課	檢驗工	工匠	665	王朝德	二〇	四川梁山				仝右	
仝	仝	仝	666	韓煥章	二四	河南長葛				仝右	
第七所	火工	仝	675	王世青	二一	四川江北				元〇音	
第五所	仝	仝	677	周有成	三八	南京				仝右	
第六所	仝	仝	678	馮朝山	三一	江蘇徐州				仝右	
第七所	仝	仝	681	王玲利	二七	四川江北				元二三	

所別	分工	工別	工牌	姓名	年齡	籍貫	操行	技能	每日工資	入廠年月	備考
第七所	火工	工匠	686	江壽祥	二八	南京				元·一一·五	
第九所	木工	仝	687	黃詩能	三三	安徽蕪湖				仝右	
第五所	火工	仝	689	李炳昌	二三	河南許昌				仝右	
第八所	小工	小工	692	崔興懷	四三	安徽懷寧				元·一一·八	
第七所	火工	工匠	697	袁安維	一九	四川江北				元·一一·三	
第二所	小工	小工	702	李殿華	三一	四川梁山				仝右	
第七所	火工	工匠	706	羅洪貞	一七	四川江北				元·一一·二三	
第八所	車工	仝	708	李澤皋	三三	四川巴縣				元·一一·四	
第七所	火工	仝	709	朱正卿	二六	浙江寧波				元·一一·八	
仝	仝	仝	710	顏正璧	一八	四川江北				元·一一·二五	

016

所别	分工	工别	工號	姓名	年齡	籍貫	操行技能	每日工資	入廠年月	備考
第七所	火工	工匠	711	賀建清	一八	四川江北			二九.二.二五	
第一所	小工	小工	713	樊純漢	二一	湖北公安			仝右	
第七所	火工	工匠	717	呂鴻洞	三三	河南開封			二九.二.一八	
仝	仝	仝	723	鍾道鎔	二六	浙江浦江			二九.二.二〇	
第五所	仝	仝	724	郭長興	二五	河南唐河			仝右	
第四所	車工	仝	727	楊錫林	三一	四川璧山			二九.二.二二	
第八所	仝	仝	728	陸全壽	二九	江蘇無錫			仝右	
第一所	仝	仝	731	侯知生	三六	四川巴縣			二九.二.二三	
第四所	仝	仝	736	佘明經	二一	南京			二九.二.二五	
擦槍所	學工	仝	742	陶守成	二二	四川巴縣			二九.二.二六	

所別	分工	工別	工號	姓名	年齡	籍貫	操行	技能	每日工資	入廠年月	備考
第四所	鉗工	工匠	743	胡民雲	二七	四川江北				元二七	
材料庫	小工	小工	744	朱少喜	一九	湖北武昌				元二元	
第八所	藝徒	藝徒	745	顧金根	一九	上海				仝右	
第一所	鉗工	工匠	746	李文泰	三一	湖南衡陽				仝右	
擦槍所	仝	仝	751	廖賀彬	二三	四川遂寧				元二三	
仝	仝	仝	752	楊培吾	三三	河北保定				仝右	
第七所	小工	小工	756	羅樹成	二一	四川巴縣				元三四	
擦槍所	學工	工匠	759	李殿忠	一九	四川梁山				元三三	
仝	仝	仝	760	陳忠桂	二八	浙江甬江				仝右	
第二所	車工	仝	761	胡定邦	二六	四川榮昌				元三四	

所別	分工	工別	工號	姓名	年齡	籍貫	操行技能	每日工資	入廠年月	備考
第一所	烘銅工	工匠	765	何漢章	四七	湖南醴陵			元.二.六	
操槍所	鉗工	仝	769	王文景	二三	安徽巢縣			仝右	
第五所	火工	仝	770	黃立福	三三	南京			元.三.九	
仝	仝	仝	774	賀長貴	四一	江蘇宿遷			元.二.七	
操槍所	學工	仝	776	李永吉	二一	四川梁山			仝右	
仝	仝	仝	779	胡松清	三五	湖南安鄉			仝右	
第四所	仝	仝	782	申層秋	二六	浙江桐廬			仝右	
第二所	車工	仝	783	劉樹清	二九	四川江北			元.三.八	
第四所	小工	小工	786	劉鎮華	一八	湖南衡陽			仝右	
檢驗課	檢驗工	工匠	788	陳臨悌	二三	浙江義烏			元.三.三	

2501

17-1

所别	分工	工别	工牌号	姓名	年龄	籍贯	操行技能	每日工资	入厂年月	备考
擲彈所	鉗工	工匠	793	張志華	三〇	四川銅梁			二九.三.二三	
仝	仝	仝	794	熊廣堃	二五	四川岳池			仝右	
仝	仝	仝	796	王鵬程	二二	四川瀘縣			仝右	
仝	仝	仝	797	夏忠傑	三〇	仝右			仝右	
仝	仝	仝	802	包東振	三〇	上海			二九.三.二八	
仝	學工	仝	805	陳又謙	二八	四川巴縣			仝右	
第一所	小工	小工	806	馬玉合	三七	仝右			仝右	
材料庫	小工	仝	809	周成名	二七	四川璧山			仝右	
第九所	木工	木匠	811	賀再誠	三〇	湖南湘潭			二九.三.三〇	
第二所	車工	仝	812	楊光樺	二六	浙江浦江			二九.三.二三	

018

所	分工	工別	工號	姓名	年齡	籍貫	操行	技能	每日工資	入廠年月	備考
第二所	學工	工匠	813	鄭立桂	二六	浙江浦江				二九、二、三	
機務所	木工	仝	815	呂鴻輝	二五	浙江金華				仝右	
仝	學工	仝	817	譚維賢	二六	浙江浦江				仝右	
第四所	鉗工	仝	818	曹菊祥	四〇	上海				二八、一、五	
第八所	仝	仝	827	冷長松	三一	湖北漢陽				三〇、一、八	
第四所	車工	仝	836	陳世茂	二五	山西太原				仝右	
第八所	仝	仝	837	姚四海	三六	浙江寧波				仝右	
仝	仝	仝	839	王敬愚	三七	河北保定				仝右	
檢驗課	檢驗工	仝	847	晏澤昭	二一	四川巴縣				三〇、二、五	
仝	仝	仝	850	羅興仁	三〇	四川梁山				三〇、一、七	

338

P10

187

所別	分工	工別	工號	姓名	年齡	籍貫	操行	技能	每日工資	入廠年月	備考
檢驗課	檢驗工	工匠	851	王長清	二四	四川合川				三〇·二·七	
第九所	漆工	仝	853	羅炷煊	二四	四川廣安				三〇·二·九	
第六所	火工	仝	856	高德昇	四一	安徽定遠				仝右	
機槍所	鉗工	仝	858	夏德名	三三	四川內江				三〇·二·二	
第十所	電工	仝	860	王延德	二五	河南信陽				三〇·二·三	
材料庫	小工	小工	866	鄧海全	二六	四川岳池				三〇·二·二〇	
仝	仝	仝	869	楊忠臣	二〇	四川安岳				仝右	
第一所	仝	仝	872	鍾岐山	二〇	浙江浦江				仝右	
第四所	車工	工匠	873	王渭清	二四	四川江北				仝右	
仝	小工	小工	874	尹海林	二三	四川璧山				仝右	

314
88

所屬	分工	工別	工號	姓名	年齡	籍貫	操行	技能	工資（每日）	入廠年月	備考
第二所	小工	小工	875	何志木	二〇	四川巴縣				三〇·一·三	
檢驗所	鉗工	工匠	876	何海泉	二八	四川廣安				仝右	
檢驗課	檢驗工	仝	880	賈世流	二七	浙江義烏				仝右	
第七所	火工	仝	881	郭子義	二五	河南唐河				三〇·六·二三	
仝	仝	仝	882	李拜熙	一八	四川江北				仝右	
檢驗課	檢驗工	仝	883	王化龍	二〇	四川富順				仝右	
第一所	小工	小工	885	吳元生	二七	南京				三〇·六·二四	
檢驗課	檢驗工	工匠	887	雷鴻材	二〇	四川廣安				三〇·六·二五	
第一所	車工	仝	889	張子良	二九	浙江金華				三〇·六·二〇	
仝	小工	小工	890	楊明華	一八	四川璧山				仝右	

19-1

所別	分工	工別	工號	姓名	年齡	籍貫	操行	技能	每日工資	入廠年月	備考
第一所	小工	小工	891	洪景山	三三	浙江浦江				三〇·一二·三〇	
仝	仝	仝	893	陳華清	二五	四川江北				仝右	
仝	車工	工匠	898	張耀和	三九	南京				三〇·一二·三〇	
第十一所	小工	小工	902	惠懷信	三六	江蘇徐州				三〇·一二·二	
第六所	火工	工匠	903	張泮雨	二四	安徽阜陽				三〇·一二·四	
檢驗課	檢驗工	仝	904	王永貴	二九	四川忠縣				仝右	
第一所	小工	小工	910	孫仕榮	一五	四川岳池				三〇·一二·三	
檢驗所	木工	工匠	912	宋德應	二九	安徽合肥				仝右	
第二所	學工	仝	916	張可三	二三	浙江金華				三〇·一二·八	
第七所	火工	仝	917	夏華清	二九	安徽合肥				三〇·一二·三〇	

~~34~~ 36

所別	分工	工別	工號	姓名	年齡	籍貫	操行	技能	每日工資	入廠年月	備考
第一所	小工	小工	923	康雙全	一八	山西太原				三〇·二·三	
檢驗課	檢驗工	工匠	924	駱維震	二二	江西九江				仝右	
第四所	車工	仝	927	丁寶山	二五	安徽合肥				三〇·二·十四	
第十所	小工	小工	930	徐森榮	二〇	四川璧山				仝右	
第七所	火工	工匠	931	彭泗文	二三	四川瀘縣				三〇·二·五	
檢驗課	檢驗工	仝	932	劉述良	二一	四川安岳				三〇·二·七	
第一所	小工	小工	933	梁成之	二三	四川岳池				三〇·二·四	
藝訓班	仝	仝	934	柳鶴林	一八	四川璧山				三〇·二·十六	
第四所	學工	工匠	937	張寶彬	二〇	四川永川				三〇·二·十八	
第十所	小工	小工	938	葉生雲	一八	四川璧山				仝右	

020

20-1

所别	分工	工别	工号	姓名	年龄	籍贯	操行	技能	每日工资	入厂年月	备考
第四所	學工	工匠	942	蕭其明	一八	四川璧山				三〇.二.二〇	
第十所	小工	小工	946	徐澤林	三八	仝右				三〇.二.二三	
第二所	仝	仝	947	錢安明	二〇	四川潼南				仝右	
仝	學工	工匠	948	黄一安	二〇	仝右				仝右	
第九所	木工	仝	950	陳海洲	二八	南京				仝右	
仝	仝	仝	951	戴則義	二三	江蘇銅津				仝右	
第一所	小工	小工	957	鄧□凱	二八	四川江北				三〇.二.二四	
第四所	車工	工匠	959	胡義之	二一	四川遂寧				仝右	
仝	小工	小工	962	胡廠臣	一七	四川榮昌				仝右	
仝	學工	工匠	963	張金榮	二九	四川永川				仝右	

38

021

所別	分工	工別	工號	姓名	年齡	籍貫	操行	技能	每日工資	入廠年月	備考
第四所	學工	工匠	964	曾榮清	一九	四川璧山				三〇·二·一四	
第二所	小工	小工	966	劉大成	三〇	四川巴縣				仝右	
檢樣所	學工	工匠	967	蕭金山	一四	四川遂寧				三〇·二·一五	
第十所	小工	小工	970	葉炳清	二一	四川璧山				三〇·二·一七	
檢驗課	檢驗工	工匠	971	楊再銀	二八	四川犍為				三〇·二·一六	
第四所	學工	仝	972	文清雲	二三	四川遂寧				三〇·二·一七	
第二所	車工	仝	973	吳德明	二八	四川璧山				仝右	
檢樣所	學工	仝	974	胡國仕	二三	四川遂縣				仝右	
第二所	仝	仝	975	李武全	一八	四川璧山				仝右	
檢樣所	仝	仝	976	陸草文	二三	四川岳池				仝右	

39
107

41

所别	分工	工别	工階	姓名	年龄	籍貫	操行	技能	每日工資	入廠年月	備考
機槍所	鉗工	工匠	979	尹元亨	廿八	四川永川				卅.三.一	
仝	學工	仝	980	張木華	廿	四川巴縣				仝右	
第十一所	木工	小工	983	曹樹森	廿二	四川江北				仝右	
第四所	鉗工	工匠	986	周樹明	廿四	湖北漢口				卅.三.四	
仝	學工	仝	987	袁吉臣	廿三	四川江北				仝右	
第七所	火工	仝	988	鄧錫清	廿一	四川遂寧				卅.三.五	
仝	仝	仝	989	張紹卿	廿三	四川大足				仝右	
第二所	學工	仝	991	鍾占雲	廿	四川江北				仝右	
機槍所	鉗工	仝	995	楊良榮	廿九	四川廣安				卅.三.六	
仝	仝	仝	999	盤洪彬	廿三	四川營山				仝右	

40
38

所別	分工	工別	工號	姓名	年齡	籍貫	操行	技能	每日工資	入廠年月	備考
第二所	車工	工匠	1001	江茂清	三三	四川江北				三〇.三.八	
第七所	火工	仝	1005	丁兆群	三六	南京				三〇.三.一〇	
機槍所	鉗工	仝	1008	李海山	三二	四川廣安				仝右	
仝	學工	仝	1009	何錫卿	一八	四川涪陵				仝右	
仝	鉗工	仝	1010	雷奉良	四〇	四川銅梁				仝右	
仝	學工	仝	1013	吳相國	一八	四川巴縣				三〇.三.九	
檢驗課	檢驗工	仝	1014	于東平	二〇	四川岳池				三〇.三.二六	
第四所	車工	仝	1015	張治清	三六	四川江北				仝右	
檢驗課	檢驗工	仝	1016	苟伸源	一八	四川巴縣				三〇.三.二三	
材料庫	鉗工	仝	1018	王道常	三三	四川忠縣				仝右	

221

所别	分工	工别	工牌	姓名	年齡	籍貫	操行	技能	每日工資	入廠年月	備考
檢驗課	檢驗工	工匠	1019	黄恭敬	二七	自流井				三〇.三.二	
第十所	雷工	仝	1020	常樹林	二八	安徽[illegible]陽				三〇.三.四	
檢驗所	白鐵工	仝	1021	曹海清	二七	四川巴縣				三〇.三.三	
仝	學工	仝	1025	虞昌興	二四	浙江義烏				仝右	
仝	鉗工	仝	1025	萬國臣	二五	四川郫都				仝右	
第二所	學工	仝	1028	方忠信	二三	浙江浦江				三〇.三.八	
仝	車工	仝	1030	陳志遠	三〇	四川巴縣				三〇.三.五	
第七所	小工	小工	1031	曾成明	一八	四川璧山				三〇.三.七	
第六所	火工	火匠	1032	王樹煌	二八	四川巴縣				仝右	
第二所	學工	仝	1033	何雙林	二三	浙江嘉興				三〇.三.八	

023

所別	分工	工別	工號	姓名	年齡	籍貫	操行	技能	每日工資	入廠年月	備考
第七所	火工	工匠	1034	張樹良	二五	四川江北				卅三.三.卅	
第六所	小工	小工	1035	何林盛	三四	江西定南				仝右	
第四所	學工	工匠	1036	譚維賢	二三	浙江金華				卅三.三.廿九	
仝	仝	仝	1037	鍾士相	二六	浙江浦江				仝右	
仝	仝	仝	1038	周啟佑	二三	湖南衡陽				卅三.三.卅	
第九所	木工	仝	1040	方錦輝	三三	安徽合肥				仝右	
工務課	仝	仝	1042	李[illegible]職	二四	湖南衡陽				卅三.三.廿六	
第四所	鉗工	仝	1044	李祥鄉	二六	四川蒼溪				卅三.三.廿五	
檢驗課	檢驗	仝	1049	李鑫輝	一八	四川巴縣				卅三.三.廿四	
第九所	木工	仝	1050	張榮山	三九	安徽合肥				仝右	

231

所別	分工	工別	工號	姓名	年齡	籍貫	操行	技能	每日工資	入廠年月	備考
第二所	車工	工匠	1053	吳伯勳	三七	湖北晴川				卅三.三.六	
第四所	仝	仝	1054	黃少林	三六	上海				仝右	
仝	仝	仝	1055	馮介侯	二六	浙江紹興				仝右	
第八所	鉗工	仝	1056	胡柏春	三八	浙江寧波				仝右	
仝	仝	仝	1057	楊復成	三九	江西南昌				仝右	
第十所	電工	仝	1058	沈坤茂	四〇	江蘇常州				卅三.三.三	
第二所	車工	仝	1065	韓楚琦	二五	湖北應城				卅三.三.六	
第九所	學工	仝	1066	張炳全	二四	四川巴縣				卅三.三.五	
第四所	車工	仝	1068	周商臣	二五	湖南衡山				仝右	
仝	仝	仝	1069	唐正德	三六	四川綏定				仝右	

所別	分工	工別	工號	姓名	年齡	籍貫	操行	技能	每日工資	入厰年月	備考
第四所	鉗工	工匠	1070	張禾山	三七	福建閩侯				三〇.一二.二五	
檢驗課	檢驗工	仝	1071	鄧信之	一七	四川蓬溪				仝右	
第二所	仝	仝	1072	蕭清榮	二七	四川巴縣				仝右	
操揀所	鉗工	仝	1074	張清榮	三九	四川廣安				仝右	
仝	仝	仝	1075	潘慶森	三六	四川巴縣				仝右	
仝	仝	仝	1076	李清雲	三六	四川廣安				仝右	
仝	學工	仝	1078	龍炳山	二三	仝右				仝右	
仝	仝	仝	1079	陳崇財	一七	四川璧山				仝右	
檢驗課	檢驗工	仝	1080	孫定華	三〇	浙江紹興				三〇.一二.一七	
第一所	小工	小工	1083	陳紹福	一八	四川江北				三〇.一二.二六	

241

所別	分工	工別	工號	姓名	年齡	籍貫	操行	技能	每日工資	入廠年月	備考
第十所	小工	小工	1084	楊榮輝	卌	四川安岳				卅、三、六	
第八所	鉗工	工匠	1087	張吉祥	三二	四川資陽				仝右	
第九所	木工	仝	1092	曹慶山	卅	安徽合肥				卅、三、三	
仝	仝	仝	1094	張復初	三八	安徽蚌埠				卅、四、八	
檢驗課	檢驗工	仝	1096	杜成龍	一九	四川成都				卅、四、三	
第七所	火工	仝	1101	羅發泉	二八	安徽合肥				卅、四、三	
第九所	木工	仝	1103	花在園	卌	安徽巢縣				卅、四、四	
仝	仝	仝	1104	熊厚伯	二八	湖北武昌				仝右	
第一所	小工	小工	1106	蘇德輝	卅	四川璧山				卅、四、七	
擦槍所	學工	工匠	1107	李大森	一八	四川廣安				仝右	

46

025

所別	分工	工別	工號	姓名	年齡	籍貫	操行	技能	工資 每日	合繳年月	備考
擦槍所	學工	工匠	1108	胡漢臣	一九	四川巴縣				三〇·七	
第九所	木工	仝	1109	呂銀卿	二九	四川巴縣				三〇·八	
第四所	學工	小工 工匠	1112	晏元祖	一七	四川璧山				仝右	
仝	鉗工	工匠	1113	楊東生	四五	上海				仝右	
仝	學工	仝	1114	彭九林	二四	四川潼南				仝右	
仝	仝	仝	1115	彭良金	二六	仝右				仝右	
仝	小工	小工	1116	周樹雲	一八	四川巴縣				仝右	
第六所	火工	工匠	1122	胡長銀	三〇	江蘇六合				三〇·六	
仝	仝	仝	1126	朱學良	二〇	四川自流井				三〇·四	
第四所	鉗工	仝	1127	濮　華	四	南京				仝右	

25-1

所別	分工	工別	工號	姓名	年齡	籍貫	操作技能	每日工資	入廠年月	備考
第六所	火工	工匠	1128	孫永祥	二二	河南開封			三四·二四	
第七所	仝	仝	1133	王雲成	二三	山東德縣			三四·二五	
仝	仝	仝	1138	樂君臣	二七	湖北保康			三四·二六	
第五所	仝	仝	1142	郭現鈞	二七	四川涪陵			三四·二七	
第九所	木工	仝	1146	聶如鈸	二五	安徽和州			三四·二八	
檢驗課	檢驗工	仝	1150	藍東駿	二七	四川華陽			三四·二九	
第四所	小工	小工	1152	劉繼群	二六	上海			三四·二三	
第九所	學工	工匠	1154	李近初	二〇	四川永川			三四·二六	
工務課	泥工	仝	1155	李玉林	二六	湖南衡陽			仝右	
第八所	小工	小工	1147	鄭華強	一八	四川永川			三四·一八	

48

026

所別	分工	工別	工號	姓名	年齡	籍貫	操行	技能	每日工資	入廠年月	備考
第七所	火工	工匠	1160	唐仕傑	二一	四川江北				三四.三	
仝	仝	仝	1161	枝茂榮	二〇	仝右				仝右	
第六所	小工	小工	1162	任耀華	一八	仝右				仝右	
檢驗課	檢驗工	工匠	1163	羅紹武	一八	四川巴縣				三四.四	
仝	仝	仝	1164	藍玉祥	二〇	四川資中				三四.五	
第六所	火工	仝	1166	龔天祥	二五	四川成都				三四.四	
仝	仝	仝	1168	陳世吉	二四	安徽蕪湖				三四.五	
第二所	檢驗工	仝	1170	林伯森	二六	四川璧山				三四.六	
仝	仝	仝	1171	楊[illegible]素	二七	四川隆昌				仝右	
第六所	小工	小工	1172	竇春喜	二一	四川榮昌				仝右	

所别	分工	工别	工號	姓名	年龄	籍貫	操行技能	每日工資	入廠年月	備考
第四所	小工	小工	1173	楊傳雲	二三	四川隆昌			卅四、四、廿六	
仝	檢驗工	大匠	1175	陶應中	廿六	四川巴縣			仝右	
第一所	烘銅工	仝	1176	謝炳全	廿八	四川合川			卅四、四、廿八	
第六所	火工	仝	1179	雕蔚有	卅	安徽合肥			卅四、四、廿九	
檢驗所	白鐵工	仝	1180	李克修	三三	四川巴縣			仝右	
第二所	檢驗工	仝	1181	黃平三	一七	四川射洪			卅四、四、卅	
檢驗課	仝	仝	1187	劉遠俊	廿六	四川遂寧			仝右	
第四所	小工	小工	1188	蕭豐義	卅	四川巴縣			卅四、五、八	
仝	車工	大匠	1189	嚴昌興	二三	南京			仝右	
第八所	鉗工	仝	1192	劉錫良	廿九	四川江津			卅四、四、卅	

027

所別	分工	工別	工號	姓名	年齡	籍貫	操行	技能	每日工資	入廠年月	備考
第二所	檢驗工	工匠	1194	廖謙受	一九	四川長寿				三〇.五.三	
仝	仝	仝	1195	劉學操	二五	湖北沔陽				仝右	
第四所	學工	仝	1196	石齊瑛	二〇	浙江浦江				三〇.五.六	
第二所	小工	小工	1200	趙錫山	二六	四川射洪				三〇.五.五	
仝	檢驗工	工匠	1202	陳健康	二八	四川巴縣				仝右	
第七所	火工	仝	1206	虞庭森	二三	浙江義烏				三〇.五.七	
擲榴所	白鐵工	仝	1209	何均	三八	四川巴縣				仝右	
第七所	學工	仝	1211	胡成春	二七	安徽宣城				三〇.五.八	
第九所	木工	仝	1212	張金發	二六	四川江北				三〇.五.九	
仝	仝	仝	1213	喬樹林	二五	四川岳池				仝右	

27+

所别	分工	工别	工號	姓名	年龄	籍貫	操行	技能	每日工資	入廠年月	備考
第十所	鉗工	工匠	1215	葉玉書	三九	安徽巢縣				三〇.五.八	
檢驗課	檢驗工	仝	1218	陶忠	一八	南京				三〇.五.一三	
第三所	學工	仝	1220	王新民	一九	四川巴縣				三〇.五.一四	
仝	小工	小工	1221	胡澤齡	二七	四川大足				仝右	
第四所	檢驗工	工匠	1225	金國樑	二三	浙江浦江				三〇.五.一六	
第七所	火工	仝	1227	閻慶昇	三五	四川德縣				三〇.五.一九	
第二所	檢驗工	仝	1228	蕭紹伯	三三	四川巴縣				三〇.五.二七	
第二所	小工	小工	1230	陳德樹	二六	四川潼南				三〇.五.二六	
第四所	檢驗工	工匠	1236	蘇俊德	二八	四川璧山				三〇.五.二四	
第八所	小工	小工	1237	龍文成	二一	貴州都云				仝右	

所别	分工	工别	工號	姓名	年齡	籍貫	操行	技能	每日工資	入廠年月	備考
檢驗課第四所	檢驗工	工匠	1238	何久雍	一八	四川射洪				三〇·五·二六	
檢驗課	仝	仝	1239	陳葉華	二六	四川江北				仝右	
第一所	小工	小工	1241	曹炳光	二八	四川大足				仝右	
第五所	火工	工匠	1246	王治柏	三〇	四川江津				三〇·五·二九	
第二所	車工	仝	1247	胡惠安	三〇	四川渠縣				仝右	
第四所	小工	小工	1249	周金山	三八	四川潾水				三〇·五·二三	
第七所	火工	工匠	1250	李俊明	四四	四川巴縣				三〇·五·三〇	
第十所	小工	小工	1251	李隆鈞	二一	四川江北				三〇·五·二六	
第七所	火工	工匠	1255	黄金海	二八	河南南陽				三〇·六·四	
第二所	烘銅工	仝	1258	凌應松	四一	湖南湘潭				三〇·六·六	

28-1

所别	分工	工别	工號	姓名	年齡	籍貫	操行	技能	每日工資	入廠年月	備考
檢驗課	檢驗工	工匠	1259	藍際永	二七	四川資陽				三〇.六.七	
仝	小工	小工	1260	劉紹榮	三三	四川江北				三〇.六.一〇	
第七所	火工	工匠	1261	羅正芬	一六	仝右				三〇.六.九	
仝	仝	仝	1264	查雲勝	二七	南京				三〇.六.一〇	
檢驗課	檢驗工	仝	1267	陳昌榮	二九	四川江北				仝右	
機械所	車工	仝	1272	陳志賢	三二	湖南湘潭				三〇.六.一一	
第八所	熔工	仝	1275	覃全	三三	廣東東莞				三〇.六.一八	
第七所	火工	仝	1280	顏素芬	二七	四川巴縣				三〇.六.一〇	
第一所	仝	仝	1284	楊尚藎	三〇	浙江義烏				三〇.六.一四	
檢驗課	檢驗工	仝	1288	李世堃	二一	四川廣安				三〇.六.一五	

所別	分工	工別	工號	姓名	年齡	籍貫	操行	技能	每日工資	入廠年月	備考
第一所	學工	工匠	1292	陳桂達	二五	浙江鎮海				三〇.六.二七	
第六所	仝	仝	1293	王健生	二五	江西南昌				三〇.六.二六	
仝	火工	仝	1297	喻文方	三二	江西臨川				三〇.七.一	
第一所	小工	小工	1298	羅德安	二六	四川岳池				仝右	
仝	烘鋼工	工匠	1300	王興偉	二六	四川射洪				仝右	
第六所	火工	仝	1301	張樹林	二一	河南臨穎				三〇.七.三	
第六所	小工	小工	1302	何興益	三〇	四川江北				三〇.七.一〇	
仝	仝	仝	1307	曾平安	三〇	四川遂寧				三〇.七.三	
第一所	仝	仝	1309	劉樹鏞	三〇	四川璧山				三〇.七.七	
第二所	仝	仝	1310	陳久安	四〇	四川潼南				仝右	

29-1

所别	分工	工别	工号	姓名	年龄	籍贯	操持技能	每日工资	入厂年月	备考
第二所	小工	小工	1311	張如明	三三	河南汝南			三〇.七.七	
第二所	仝	仝	1312	王德臣	二五	四川涪陵			三〇.七.八	
第四所	車工	工匠	1315	任詩榮	三一	四川巴縣			三〇.七.一〇	
第七所	火工	仝	1316	劉文才	二五	湖北宜昌			仝右	
仝	仝	仝	1317	曾振生	二八	河南南陽			三〇.七.二〇	
仝	仝	仝	1318	劉萬富	三二	安徽廬城			仝右	
仝	學工	仝	1319	王有成	一九	四川潼南			仝右	
第九所	仝	仝	1322	余長炳	二五	四川榮昌			三〇.七.二六	
第七所	小工	小工	1323	鄭海云	二二	四川江津			仝右	
第二所	學工	工匠	1326	藍炳鈞	二〇	四川宜賓			仝右	

所別	分工	工別	工號	姓名	年齡	籍貫	操行	技能	工資(日)	入廠年月	備考
第七所	火工	工匠	1327	何奕英	一九	廣東順德				三三.七.二三	
第二所	車工	仝	1328	王寶財	二〇	四川江北				三三.七.六	
第十所	機工	仝	1330	李羣占	三一	湖北漢川				仝右	
第七所	火工	仝	1335	何恩齊	二〇	四川江北				三三.七.二九	
第五所	仝	仝	1332	周武機	二〇	四川萬縣				仝右	
仝	仝	仝	1334	杜家厚	二六	江蘇句容				仝右	
第八所	磨工	仝	1341	謝[illegible]俊	二二	四川梁山				三三.七.廿四	
第七所	火工	仝	1346	尹伯喬	二三	湖北施南				三三.七.二九	
藝訓班	小工	小工	1347	蕭體威	二六	湖南邵陽				三三.七.三一	
第八所	仝	仝	1349	汪友勝	一八	江西九江				仝右	

30

所别	分工	工别	工号	姓名	年龄	籍贯	操行	技能	每日工资	入厂年月	备考
第五所	火工	工匠	1350	陳少藩	三六	四川巴縣				三一.七.九	
仝	仝	仝	1351	傅廣遠	二八	山東齊河				仝右	
仝	仝	仝	1353	王永武	二五	河南郾城				三一.七.卅	
仝	仝	仝	1354	呂本廉	二三	河南光山				仝右	
第二所	檢驗工	仝	1355	董世榮	三二	四川榮昌				三一.八.二	
第七所	小工	小工	1356	王得勝	二七	河南歸德				仝右	
探撈所	縫工	工匠	1359	王堯山	二三	四川渠縣				仝右	
第七所	火工	仝	1360	朱國貴	三三	河北保定				仝右	
仝	仝	仝	1361	邱光麒	三三	四川合川				三一.八.五	
仝	仝	仝	1362	劉健章	二六	四川潼南				仝右	

58

所別	分工	工別	工號	姓名	年齡	籍貫	操行	技能	每日工資	入廠年月	備考
第五所	火工	工匠	1363	龔維興	三	四川岳池				三〇、八、七	
第七所	仝	仝	1365	龍英	二七	四川萬縣				三〇、八、四	
仝	仝	仝	1366	傅亭雲	二七	四川巴縣				三〇、八、五	
第一所	小工	小工	1367	鄧建云	二〇	四川江北				三〇、八、二六	
第七所	火工	工匠	1371	唐爾蘇	二五	仝右				三〇、八、五	
第二所	學工	仝	1374	傅麒麟	一八	四川岳池				三〇、八、一八	
仝	仝	仝	1375	杜雲高	二〇	四川廣安				仝右	
第七所	火工	仝	1376	翁德明	二四	四川巴縣				三〇、八、二〇	
探槍所	學工	仝	1379	邱德靈	二〇	四川大足				三〇、八、二七	
第七所	火工	仝	1382	李秀珍	一五	安徽桐城				三〇、八、二八	

311

所别	分工	工别	工號	姓名	年齡	籍貫	操作技能	每日工資	備考
第一所	鉗工	工匠	1383	譚炳軒	二四	四川廣安		二·八元	
第二所	火工	仝	1384	羅文貞	一五	四川巴縣		仝右	
第四所	車工	仝	1386	劉義湘	一九	湖南湘鄉		二·九二	
第五所	火工	仝	1387	邱紹明	二四	四川梁山		仝右	
第四所	學工	仝	1389	鍾德興	二二	浙江浦江		仝右	
第八所	仝	仝	1390	喻貴	一六	四川彭山		仝右	
第七所	火工	仝	1391	王長榮	一九	南京		仝右	
第六所	仝	仝	1392	張慎吾	三二	江蘇徐州		二·九二	
第二所	小工	小工	1397	羅倫	二九	四川龍華		二·九六	
仝	車工	工匠	1398	史易明	二五	南京		仝右	

所别	分工	工别	工號	姓名	年齡	籍貫	操行	技能	每日工資	入廠年月	備考
第八所	學工	工匠	1399	盛昭餘	二一	山東莒縣				卅一九五	
第五所	火工	仝	1403	張治彬	三三	四川巴縣				卅一九六	
第四所	檢驗工	仝	1404	陳筱珊	四九	河北清苑				卅一九十六	
擲榴所	漆工	仝	1407	伍春林	二一	四川江北				仝右	
仝	鉗工	仝	1408	黃正之	二八	四川遂寧				仝右	
第五所	火工	仝	1411	劉鳳翥	三三	湖南邵陽				卅一九廿九	
第八所	車工	仝	1413	沈海湧	三二	上海				卅一九廿八	
第六所	火工	仝	1414	程木林	三三	四川梁山				卅一九廿三	
第八所	鉗工	仝	1416	楊春和	二〇	江西南昌				卅一九廿	
第二所	車工	仝	1417	王鑑	二五	浙江浦江				卅一九廿三	

32

所别	分工	工别	工號	姓名	年齡	籍貫	操行考績	每月工資	入廠年月	備考
第七所	火工	工匠	1418	賀建榮	二七	四川江北			卅一·九·十四	
仝	仝	仝	1419	李雲安	二六	四川永川			仝右	
第八所	白鐵工	仝	1420	王義隆	二五	南京			卅一·九·十五	
第二所	車工	仝	1421	李瑞祥	二七	河北保定			卅一·九·十七	
第五所	火工	仝	1422	陳正力	三八	四川長壽			仝右	
檢驗課	檢驗工	仝	1423	李春煥	二四	四川巴縣			卅一·九·十九	
第九所	漆工	仝	1424	戴國清	二七	四川遂寧			仝右	
第五所	火工	仝	1428	彭海清	二〇	四川合川			卅一·十·四	
第二所	小工	小工	1430	張銀海	二五	四川銅梁			卅一·十·七	
機槍所	學工	工匠	1431	胡文普	一九	四川江北			仝右	

所別	分工	工別	工號	姓名	年齡	籍貫	操作	技能	[illegible]	[illegible]	入廠年月	備考
第二所	小工	小工	1432	蔣維耀	二二	湖南新化					三三.十.九	
工政課	泥工	工匠	1433	樊紹清	三〇	四川長壽					三三.十.二三	
第二所	學工	仝	1438	張友遠	二四	湖南醴陵					仝右	
第八所	小工	小工	1439	陳義康	二六	浙江宜興					三三.一〇.二五	
第九所	學工	工匠	1440	何富中	二九	四川江北					三三.一〇.二六	
仝	木工	仝	1441	胡中國	二六	四川巴縣					仝右	
第二所	學工	仝	1442	李洪友	二五	仝右					仝右	
仝	仝	仝	1443	陳奎章	二八	四川江北					仝右	
第八所	小工	小工	1444	鄭國良	二八	四川秦州					三三.十.三〇	
第一所	仝	仝	1445	陳路鐘	二三	四川江北					仝右	

1267

033

331

所别	分工	工别	工階	姓名	年齡	籍貫	操行	技能	每日工資	入廠年月日	備考
第八所	小工	小工	1447	胡志豐	二三	四川岳池				三二.一〇.二七	
第七所	火工	首匠	1448	張寶麟	二〇	河北鄴平				三二.一〇.二六	
仝	小工	小工	1449	婁上崙	二七	四川璧山				仝右	
第二所	學工	工匠	1450	羅定興	二六	四川巴縣				仝右	
仝	仝	仝	1451	程凱	一八	四川南充				仝右	
仝	仝	仝	1452	蔣文斌	二〇	湖南邵陽				仝右	
修槍所	仝	仝	1453	文興咸	二五	仝右				三二.一〇.三	
第二所	小工	小工	1454	宋育群	一五	江西九江				三二.一〇.二五	
第八所	學工	工匠	1457	朱鴻山	二七	江蘇銅山				三二.一〇.二七	
第二所	小工	小工	1458	曾熺煊	三五	四川璧山				仝右	

62

034

394

所別	分工	工別	工號	姓名	年齡	籍貫	操行	技能	每日工資	入廠年月	備考
第二所	學工	工匠	1459	張芳仙	一六	四川巴縣				三〇一〇六	
仝	仝	仝	1460	曹文淵	二〇	四川江北				三〇一〇三〇	
仝	小工	小工	1461	李再生	三八	湖南邵陽				三〇一一四	
第十所	學工	工匠	1463	林學燦	一八	福建閩侯				三〇一一五	
擦槍所	縫工	仝	1464	劉榮華	二二	四川岳池				三〇一一六	
仝	學工	仝	1465	徐福基	二二	浙江蘭谿				仝右	
第六所	小工	小工	1466	向海清	二一	四川武勝				三〇一一二二	
第八所	淬火工	工匠	1467	尉文田	二〇	河北密雲				三〇一一二三	
第十所	學工	仝	1469	吳[illegible]康	二六	四川巴縣				仝右	
仝	小工	小工	1470	李長發	三九	河南開封				三〇一一二五	

65/6-8

364

所别	分工	工别	工號	姓名	年齡	籍貫	操行	技能	每月工資	入廠日期	備考
擦槍所	學工	工匠	1471	段國彬	一六	四川巴縣				三〇.一一.一五	
仝	白鐵工	仝	1472	楊金廷	四〇	四川江北				仝右	
第二所	小工	小工	1473	鄢好敏	一六	江西吉安				三〇.一一.一七	
材料庫	仝	仝	1474	楊少清	一六	四川岳池				三〇.一一.一八	
第四所	車工	工匠	1475	余冬生	二三	湖北漢陽				三〇.一一.二〇	
第八所	小工	小工	1476	尹鵬舉	二一	四川華陽				三〇.一一.一九	
第二所	仝	仝	1477	田定國	一六	四川遂寧				三〇.一一.二三	
第四所	仝	仝	1478	鍾曉梵	二三	四川潼南				三〇.一一.二五	
第二所	仝	仝	1479	于斌	二四	湖南瀏陽				三〇.一一.二六	
材料庫	仝	仝	1480	楊聰順	二四	四川大足				仝右	

所別	分工	工別	工號	姓名	年齡	籍貫	操行	技能	每日工資	入廠年月	備考
第四所	車工	工匠	1481	魏俊誠	二四	四川達縣				卅三.二.元	
第二所	學工	仝	1482	劉鴻輝	二三	四川江北				仝右	
第二所	小工	小工	1483	盛忠南	二四	湖南衡陽				卅三.三.廿	
仝	仝	仝	1484	羅樹明	二八	四川巴縣				仝右	
仝	仝	仝	1485	鍾厚德	二〇	四川潼南				仝右	
材料庫	仝	仝	1486	鄧在貴	二四	四川岳池				卅三.三.三	
工務課	仝	仝	1487	文貽貴	二七	四川江北				卅三.二.廿	
第一所	仝	仝	1488	李治安	二七	四川岳池				卅三.二.三	
機槍所	學工	工匠	1489	段敬安	二六	四川江北				卅三.三.三	
第九所	鉗工	仝	1490	陳樹清	三六	四川合川				仝右	

354

所別	分工	工別	工號	姓名	年齡	籍貫	操行	技能	每日工資	入廠年月日	備考
藝訓班	小工	小工	1491	朱永祥	二七	四川銅梁				三〇·一二·八	
第八所	仝	仝	1492	寇金海	十七	四川順慶				仝右	
第四所	學工	工匠	1493	蕭志光	三〇	四川璧山				仝右	
仝	小工	小工	1494	彭光銘	一八	四川潼南				仝右	
擲榴所	鏇工	工匠	1495	詹吉辰	二二	四川江北				三〇·一二·九	
仝	小工	小工	1496	許有全	一六	四川廣安				仝右	
第二所	仝	仝	1497	段雲卿	一八	陝西漢中				仝右	
第一所	學工	工匠	1498	劉永清	二三	四川江北				仝右	
仝	車工	仝	1499	蘇[illegible]超	二四	四川璧山				三〇·一二·十	
仝	小工	小工	1500	張成豐	一九	陝西漢中				仝右	

68

036

所别	分工	工别	工號	姓名	年齡	籍貫	操行	技能	每日工資	入廠年月	備考
第四所	車工	工匠	1501	魏子玉	二	安徽懷甯				三〇·三·九	
第五所	火工	仝	1502	劉超群	一八	四川璧山				三〇·三·二	
第二所	藝徒	藝徒	1504	段永濤	一八	四川江津				三〇·三·五	
第八所	仝	仝	1506	郭銅山	一八	河南開封				仝右	
第三所	仝	仝	1507	王瑛	一七	湖北漢口				仝右	
第八所	仝	仝	1508	戴廣順	一七	安徽鳳陽				仝右	
第二所	仝	仝	1509	胡洪鑫	一六	河南信陽				仝右	
仝	仝	仝	1510	謝文棟	一八	湖北京山				仝右	
第四所	仝	仝	1511	唐良琨	一七	湖北鍾祥				仝右	
仝	仝	仝	1512	楊祖興	一九	河南確山				仝右	

36-1

所别	分工	工别	工階	姓名	年龄	籍贯	操行	技能	每日工資		入廠日期	備考
第六所	藝徒	藝徒	1514	李鴻業	一七	河南開封					三一·六·七	
仝	仝	仝	1516	唐文駿	一六	湖北黄陂					三一·六·五	
第四所	仝	仝	1517	朱紹埭	一六	河南淮陽					三一·六·七	
第六所	仝	仝	1518	張鏡	一七	河南開封					三一·六·五	
第三所	仝	仝	1520	陳丙南	一九	河南孟津					仝右	
第四所	仝	仝	1521	王廣志	一八	河南開封					仝右	
第三所	仝	仝	1522	扶作樑	一八	河南濟源					仝右	
仝	仝	仝	1523	楊遂意	一八	河南禹縣					仝右	
仝	仝	仝	1524	劉鎮寰	一六	河南開封					仝右	
仝	仝	仝	1525	李憲文	一六	河南陳留					仝右	

374

所别	分工	工别	工號	姓名	年齡	籍貫			入廠年月	備考
工程師室	藝徒	藝徒	1526	周詰	一六	河南洛陽			三〇·六·五	
第二所	仝	仝	1527	喬德治	一七	河南商邱			仝右	
仝	仝	仝	1528	劉建民	一七	河南確山			仝右	
仝	仝	仝	1529	馬克勤	一八	河南洛陽			仝右	
工程師室	仝	仝	1530	李楨	一八	河南沁陽			仝右	
第二所	仝	仝	1531	袁訪梅	一八	湖北竹山			仝右	
仝	仝	仝	1532	杜克智	一八	河南洛陽			仝右	
第五所	火工	工匠	1533	張文貴	二三	四川江北			三〇·六·三	
仝	仝	仝	1534	陳健	二六	四川長清			仝右	
仝	仝	仝	1535	陳學清	二一	四川長壽			仝右	

169

371

所别	分工	工别	工號	姓名	年齡	籍貫	操行	技能	每日工資	入廠年月日	備考
第二所	車工	工匠	1536	劉奉堯	三二	四川巴縣				三〇、六、三	
第四所	小工	小工	1537	劉成禮	一九	四川大足				三〇、六、五	
第一所	仝	仝	1538	侯樹明	一八	四川江北				仝右	
檢驗課	檢驗工	工匠	1539	黃伯鰲	二六	湖南衡州				三〇、六、七	
第五所	火工	仝	1540	陶海珊	四〇	安徽壽縣				仝右	
第四所	學工	仝	1541	鍾全有	二一	浙江浦江				三〇、六、八	
第二所	仝	仝	1542	胡紹彬	一九	四川渠縣				三〇、六、五	
仝	小工	小工	1543	王朝文	一七	四川梁山				仝右	
第九所	仝	仝	1544	李澤民	一八	湖南衡陽				三〇、六、八	
第八所	仝	仝	1545	文全全	二〇	四川敘府				仝右	

038

所別	分工	工別	工階	姓名	年齡	籍貫	操行	技能	工資（每日）	入廠年月	備考
第五所	火工	大匠	1546	邵金才	二四	河南西平				三三.六.二六	
檢驗課	檢驗工	仝	1547	劉正黎	一八	四川巴縣				仝右	
第一所	小工	小工	1548	黃志炳	二七	浙江金華				三三.六.二五	
仝	仝	仝	1549	賀樹良	一七	四川江北				仝右	
第九所	木工	大匠	1550	廖海雲	二二	四川巴縣				三三.六.二七	
第二所	車工	仝	1551	周國全	一八	四川巴縣				仝右	
仝	學工	仝	1552	祝雨恩	二二	四川江北				仝右	
仝	檢驗工	仝	1553	張步發	一八	仝右				仝右	
仝	仝	仝	1554	童献廷	二六	四川巴縣				仝右	
第一所	車工	仝	1555	姚賓	二〇	湖北漢陽				三三.六.二九	

387

所別	分工	工別	工號	姓名	年齡	籍貫	操行	技能	每日工資	入廠年月	備考
經理室	曬圖	工匠	1556	凌宗良	一八	四川巴縣				三〇·六·二〇	
第二所	學工	仝	1557	蘇錫光	二一	四川璧山				三〇·六·二九	
第五所	鉗工	仝	1558	吳薊樺	一八	湖南湘潭				三〇·六·二〇	
第九所	木工	仝	1559	殷德成	二四	南京				仝右	
第二所	檢驗工	仝	1560	譚樹林	一八	四川巴縣				三〇·六·二二	
仝	仝	仝	1561	譚煥章	二九	仝右				仝右	
第四所	小工	小工	1562	劉明光	二一	四川潼南				三〇·六·二〇	
檢驗課	檢驗工	工匠	1563	譚雲清	二六	仝右				三〇·六·二二	
仝	仝	仝	1564	李俊泉	二六	仝右				仝右	
仝	小工	小工	1565	唐樹清	二三	仝右				仝右	

742

所别	分工	工别	工牌	姓名	年龄	籍贯	操行	技能	每日工资	入厰年月	备考
檢驗課	檢驗工	工匠	1566	張鈞涵	三二	四川璧山				卅.三.卅	
機槍所	小工	小工	9505	黃子和	二八	四川長壽				卅.一.卅	
仝	仝	仝	9507	郭興啟	二九	湖南衡陽				仝右	
仝	仝	仝	9509	鄭厚安	三三	四川巴縣				仝右	
仝	仝	仝	9513	劉國才	二四	四川江北				仝右	
仝	仝	仝	9514	秦世目	二九	仝右				仝右	
仝	仝	仝	9517	李光明	二八	四川合川				仝右	
仝	仝	仝	9521	劉茂林	四三	四川營當				卅.二.六	
仝	仝	仝	9544	張鐵	四三	四川大足				卅.六.五	
仝	仝	仝	9568	李葉清	三六	四川巴縣				卅.六.一	

所別	分工	工別	工階	姓名	年齡	籍貫	操持技能	每日工資	入廠年月	備考
擦槍所	小工	小工	9569	劉樹棠	二四	四川江北			三三.六	
仝	仝	仝	9572	孫衣山	三三	江蘇清江			仝右	
仝	仝	仝	9584	張文才	二六	四川合川			三四.一	
仝	仝	仝	9604	黃樹明	三〇	四川長壽			仝右	
仝	仝	仝	9607	鄧銀龍	二六	四川巴縣			仝右	
仝	仝	仝	9608	陳吉珍	二〇	四川江北			三四.八	
仝	仝	仝	9619	曾憲寶	二三	湖南祁陽			三四.一	
仝	仝	仝	9620	徐焱卿	二六	四川南川			仝右	
仝	仝	仝	9621	李紹達	二六	湖南衡陽			仝右	
仝	仝	仝	9622	劉憲魁	二五	山東滕縣			仝右	

040

所別	分工	工別	工號	姓名	年齡	籍貫	原行	技能	自貢		入廠年月	備考
探槽所	小工	小工	9623	余文龍	三二	安徽廣德					三〇.四.六	
仝	仝	仝	9624	劉為本	一九	湖南衡陽					仝右	
仝	仝	仝	9625	李達福	一九	仝右					仝右	
仝	仝	仝	9626	李明衡	一九	仝右					仝右	
仝	仝	仝	9627	劉玉清	二一	四川長壽					仝右	
仝	仝	仝	9628	顏吉祥	一九	四川江北					仝右	
仝	仝	仝	9629	王子文	三一	四川大足					仝右	
仝	仝	仝	9630	袁文定	一九	湖南湘潭					仝右	
仝	仝	仝	9637	余炳堂	一八	四川長壽					仝右	
仝	仝	仝	9636	顏治修	二〇	四川江北					仝右	

040

404

所别	分工	工别	工号	姓名	年龄	籍贯	操行	技能	每日工资		入厂年月日	备考
擦槍所	小文	小文	9642	黄興光	三〇	湖北施南					三〇.四.六	
仝	仝	仝	9648	唐雲武	二五	四川樂至					三〇.四.六	
仝	仝	仝	9649	陳少芝	二七	四川遂寧					仝右	
仝	仝	仝	9651	羅少輝	二四	四川資陽					二八.四.一	
仝	仝	仝	9652	毛良億	二〇	湖南衡陽					二九.五.二	
仝	仝	仝	9656	王樹清	一八	四川江北					三〇.五.一	
仝	仝	仝	9658	任德成	一六	四川江北					三〇.四.三〇	
仝	仝	仝	9666	任樹業	二七	仝右					三〇.五.一	
仝	仝	仝	9668	王海雲	一八	四川岳池					仝右	
仝	仝	仝	9674	李典	二〇	四川射洪					三〇.三.五	

48

041

部別	分工	工別	工牌號	姓名	年齡	籍貫	操作技能	每日工資	入廠年月	備考
擦槍所	小工	小工	9676	葉根泰	一八	四川巴縣			三〇.五.二六	
仝	仝	仝	9687	郭海雲	二六	四川武勝			三〇.五.二三	
仝	仝	仝	9689	張潔齋	三八	四川瀘縣			仝右	
仝	仝	仝	9690	黃許清	二四	四川成都			三〇.五.二八	
仝	仝	仝	9696	曹連貴	一四	四川江津			三〇.六.二四	
仝	仝	仝	9700	雷聚川	二六	四川璧山			三〇.六.二	
仝	仝	仝	9702	文異俗	二〇	四川遂寧			三〇.六.二七	
仝	仝	仝	9708	陳紹清	一九	四川江北			三〇.六.二〇	
仝	仝	仝	9713	劉永新	一八	四川巴縣			三〇.六.二六	
仝	仝	仝	9719	陳漢章	二〇	四川岳池			三〇.七.七	
仝	仝	仝	9725	王森榮	二二	四川江北			三〇.七.二六	
仝	仝	仝	9734	王永儀	二三	四川涪陵			仝右	

179

41十

所別	分工	工別	工牌	姓名	年齡	籍貫	擅長技能	每日工資	入廠年月	備考
機槍所	小工	小工	9735	周義祥	二〇	江蘇句容			三〇.七.二六	
仝	仝	仝	9739	陳燕卿	三七	四川合川			三〇.八.六	
仝	仝	仝	9744	黃為良	二〇	四川長壽			三〇.八.二六	
仝	仝	仝	9745	趙清雲	二四	四川巴縣			仝右	
仝	仝	仝	9746	陳國祛	二三	四川[illegible]水			仝右	
仝	仝	仝	9751	張湘儀	二六	四川瀘縣			三〇.八.二三	
仝	仝	仝	9759	文玉清	三六	四川合川			三〇.八.二五	
仝	仝	仝	9764	李貴三	三三	四川西充			三〇.九.八	
仝	仝	仝	9754	鄧心平	二四	四川巴縣			三〇.八.二〇	
仝	仝	仝	9757	米玉龍	三三	江蘇江陰			三〇.八.二七	
仝	仝	仝	9765	唐志清	二五	四川巴縣			三〇.九.六	
仝	仝	仝	9766	羅景琪	一九	山東濟寧			三〇.九.五	

85

部別	分工	工別	號碼	姓名	年齡	籍貫	擅長技能	每日工資	入廠年月	備考
擔擔所	小工	小工	9767	黃玉成	二九	陝西南鄭			三〇.九.一	
仝	仝	仝	9768	彭胤錢	一九	四川巴縣			仝右	
仝	仝	仝	9769	羅秀全	一八	四川江北			仝右	
仝	仝	仝	9770	楊良華	三九	四川巴縣			三〇.九.六	
仝	仝	仝	9771	顏洛輝	一八	四川合川			三〇.九.八	
仝	仝	仝	9772	陳相如	二八	四川璧山			三〇.九.九	
仝	仝	仝	9774	張彬泉	三三	四川廣安			三〇.九.二二	
仝	仝	仝	9777	石裕柏	二五	四川涪水			三〇.九.十	
仝	仝	仝	9780	羅平國	二二	四川廣安			三〇.九.二六	
仝	仝	仝	9781	蔣偉	一八	四川廣安			三〇.九.二九	
仝	仝	仝	9782	戴春林	二六	四川遂寧			仝右	
仝	仝	仝	9785	高金盛	三八	江蘇鎮江			三〇.九.二三	

8

427

類別	分類	工別	工號	姓名	年齡	籍貫	操行	技能	每日工資	入廠年月	備考
操槍所	小工	小工	9790	章幼廷	五四	湖北漢陽				卅九.六	
仝	仝	仝	9791	鄧鶴皋	二八	四川江津				仝右	
仝	仝	仝	9792	吴長雲	二七	四川巴縣				仝右	
仝	仝	仝	9794	李清榮	三六	四川巴縣				卅.十.一	
仝	仝	仝	9797	李永釗	三五	四川射洪				卅.九.卅	
仝	仝	仝	9798	鄧紹秋	三二	四川巴縣				卅.九.二六	
仝	仝	仝	9799	張華清	二六	四川江北				仝右	
仝	仝	仝	9800	黃嘉行	一八	四川西充				卅.十.四	
仝	仝	仝	9801	孫道本	三二	四川大足				卅.十.二	
仝	仝	仝	9802	吕炳林	廿	四川合川				卅.十.卅	
仝	仝	仝	9803	謝海清	卅	四川[illegible]水				仝右	
仝	仝	仝	9804	劉樹華	一九	四川巴縣				仝右	

043

職別	分工	工別	工號	姓名	年齡	籍貫	擅長技能	每日工資	入廠年月	備考
搗擣所	小工	小工	9805	呂建雲	二五	四川大竹			三〇〇五	
仝	仝	仝	9806	陳科武	三一	四川大竹			仝右	
仝	仝	仝	9809	袁阿根	二六	浙江桐庐			三〇〇六	
仝	仝	仝	9811	李文全	二五	四川阜寧			三〇〇七	
仝	仝	仝	9812	王錫普	二四	四川銅梁			仝右	
仝	仝	仝	9813	劉雲恩	三六	江西南昌			三〇〇九	
仝	仝	仝	9814	張景江	三三	湖南長沙			三〇〇四	
仝	仝	仝	9818	袁義修	三三	四川江北			三〇〇八	
仝	仝	仝	9820	張繼全	二四	四川巴縣			三〇一〇	
仝	仝	仝	9822	楊清山	四二	四川岳池			三〇〇六	
仝	仝	仝	9823	劉容三	二〇	四川遂寧			三〇〇七	
仝	仝	仝	9824	劉華之	三五	仝右			仝右	

所别	分工	工别	工號	姓名	年齡	籍貫	操持技能		每日工資		入廠年月	備考
擦槍所	小工	小工	9827	張□恩	四二	河北北平					卅·十·九	
仝	仝	仝	9828	李邦祿	一八	四川岳池					卅·十·八	
仝	仝	仝	9829	張振明	二七	河北北平					仝右	
仝	仝	仝	9830	盧志强	二八	四川大竹					卅·十·五	
仝	仝	仝	9831	馮榮生	二五	四川合川					卅·十·六	
仝	仝	仝	9833	徐樹雲	二五	四川長壽					卅·十·廿三	
仝	仝	仝	9834	王應福	一九	四川巴縣					仝右	
仝	仝	仝	9835	張光福	二八	湖北宜昌					仝右	
仝	仝	仝	9836	夏吉清	二四	四川潼南					卅·十·廿九	
仝	仝	仝	9837	郭鴻義	二三	江蘇江都					卅·十·廿五	
仝	仝	仝	9838	王茂玉	三二	四川涪陵					卅·十·廿	
仝	仝	仝	9839	李樹成	廿	四川合川					卅·十·六	

所別	分工別	工別	工號	姓名	年齡	籍貫	特殊技能	工資	日資	入廠年月	備考
發槍所	小工	小工	9840	李庚徵	二七	湖南新化				三〇.一〇.八	
仝	仝	仝	9841	于俊之	二四	四川榮昌				三〇.一一.八	
仝	仝	仝	9844	鄭栢成	二五	四川遂寧				仝右	
仝	仝	仝	9845	劉晉岡	二五	四川岳池				三〇.一一.六	
仝	仝	仝	9846	王忠芳	三五	河北玉田				三〇.一一.三	
仝	仝	仝	9851	蘇起祥	二七	浙江玉環				三〇.一一.七	
仝	仝	仝	9852	蘇起清	二八	仝右				仝右	
仝	仝	仝	9853	蘇起單	二六	仝右				仝右	
仝	仝	仝	9854	胡萬廣	三三	仝右				仝右	
仝	仝	仝	9855	朱去富	三〇	江蘇鹽城				仝右	
仝	仝	仝	9856	沈長根	二七	浙江杭州				仝右	
仝	仝	仝	9857	袁鵬	三一	四川大竹				三〇.一一.一〇	

8518

廠別	分工	工別	工號	姓名	年齡	籍貫	操縱技能		等級	工資	入廠年月	備考
擦槍所	小工	小工	9858	張國輝	二一	四川富順					三〇.一一.八	
仝	仝	仝	9859	甘秉良	一五	四川江北					三〇.一一.六	
仝	仝	仝	9860	趙樹廷	二二	四川巴縣					三〇.一一.二	
仝	仝	仝	9861	龍海軒	二六	四川渠縣					三〇.一一.三〇	
仝	仝	仝	9862	陳仲寬	三二	四川銅梁					三〇.一一.三〇	
仝	仝	仝	9863	段永如	二〇	河南南陽					仝右	
仝	仝	仝	9864	胡章桂	一七	安徽桐城					三〇.一一.二九	
仝	仝	仝	9869	陶世發	三六	四川大竹					三〇.一一.三〇	
仝	仝	仝	9870	黄兆錡	二六	湖北漢陽					三〇.一一.三〇	
仝	仝	仝	9871	黄啟雲	三三	湖北黄陂					仝右	
仝	仝	仝	9872	黄漢生	三〇	仝右					仝右	
仝	仝	仝	9873	黄世昌	一七	四川合川					仝右	

廠所	分工	工別	工號	姓名	年齡	籍貫	擅長技能	工資 每日	入廠年月	備考
擦槍所	小工	小工	9874	黃宗金	一六	四川合川			三〇.一二.二〇	
仝	仝	仝	9875	李得意	三三	仝右			仝右	
仝	仝	仝	9876	張儀	一八	四川巴縣			三〇.一二.二三	
仝	仝	仝	9877	穆青雲	二四	仝右			仝右	
仝	仝	仝	9878	張文浦	一八	四川宜賓			仝右	
仝	仝	仝	9879	吳本厚	一九	安徽懷寧			三〇.一二.二〇	
仝	仝	仝	9880	郭海雲	三三	四川巴縣			三〇.一二.二六	
仝	仝	仝	9881	潘泰康	一六	四川江北			三〇.一二.二六	
仝	仝	仝	9882	劉明遠	二〇	四川達縣			三〇.一二.二五	
仝	仝	仝	9883	劉治清	一八	四川巴縣			仝右	
仝	仝	仝	9885	許海清	二五	四川廣安			三〇.一二.三一	
仝	仝	仝	9886	李金山	三五	四川岳池			三〇.一二.二八	

454

所別	分工	工別	工號	姓名	年齡	籍貫	操行	技能	每日工資	入廠年月	備考
操槍所	小工	小工	9887	童相雲	一六	四川江北				三〇、二、一	
仝	仝	仝	9889	劉安貴	二一	四川遂寧				三〇、二、四	
仝	仝	仝	9890	衛德山	二九	仝右				三〇、二、六	
仝	仝	仝	9891	吳慶金	一八	仝右				仝右	
仝	仝	仝	9892	吳佩芬	二八	仝右				三〇、二、四	
仝	仝	仝	9893	劉致祥	三五	仝右				仝右	
仝	仝	仝	9894	李清全	三六	四川渠縣				仝右	
仝	仝	仝	9896	胡紹華	二二	四川長壽				三〇、二、六	
仝	仝	仝	9897	彭清泉	二〇	四川巴縣				三〇、二、八	
仝	仝	仝	9898	張應全	三四	四川長壽				仝右	
仝	仝	仝	9899	龍嗣昌	一八	四川潼南				三〇、二、二	
仝	仝	仝	9900	鄭湘泉	三二	四川遂寧				仝右	

88

046

別	分工	工別	工號	姓名	年齡	籍貫	擇存技能	每日工資	入廠年月	備考
擦槍所	小工	小工	9902	王洪榮	二三	四川南充			卅三.二.一八	
仝	仝	仝	9903	康樹清	一八	四川岳池			卅三.二.一四	
仝	仝	仝	9904	白雲波	二六	四川彭山			仝右	
仝	仝	仝	9905	吳樹華	一七	四川江津			卅三.二.一八	
仝	仝	仝	9906	周啟愚	一六	四川樂至			卅三.二.二二	
仝	仝	仝	9907	陳安民	一八	湖北黃陂			卅三.二.二六	
仝	仝	仝	9908	黃紹忠	二四	四川秀山			卅三.二.二三	
仝	仝	仝	9909	楊志全	三三	安徽含山			仝右	
仝	仝	仝	9911	盧其友	二六	四川大足			卅三.二.二六	
仝	仝	仝	9912	顧真家	二六	四川巴縣			仝右	
仝	仝	仝	9913	李明統	二三	四川大竹			仝右	
仝	仝	仝	9914	羅伍和	一九	四川江北			卅三.四.二五	

87

046

467

所別	分工	工別	工號	姓名	年齡	籍貫	操持	技能	工資 每日		入廠年月	備考
擲槍所	小工	小工	9915	傅其位	二六	四川長壽					三三.七.九	
仝	仝	仝	9916	宋澤斌	二三	四川岳池					三三.六.四	
仝	仝	仝	9917	譚福生	三八	湖南衡州					三三.九.二六	
仝	仝	仝	9918	唐金世	二四	湖南岳陽					三三.一〇.三	
仝	仝	仝	9919	鄧位成	二六	四川江北					三三.八.一八	
仝	仝	仝	9920	張炳雲	三六	四川巴縣					三三.二.二六	
仝	仝	仝	9922	郭樹榮	四八	四川合川					三三.二.八	
仝	仝	仝	9923	羅秀炳	三〇	四川遂寧					三三.二.一〇	
仝	仝	仝	9924	常劍非	三六	湖南衡陽					三三.九.六	
仝	仝	仝	9925	劉良傑	一九	四川南充					三三.二.四	
仝	仝	仝	9926	曾長發	一八	四川遂寧					三三.二.六	
仝	仝	仝	9927	王朝華	一八	四川巴縣					三三.二.三	

廠別	分工	工別	工號	姓名	年齡	籍貫	擅長技能	每日工資	入廠年月	備考
擦槍所	小工	小工	9928	傅福元	二六	四川長壽			三〇.十二.十五	
仝	仝	仝	9929	蔣廷源	一八	四川潼南			三〇.十二.十七	
仝	仝	仝	9930	高奎書	一八	四川江北			三〇.十二.三〇	
仝	仝	仝	9931	陳樹森	三二	四川遂寧			三〇.十二.二八	

47-1

組別	分工	工別	工階	姓名	年齡	籍貫	操持技能	每日工資	入廠年月	備考

所別	分工	工別	工階	姓名	年齡	籍貫	操行	技能	每日工資	入廠年月	備考
運輸隊	小工	小工	5001	廖國強	三七	湖南長沙				七、五、一	
仝	仝	仝	5002	劉少清	三五	安徽[illegible]				仝右	
仝	仝	仝	5003	陳玉卿	三四	湖南湘潭				仝右	
仝	仝	仝	5004	周如山	二九	湖南衡山				仝右	
仝	仝	仝	5005	郭明才	三〇	河南新鄉				仝右	
仝	仝	仝	5006	伍定桂	三〇	湖南龍山				仝右	
仝	仝	仝	5008	何萬金	二九	四川巴縣				六、四、六	
仝	仝	仝	5009	李名亭	二七	湖南邵陽				六、四、一〇	
仝	仝	仝	5011	黃[illegible]鈞	三二	湖南醴陵				六、八、一〇	
仝	仝	仝	5012	施吉武	[illegible]	四川[illegible]州				六、九、一〇	

481

所别	分工	工别	工階	姓名	年龄	籍貫	操行	技能	每日工資	入廠年月	備考
運輸隊	小工	小工	5013	張明建	三〇	湖南漢壽				二八、九、二六	
仝	仝	仝	5014	王濟民	二七	四川江北				二八、九、三〇	
仝	仝	仝	5016	袁文秋	三〇	湖南株州				二九、五、一	
仝	仝	仝	5017	曾希紅	二一	湖南衡山				仝右	
仝	仝	仝	5018	曾先忠	二三	仝右				仝右	
仝	仝	仝	5021	袁文初	三〇	湖南湘潭				仝右	
仝	仝	仝	5022	王芳梓	三〇	湖南衡陽				仝右	
仝	仝	仝	5023	毛猶龍						仝右	
仝	仝	仝	5026	尹天源	二八	四川潼南				二九、十、九	
仝	仝	仝	5028	邢才清	二八	仝右				仝右	

049

所別	分工	工別	工階	姓名	年齡	籍貫	操行	技能	每日工資	入廠年月	備考
運輸股	小工	小工	5029	金祥華	四一	上海				二九、一〇、九	
仝	仝	仝	5030	尹伯衡	三九	四川潼南				二九、一〇、二	
仝	仝	仝	5031	鄧承雲	二八	湖南湘鄉				二九、一〇、一六	
仝	仝	仝	5034	陳西北	二八	四川綦江				二九、一二、九	
仝	仝	仝	5036	馮銀章	二二	四川合川				二九、一二、二八	
仝	仝	仝	5040	吳洪清	二〇	仝右				二九、一二、三〇	
仝	仝	仝	5045	費海清	三二	四川江北				三〇、二、三	
仝	仝	仝	5047	傅名中	二三	四川巴縣				三〇、二、二六	
仝	仝	仝	5052	張輪波	二〇	四川江北	、			三〇、三、一	
仝	仝	仝	5056	伍國中	二七	四川璧山				仝右	

040

48-1

所別	分工	工別	工號	姓名	年齡	籍貫	操行	技能	每日工資	入廠年月	備考
運輸隊	小工	小工	5057	楊汝城						卅、三、八	
仝	仝	仝	5059	李獻臣	二〇	四川巴縣				仝右	
仝	仝	仝	5060	曾銀才	三六	四川璧山				仝右	
仝	工匠	司機	5064	黃清齋						卅、三、廿六	
仝	小工	小工	5066	王治國	二九	四川江北				仝右	
仝	仝	仝	5067	袁炳臣	三二	仝右				仝右	
仝	仝	仝	5068	蘇榮發						仝右	
仝	仝	仝	5069	楊才清						仝右	
仝	仝	仝	5070	何海清						仝右	
仝	仝	仝	5071	郭少全	二六	四川江北				仝右	

96

050

所別	分工	工別	工階	姓名	年齡	籍貫	操行	技能	每日工資	入廠年月	備考
運輸隊	小工	小工	5074	張雲飛						三〇、三、六	
仝	仝	仝	5075	陶德勝	二七	安徽鳳台				三〇、四、二五	
仝	仝	仝	5077	羅玉俊	二三	河北天津				三〇、五、九	
仝	仝	仝	5079	趙恒	二三	河北保定				仝右	
仝	仝	仝	5081	汪樹林	三二	四川江北				三〇、五、二六	
仝	工匠	司机	5082	李良田	二三	河北大興				三〇、五、二九	
仝	小工	小工	5080	彭家傳	一九	四川廣安				三〇、五、三一	
仝	仝	仝	5087	陳志賢	二四	四川江北				三〇、六、二〇	
仝	工匠	司机助手	5088	李昌其	三〇	安徽懷寧				三〇、七、一	
仝	仝	仝	5090	何茂勝	二六	四川合川				仝右	

504

所别	分工	工别	工階	姓名	年齡	籍貫	操行	技能	每日工資	入廠年月	備考
運輸隊	工匠	司机助手	5091	南伯然	二三	河北宛平				三〇、七、八	
仝	仝	仝	5092	張效德	二八	山東荷澤				仝右	
仝	仝	仝	5093	崔景秀	二二	安徽阜陽				仝右	
仝	小工	小工	5096	黃成中	二八	四川長壽				三〇、七、三〇	
仝	仝	仝	5097	余海清	二〇	仝右				三〇、七、三〇	
仝	仝	仝	5098	賈興志	二二	仝右				仝右	
仝	仝	仝	5101	向海全	三二	仝右				仝右	
仝	仝	仝	5106	羅良發	二一	四川江北				三〇、八、六	
仝	工匠	司机	5108	宋葉源	二六	江蘇南京				三〇、九、三〇	
仝	仝	仝	5109	江益志	二四	湖北漢口				仝右	

98

051

所別	分工	工別	工階	姓名	年齡	籍貫	操行	技能	每日工資	入廠年月	備考
運輸隊	工匠	司机助手	5111	張江鴻	二八	江蘇南京				卅二、九、九	
仝	仝	仝	5112	何有生	二〇	四川合川				仝右	
仝	仝	仝	5113	虞金虎	三四	浙江杭州				仝右	
仝	仝	司机	5115	王得勝	三三	山東泰安				卅二、十、廿	
仝	仝	司机助手	5116	王明宏	二〇	江蘇無錫				仝右	
仝	仝	仝	5117	劉志遠	二一	四川巴縣				仝右	
仝	仝	仝	5118	周樂青	一九	四川江北				仝右	
仝	仝	司机	5119	戈鳳祥	三一	江蘇無錫				仝右	
仝	小工	小工	5121	周俊明	二三	四川大竹				卅二、三、三	
仝	仝	仝	5122	周國明	二六	仝右				仝右	

514

所別	分工	工別	工階	姓名	年齡	籍貫	操行	技能	每日工資	入廠年月	備考
運輸廠	小工	小工	5123	覃在隆	二四	四川大竹				三〇、三、三	
仝	仝	仝	5125	唐華三	二八	仝右				仝右	
仝	仝	仝	5126	何應模	三八	仝右				仝右	
仝	仝	仝	5127	廖傅模	三二	仝右				仝右	
仝	仝	仝	5128	徐良武	二二	四川瀘縣				三〇、三、二六	
仝	仝	仝	5129	張祖蓉	二〇	仝右				仝右	
仝	工匠	司机	5130	田蘭贇						三〇、三、二五	
仝	小工	小工	9523	張炳林	一九	四川巴縣				二九、三、三〇	
仝	仝	仝	9530	廖德明	二七	四川樂至				三〇、八、一〇	
仝	仝	仝	9533	尚步連	二五	江蘇銅山				三〇、八、一四	

98

052

所別	分工	工別	工階	姓名	年齡	籍貫	操行	技能	每日工資	入廠年月	備考
運輸隊	小工	小工	9538	王泰斌	二六	四川樂至				三〇、六、二九	
仝	仝	仝	9539	徐楷	二五	仝右				仝右	
仝	仝	仝	9541	林瑞賢	四一	江蘇靖江				三〇、一、二六	
仝	仝	仝	9542	張義海	二五	河南信陽				三〇、六、四	
仝	仝	仝	9525	羅林	三二	四川簡陽				三〇、二、五	
仝	仝	仝	9546	蔣棟材	二三	四川蓬溪				仝右	
仝	仝	仝	9547	黄鏡帆	二七	四川合川				三〇、六、八	
仝	仝	仝	9561	曾德軒	一七	四川大足				三〇、二、四	
仝	仝	仝	9578	徐繼周	二九	湖南益陽				三〇、三、二六	
仝	仝	仝	9580	楊森	二三	四川達縣				三〇、三、三一	

101
179

52-1

所別	分工	工別	工階	姓名	年齡	籍貫	操行	技能	每日工資	入廠年月	備考
運輸隊	小工	小工	9581	許昆吾	二六	湖南寶慶				三〇、三、二五	
仝	仝	仝	9583	童有華	一八	四川涪陵				仝右	
仝	仝	仝	9592	張德成	二四	湖北麻城				三〇、四、七	
仝	仝	仝	9593	鄧凱	二五	四川榮昌				三〇、四、八	
仝	仝	仝	9594	余清雲	二〇	仝右				仝右	
仝	仝	仝	9595	翁巨慶	二二	仝右				仝右	
仝	仝	仝	9600	陳兩廷	一八	四川潾水				三〇、四、九	
仝	仝	仝	9611	王燕林	二二	四川綦江				三〇、四、八	
仝	仝	仝	9612	徐崑	二一	四川雲山				仝右	
仝	仝	仝	9681	李松林	三六	四川巴縣				三〇、三、八	

102

053

所別	分工	工別	工階	姓名	年齡	籍貫	操行	技能	每日工資	入廠年月	備考
運輸處	小工	小工	5682	楊國安	二六	四川遂寧				卅三、三、一	
仝	仝	仝	5683	蔣清合	二〇	仝右				仝右	
仝	仝	仝	5684	張大成	二九	四川江北				廿九、八、二五	
仝	仝	仝	5685	唐炳雲	二二	四川巴縣				卅三、五、一	
仝	仝	仝	5651	李和金	二三	安徽六安				卅三、五、二二	
仝	仝	仝	5652	李文輝	二三	四川樂至				仝右	
仝	仝	仝	5654	楊安勛	二六	安徽蒙城				卅三、六、四	
仝	仝	仝	5705	韋善明	二〇	四川富順				卅三、六、二二	
仝	仝	仝	5710	鄧錫康	二〇	四川宜賓	、			仝右	
仝	仝	仝	5722	[illegible]敬如	四六	四川彭縣				卅三、七、[illegible]	

103

53-1

所別	分工	工別	工階	姓名	年齡	籍貫	操行	技能	每日工資	入廠年月	備考
運輸廠	小工	小工	9741	李華	二八	湖南邵陽				三〇、八、八	
仝	仝	仝	9742	賈群賢	二二	四川儀隴				三〇、八、十一	
仝	仝	仝	9748	李甫臣	二五	四川巴縣				三〇、八、二九	
仝	仝	仝	9762	袁德超	二五	四川簡陽				三〇、九、三	
仝	仝	仝	9773	鄧梓伯	二一	四川萬縣				三〇、九、二六	
仝	仝	仝	9786	程為中	二四	四川長壽				三〇、九、二六	
仝	仝	仝	9787	廖長興	二二	四川威遠				仝右	
仝	仝	仝	9788	吳鳳麟	二七	安徽樅陽				三〇、九、二五	
仝	仝	仝	9795	唐遠志	二四	湖南邵陽				三〇、一〇、二五	
仝	仝	仝	9817	杜鑾	二八	四川南充				三〇、一一、一	

1014

054

所别	分工	工别	工階	姓名	年龄	籍贯	操行	技能	每日工資	入厰年月	備考
運輸隊	小工	小工	5815	趙相如	二五	四川成都				三〇、二、八	
仝	仝	仝	5825	沈傑	三二	湖南長沙				三〇、一〇、六	
仝	仝	仝	5826	樊佐原	二九	四川酉陽				三〇、一〇、七	
仝	仝	仝	5832	何志全	二五	四川大竹				三〇、一〇、三〇	
仝	仝	仝	5842	宋子文	二七	仝右				三〇、二、一〇	
仝	仝	仝	5843	李明德	二五	仝右				仝右	
仝	仝	仝	5847	王金昆	二四	安徽太和				三〇、二、四	
仝	仝	仝	5848	劉樹芳	二四	河南項城				仝右	
仝	仝	仝	5845	鄭朝德	二二	河南淮陽				仝右	
仝	仝	仝	5850	何明欽	三四	四川蓬溪				三〇、二、五	

105

054

541

所别	分工	工别	工階	姓名	年龄	籍贯	操行	技能	每日工資	入廠年月	備考
運輸隊	小工	小工	9866	袁良才	二四	浙江杭州				三〇、六、七	
仝	仝	仝	9867	蔡濬	二一	湖南醴陵				三〇、六、二〇	
仝	仝	仝	9868	程連三	三〇	河南淮陽				仝右	
仝	仝	仝	9855	鄧秉洋	三四	四川樂至				三〇、六、四	
仝	仝	仝	9501	王海山	二四	安徽舒城				三〇、六、六	
仝	仝	仝	9510	黄天祥	二三	四川新繁				三〇、六、三	
仝	仝	仝	9521	何宗金	二〇	四川射洪				三〇、六、七	
仝	仝	仝	9535	燕和睦							

所别	分工	工别	工階	姓名	年龄	籍贯	操行	技能	每日工資	入厰年月	備考
土木工程隊	測工	工匠	6001	李隆德	一八	四川巴縣				二七、五、八、	
仝	仝	仝	6003	李遠	四〇	湖北黄陂				二八、三、一、	
仝	小工	小工	6006	王云清	二〇	四川璧山				二九、六、二六、	
仝	仝	仝	6016	陳	四四	四川長壽				二九、七、一、	
仝	仝	仝	6027	簡子源	二三	四川璧山				二九、八、一、	
仝	測工	工匠	6032	劉松燃	二五	四川安岳				二九、九、二六、	
仝	小工	小工	6038	王樹生	二三	四川長壽				二九、十、一、	
仝	仝	仝	6041	李建奎	二七	四川遂寧				二九、一〇、六、	
仝	泥工	工匠	6051	趙順裕	二五	江蘇上海	、			二九、三、九、	
仝	小工	小工	6056	張炳壽	二七	四川長壽				二九、三、二七、	

107
106

551

所别	分工	工别	工號	姓名	年龄	籍貫	操行	技能	每日工資	入廠年月	備考
木工程隊	小工	小工	6059	鄭朝彬	二九	四川遂甯				二九、三、二九	
仝	仝	仝	6079	陳洪山	三六	湖南衡陽				三〇、六、六	
仝	仝	仝	6080	曹炳軒	四二	四川大足				仝右	
仝	監工	工匠	6084	殷澤能	二七	湖北黄岡				三〇、六、二七	
仝	小工	小工	6097	向樹元	三三	四川江北				三〇、六、二七	
仝	泥工	工匠	6099	汪華	二四	安徽桐城				三〇、六、二八	
仝	仝	仝	6102	陳陸生	二七	江蘇上海				仝右	
仝	石工	仝	6103	吴云清	三〇	四川合川				仝右	
仝	監工	仝	6108	王菊生	二九	江西南昌				三〇、六、二六	
仝	小工	小工	6109	余海河	一八	四川長壽				三〇、六、三〇	

108

056

所別	分工	工別	工階	姓名	年齡	籍貫	採得技能	每日工資	入廠年月	備考
土木工程隊	小工	小工	6115	張家緒	四四	四川長壽			三〇、三、三〇、	
仝	泥工	工匠	6125	黄志英	三七	浙江浦江			三〇、三、八、	
仝	小工	小工	6135	劉德安	三〇	四川岳池			三〇、三、十三	
仝	仝	仝	6136	易位根	一四	仝右			仝右	
仝	監工	工匠	6137	王繼樂	三五	江蘇鄞縣			三〇、三、十四、	
仝	小工	小工	6142	張應田	四〇	四川長壽			三〇、三、十九、	
仝	仝	仝	6143	張其壽	三六	仝右			仝右	
仝	篾工	工匠	6146	黄德應	二〇	四川順慶			三〇、三、二、	
仝	監工	仝	6148	萬伯顏	四七	湖南長沙			三〇、三、廿五、	
仝	石工	仝	6149	秉炳林						

567

所别	分工	工别	工階	姓名	年龄	籍貫	操行	技能	每日工資	入廠年月	備考
木工模隊	小工	小工	6151	唐清合	廿三	四川南充				卅三、五	
仝	仝	仝	6153	張名有	一八	四川璧山				仝右	
仝	仝	仝	6161	譚緒雲	一八	四川蓬溪				卅三、六	
仝	仝	仝	6170	李玉清	四〇	四川南充				仝右	
仝	仝	仝	6175	徐昌俊	一六	仝右				仝右	
仝	仝	仝	6182	張仁義	廿七	四川巴中				卅四、五	
仝	木工	工匠	6185	于安國	廿五	山東黄縣				仝右	
仝	仝	仝	6186	蘇安民	一八	四川潼南				仝右	
仝	仝	仝	6189	韓壽堂	廿七	湖北漢川				仝右	
仝	仝	仝	6192	李文清	廿五	湖北黄陂				卅四、九	

110

所別	分工	工別	工階	姓名	年齡	籍貫	操行	技能	每日工資	入廠年月	備考
木工程隊	木工	工匠	6194	周玉山	四六	湖北漢口				卅四、九、	
仝	監工	仝	6198	朱福壽	卅一	湖北黄陂				卅四、八、	
仝	木工	仝	6199	吳漢國	八	仝右				卅四、五	
仝	仝	仝	6200	劉盛法	四二	湖北孝感				仝右	
仝	仝	仝	6201	程鎮鍾	卅六	四川廣安				仝右	
仝	小工	小工	6204	易超	卅五	四川順慶				卅四、六、	
仝	仝	仝	6205	王炳章	一九	四川遂甯				仝右	
仝	仝	仝	6206	王良臣	卅三	仝右				仝右	
仝	仝	仝	6208	劉傑	卅三	四川眉州				仝右	
仝	木工	工匠	6213	吳紹軒	卅五	四川萬縣				卅四、七、	

057

571

所别	分工	工别	工階	姓名	年龄	籍贯	操行	技能	每日工资	入厰年月	备考
土木工程隊	小工	小工	6221	何霖霙	二三	浙江義烏				三〇.四.三	
仝	仝	仝	6223	龍銀明	二二	四川安岳				仝右	
仝	監工	工匠	6224	趙澤	二三	四川射洪				仝右	
仝	仝	仝	6225	徐倫	二五	四川彭山				仝右	
仝	測工	仝	6237	劉瀛洲	二〇	四川嘉定				三〇.四.二九	
仝	仝	仝	6238	章鮑欽	二七	四川銅梁				三〇.五.八	
仝	篾工	仝	6239	胥淵如	二〇	四川遂甯				仝右	
仝	小工	小工	6245	陳金山	三〇	四川開縣				三〇.五.五	
仝	仝	仝	6247	黃森清	十八	四川遂甯				仝右	
仝	泥工	工匠	6249	何光明	二三	四川岳池				仝右	

112

所别	分工	工别	工階	姓名	年龄	籍贯	操行	技能	勤惰	工资	入厂年月	备考
土木工程處	石工	工匠	6250	魏海明	二一	四川岳池					卅三、五、五、	
仝	鐵工	仝	6252	崔忠餘	三三	江蘇泰興					卅三、五、二六、	
仝	仝	仝	6253	朱業林	四四	仝右					仝右	
仝	木工	仝	6254	潘治安	二五	江蘇徐州					卅三、五、二七、	
仝	小工	小工	6255	呂忠全	二三	四川雲山					卅三、六、一、	
仝	監工	工匠	6257	夏曹啟	二〇	湖北廣濟					卅三、六、八、	
仝	泥工	仝	6260	左天明	三三	河南西坪					卅三、六、四、	
仝	小工	小工	6261	孫祖根	一七	浙江杭縣					卅三、六、二六	
仝	仝	仝	6266	陳海雲	三三	四川岳池					卅三、七、三、	
仝	仝	仝	6275	趙廷財	[illegible]	安徽壽州					卅三、七、二六、	

113

587

所别	分工	工别	工階	姓名	年齡	籍貫	操行	技能	工資	入廠年月	備考
土木工程處	石工	工匠	6280	牟筱清	二八	四川合川				二六、八、五	
仝	小工	小工	6282	吳華軒	三八	四川達縣				二六、九、四	
仝	仝	仝	6283	龐玉臣	二〇	四川南充				仝右	
仝	仝	仝	6287	吳利貞	一八	四川大足				二六、九、六	
仝	仝	仝	6288	胡慶雲	二〇	四川順慶				仝右	
仝	石工	工匠	6291	劉仁義	二六	四川廣安				二六、九、三	
仝	測工	工匠	6293	黃廣順	二八	山東續陽				仝右	
仝	監工	工匠	6294	郭光德	三〇	湖南湘潭				二六、九、八	
仝	泥工	仝	6295	楊德盛	二〇	四川合川				仝右	
仝	仝	仝	6296	柳國仝	三三	湖北恩施				仝右	

所别	分工	工别	工階	姓名	年齡	籍貫	操行	技能	每日工資	入廠年月	備考
三木工程隊	泥工	工匠	6297	劉玉發	三五	四川南川				三〇、九、八、	
仝	仝	仝	6298	何志亭	二八	四川遂甯				仝右	
仝	仝	仝	6299	龍興發	二六	四川岳池				仝右	
仝	木工	人	6301	符許生	二八	湖南湘潭				仝右	
仝	小工	小工	6302	唐樹清	二二	四川岳池				三〇、一〇、六、	
仝	仝	仝	6303	張文君	四六	四川南充				仝右	
仝	鋸工	工匠	6306	徐你理	四二	四川廣安				三〇、一〇、二	
仝	仝	仝	6307	孫玉如	二三	仝右				仝右	
仝	泥工	仝	6308	王根如	三〇	浙江奉化				仝右	
仝	木工	仝	6309	朱財林	三一	江蘇上海				仝右	

115

所别	分工	工别	工階	姓名	年齡	籍貫	操行	技能	每日工資	入廠年月	備考
土木工程隊	小工	小工	6310	唐世泰	卅三	湖南新化				卅、六、廿三	
仝	泥工	工匠	6312	楊恒卿	廿九	湖南理學				卅、六、廿八	
仝	仝	仝	6313	李文才	廿六	四川敘府				仝右	
仝	仝	仝	6314	洪兆吐	廿四	浙江浦江				仝右	
仝	仝	仝	6315	米成之	卅	四川潼南				卅、六、卅	
仝	小工	小工	6316	陳永慶	廿六	四川隆昌				仝右	
仝	泥工	工匠	6319	鄭海雲	廿三	四川岳池				卅、六、卅	
仝	仝	仝	6320	舒藩	廿八	仝右				仝右	
仝	石工	工匠	6321	顏華雲	廿三	四川武勝				卅、六、四	
仝	測工	仝	6322	吳春山	卅八	湖北漢陽				卅、六、廿九	

類別	分工	工別	工號	姓名	年齡	籍貫	學歷	技能	每日工資	入廠年月	備考
土木工 搖漆	鋸工	工匠	6323	雷開木	二二	四川廣安				三〇、八、二八	
仝	鑽工	仝	6324	陳昌貴	二六	四川璧山				三〇、八、廿四、	
仝	測工	仝	6325	戴志康	二九	四川江津				三〇、一〇、七	
仝	鋸工	仝	6326	程有田	二八	四川廣安				三〇、三、八、	
仝	泥工	仝	6327	王銀忠	二七	江蘇江寧				三〇、三、八	
仝	木工	仝	6328	張秀清	二〇	四川廣安				仝右	
仝	小工	小工	6329	彭玉成	二六	四川合川				三〇、三、三、	
仝	木工	工匠	6330	孟文秋	二二	湖北黄陂				仝右	
仝	測工	仝	6331	張國模	二六	四川瀘縣				三〇、三、七、	
仝	木工	仝	6332	董海云	二八	四川遂寧				仝右	
仝	仝	仝	6333	彭清云	二〇	四川廣安				仝右	
仝	仝	仝	6334	吳仕和	二三	四川涪陵				仝右	

1176

030

60-1

廠別	分工	工別	工號	姓名	年齡	籍貫	操作	技能	工資	日	入廠年月	備考
山木工模隊	木工	工匠	6335	李両南	四〇	湖北漢陽					廿六、六、廿七	
仝	仝	仝	6336	李安川	一八	仝右					仝右	
仝	山工	山工	6337	何書門	三六	四川銅梁					廿六、六、廿六	
仝	仝	仝	6338	景蜀良	二八	四川巴縣					仝右	
仝	仝	仝	6339	李明安	二六	四川安岳					仝右	
仝	仝	仝	6340	李海雲	二六	四川大竹					仝右	
仝	仝	仝	6341	陳忠富	二七	四川渠縣					仝右	
仝	仝	仝	6342	曾祚然	一九	四川長壽					仝右	
仝	仝	仝	6343	唐雲	二〇	四川順慶					廿六、六、元	
仝	仝	仝	6344	文漢清	二四	仝右					仝右	
仝	泥工	工匠	6345	黃祖瑜	二六	浙江金華					仝右	
仝	鐵工	仝	6346	李自祥	二〇	四川廣安					仝右	

十18

部別	分工	工別	工號	姓名	年齡	籍貫	操行	技能	每日工資	入廠年月	備考
農場	農工	工匠	7001	張受之	四一	江蘇句容				三六、七、一	
仝	仝	仝	7002	楊洪忠	三三	四川遂寧				三六、一、一六	
仝	仝	仝	7005	柏玉清	二六	四川合川				三六、三、一	
仝	仝	仝	7006	楊兆中	二〇	四川遂寧				三六、六、一	
仝	仝	仝	7007	張生榮	二〇	四川合川				三六、八、一六	
仝	仝	仝	7008	高興全	二九	仝右				三六、九、一	
仝	仝	仝	7009	楊雲	三九	四川遂寧				三六、一二、一	
仝	仝	仝	7010	呂榮華	三二	仝右				仝右	
仝	仝	仝	7011	楊慶亭	三四	仝右				三六、一二、一六	
仝	仝	仝	7012	柏志清	二八	四川合川				三六、二、一六	
仝	仝	仝	7013	鄧炳雲	二七	仝右				仝右	
仝	仝	仝	7015	柏季清	一七	仝右				仝右	

130

61

組別	分工	工別	工牌	姓名	年齡	籍貫	操行	技能	每日工資	入廠年月	備考
農坊	農工	工匠	7016	樊得山	四一	四川遂寧				二九、三、一六	
仝	仝	仝	7017	蕭樂慶	二〇	四川長壽				仝右	
仝	仝	仝	7018	郭筱榮	一九	四川合川				仝右	
仝	仝	仝	7020	劉國安	三〇	仝右				二九、六、六	
仝	仝	仝	7021	安銀山	三七	四川岳池				二九、七、八	
仝	仝	仝	7023	林華貞	三五	四川合川				二九、八、一	
仝	仝	仝	7024	李漢卿	一八	仝右				二九、九、三	
仝	仝	仝	7025	蔣樹清	一六	仝右				仝右	
仝	仝	仝	7030	張紹之	二八	仝右				二九、十、一	
仝	仝	仝	7033	李世合	三八	四川岳池				二九、十、五	
仝	仝	仝	7037	蕭樂華	三七	四川武勝				二九、一一、九	
仝	仝	仝	7038	湯榮斌	二五	四川遂寧				二九、一二、三〇	

所別	分工	工別	工階	姓名	年齡	籍貫	擔任技能	每日工資	入廠年月	備考
農場	農工	工匠	2043	蔣清鎮	一七	四川遂寧			三九、一二、九	
仝	小工	小工	2045	周海清	三二	仝右			三九、二、二	
仝	農工	工匠	2046	袁樹清	二四	四川江北			仝右	
仝	小工	小工	2054	陳貴山	二二	四川江津			三九、二、二四	
仝	仝	仝	2055	羅懋清	二四	仝右			仝右	
仝	農工	工匠	2058	陳國鈞	三九	仝右			仝右	
仝	仝	仝	2059	姜海洲	二一	四川合川			三九、二、二九	
仝	仝	仝	2061	高海清	二〇	仝右			三〇、一、四、	
仝	小工	小工	2063	陳海廷	二〇	四川永川			三〇、一、二五、	
仝	仝	仝	2064	楊海雲	一九	仝右			仝右	
仝	農工	工匠	2065	楊光炎	二七	四川南充			仝右	
仝	營造工	仝	2066	鄧福盛	六八	四川巴縣			三〇、一、三〇、	

所別	分工	工別	工階	姓名	年齡	籍貫	操行	技能	每日工資	入廠年月	備考
農場	農工	工匠	7068	張紹宣	二一	四川合川				三六、五	
仝	仝	仝	7070	文錫清	二三	仝右				三二、一〇	
仝	仝	仝	7075	楊華亭	三〇	四川遂寧				三六、二、	
仝	仝	仝	7080	唐金山	三九	四川璧山				三三、三、	
仝	小工	小工	7089	王神三	五六	四川潼南				三四、二、	
仝	仝	仝	7091	呂國勳	二二	四川遂寧				仝右	
仝	仝	仝	7094	李明輝	一九	湖南衡陽				仝右	
仝	仝	仝	7096	蔣學謙	一六	四川江北				三四、八	
仝	仝	仝	7097	陳達高	三〇	四川湘潭				仝右	
仝	仝	仝	7100	向樂華	三三	四川岳池				仝右	
仝	仝	仝	7103	柤惠雲	一九	四川巴縣				仝右	
仝	仝	仝	7104	陳清合	三四	四川長壽				仝右	

廠別	分工	工別	工階	姓名	年齡	籍貫	操持技能	每日工資	入廠年月	備考
農場	山工	山工	7106	謝樹洲	卅四	四川仁壽			卅四、一、	
仝	仝	仝	7107	劉銀華	廿八	四川江北			卅五、六、	
仝	農工	工匠	7109	舒清山	卌二	四川遂寧			卅四、三、	
仝	山工	山工	7112	鄧芳洲	廿八	仝右			卅四、八、	
仝	仝	仝	7114	傅云才	卌	河南葉縣			仝右	
仝	仝	仝	7115	鄧樹成	廿二	四川長壽			仝右	
仝	仝	仝	7116	王松柏	廿二	四川江北			仝右	
仝	仝	仝	7117	王維榮	廿〇	仝右			仝右	
仝	仝	仝	7118	王炳云	廿五	仝右			仝右	
仝	仝	仝	7121	郭奎山	卅九	四川合川			仝右	
仝	農工	工匠	7126	楊樹生	廿九	四川廣安			卅五、七、	
仝	山工	山工	7129	謝榮成	卅六	四川合川			卅五、九、	

1007
1008

063

634

別	分工	工別	工階	姓名	年齡	籍貫	操行	技能	每日工資	入廠年月	備考
農場	農工	工匠	7130	曾德明	二六	四川合川				三〇、五、三〇	
仝	小工	小工	7131	熊德榮	三六	四川巴縣				仝右	
仝	農工	工匠	7132	周紹全	二七	仝右				三〇、五、三	
仝	仝	仝	7133	蒙有全	二九	四川合川				三〇、五、二四	
仝	小工	小工	7137	胡白玉	四一	四川彭山				三〇、六、一	
仝	監工	工匠	7139	金建勛	三二	江蘇無錫				仝右	
仝	農工	仝	7142	曾高傑	二四	四川遂寧				三〇、六、五	
仝	小工	小工	7146	毛盛逵	三〇	湖南衡陽				三〇、六、二四	
仝	仝	仝	7148	賀鴻軒	三六	仝右				三〇、六、二五	
仝	仝	仝	7149	賈紹武	四四	四川巴縣				仝右	
仝	仝	仝	7151	王祐雲	二九	四川江北				三〇、七、一	
仝	農工	工匠	7153	譚孫灝	四八	四川順慶				三〇、八、二八	

124

所別	分工	工別	工階	姓名	年齡	籍貫	擅長技能	每日工資	入廠年月	備考
農場	農工	工匠	7154	呂松柏	二六	四川遂寧			卅八、八、一	
仝	仝	仝	7155	鄭海清	二八	仝右			仝右	
仝	仝	仝	7157	王林同	二六	四川西充			卅八、八、廿六	
仝	仝	仝	7158	杜潤生	三五	仝右			仝右	
仝	仝	仝	7160	王文運	三一	仝右			仝右	
仝	仝	仝	7161	杜權山	二四	四川南充			仝右	
仝	仝	仝	7163	謝文吉	三五	四川南部			仝右	
仝	仝	仝	7164	楊斌	二〇	四川西充			仝右	
仝	仝	仝	7165	羅海清	二四	仝右			仝右	
仝	仝	仝	7170	范體剛	二〇	仝右			仝右	
仝	仝	仝	7172	何海雲	二八	四川西充			仝右	
仝	仝	仝	7173	任光明	三五	仝右			仝右	

180

647

廠别	分工廠别	工别	工牌	姓名	年齡	籍貫	操持技能	每日工資	入廠年月	備考
農場	農工	工匠	7175	何登位	三〇	四川西充			三〇.八.六	
仝	仝	仝	7176	何登洪	二九	仝右			仝右	
仝	仝	仝	7177	范世高	二四	仝右			仝右	
仝	仝	仝	7178	胡旭雲	二四	四川南充			仝右	
仝	仝	仝	7183	楊德雲	二六	四川西充			仝右	
仝	仝	仝	7186	楊澤貴	二六	仝右			仝右	
仝	仝	仝	7187	高仁芳	二三	仝右			仝右	
仝	仝	仝	7192	楊世全	一八	仝右			仝右	
仝	小工	小工	7195	范德勝	二九	安徽合肥			三〇.九.三	
仝	仝	仝	7196	毛鎧勳	二六	湖南衡陽			三〇.九.六	
仝	仝	仝	7197	曾國堯	二九	湖南安化			仝右	
仝	仝	仝	7200	王寶山	二四	安徽六安			三〇.六	

176

部別	分工	工別	工號	姓名	年齡	籍貫	操行	技能	每日工資	入廠年月	備考
農場	小工	小工	2201	張鳳儀	三五	河南葉縣				三〇、一〇、一六	
仝	監工	工匠	2202	曾傑	三三	陝西郃陽				三〇、一〇、一八	
仝	小工	小工	2203	帥銀安	三一	四川銅梁				三〇、一〇、二七	
仝	仝	仝	2025	秦天明	二八	四川巴縣				三〇、一〇、二四	
仝	農工	工匠	2206	蔣光杉	二五	四川遂寧				三〇、一一、一八	
仝	仝	仝	2207	曾大新	二〇	仝右				仝右	
仝	小工	小工	2208	陳少雲	二〇	四川江津				三〇、一一、五	
仝	農工	工匠	2209	唐生保	三〇	江蘇江陰				三〇、一一、二四	
仝	小工	小工	2210	傅錫雲	二八	四川長壽				三〇、一一、二五	
仝	仝	仝	2211	袁勇	二七	江蘇邳縣				三〇、一一、三〇	
仝	農工	工匠	2212	沈雲貴	二八	四川岳池				三〇、一〇、二八	
仝	仝	仝	2213	李海雲	三二	仝右				仝右	

127

065

654

場別	分廠別	工別	工號	姓名	年齡	籍貫	操行	技能	工資每日	入廠年月	備考
農場	農工	工匠	7214	熊家麟	一七	四川合川				三〇、三、八	
仝	仝	仝	7215	熊少寬	二〇	仝右				仝右	
仝	仝	仝	7216	何盛言	二八	四川大竹				三〇、三、二六	
仝	仝	仝	7217	何龍詩	三七	仝右				仝右	
仝	仝	仝	7218	賀大禮	二三	仝右				仝右	
仝	仝	仝	7219	彭大益	一八	仝右				仝右	
仝	仝	仝	7220	唐雲三	二六	仝右				仝右	
仝	仝	仝	7221	羅三江	三七	四川巴縣				仝右	
仝	仝	仝	7222	謝富	二五	仝右				仝右	
仝	仝	仝	7223	朱炳軒	二七	四川銅梁				仝右	
仝	仝	仝	7225	廖海廷	二六	四川蓬溪				仝右	
仝	仝	仝	7226	江國富	三九	四川岳池				仝右	

128

部別	分工	工別	工號	姓名	年齡	籍貫	品行	技能	每日工資	入廠年月	備考
農場	農工	工匠	7227	柯漢清	二六	四川岳池				三三、三、一六	
仝	仝	仝	7228	嚴明清	六八	四川順慶				仝右	
仝	仝	仝	7229	張炳興	五八	四川巴縣				仝右	
仝	仝	仝	7230	彭連生	三五	仝右				仝右	
仝	仝	仝	7231	張邦成	六〇	仝右				仝右	
仝	仝	仝	7232	劉萬興	五六	仝右				仝右	
仝	仝	仝	7233	宋洪順	五〇	仝右				仝右	
仝	仝	仝	7234	羅樹豐	六五	仝右				仝右	
仝	仝	仝	7235	謝升揚	一六	四川合川				仝右	
仝	監工	仝	7236	李果	六五	湖南武岡				仝右	

1229
1078

66+

別	分工	工別	工階	姓名	年齡	籍貫	操行	技能	每日工資	入廠年月	備考

180

军政部兵工署第十工厂官佐名册（一九四三年九月）

存卷

0006

軍政部兵工署第十工廠官佐名冊

0007

軍政部兵工署第十工廠官佐名册

隸屬	級職	姓名	到差年	到差月	到差日	備考
	簡四廠長	莊權	二五	四	一	
廠長辦公廳	薦五主任秘書	張家傑	二五	四	一	
秘書室	同少校秘書	盧漢璆	二七	一	一六	
	同中校秘書	羅瑋	二三	五	一	
	仝右	沈克俊	二四	五	一	
	仝右	金之傑	二一	五	一九	
	委二秘書	周克功	二九	一二	九	
	同上尉事務員	胡佩玉	二八	七	一九	

8

	同上尉副官	康　濟	三一	八	二五
文書股	同中校股長	燕鑄人	三三	二	二〇
	同中尉事務員	余梅芳	三三	三	九
	同准尉事務員	王　道	三一	二	二八
	同少尉事務員	劉　澄	三一	六	一
人事股	同中校股長	方燕恭	三一	四	二二
	同中尉事務員	金則達	三一	三	二六
	仝　右	祝修華	三一	一	一三
檔案股	同少校股長	沈問清	二五	六	二三
	同少尉事務員	范重基	三一	六	三

事假（康濟）

0009

事務課	同少校課長	唐猶龍	三三	五	二一	
	同少校課員	舒洪鈞	二七	九	一	出差昆明
	同右	陳凱	二八	二一	二三	病假
	同上尉課員	劉蔭棠	[illegible]	七	二六	
	仝右	徐可照	三一	一二	一四	
	同少尉課員	王繼春	二九	二	一	
	同中尉事務員	黃壽泉	三〇	一〇	二一	
	同少尉事務員	盧雲湘	三一	一〇	三〇	
出納課	同少校課長	余惕微	三五	四	一	病假
	同上尉課員	曾振武	三一	四	二一	

	支薪九十元課員	湯湘	三一	九	一七	
	委六課員	謝哲孫	三六	六	三二	
	同中尉課員	揚福鎰	三〇	三	三一	
	同少尉事務員	李成果	三一	五	一二	病假
	仝右	曾亞芳	三二	七	一〇	
成品庫	同少校庫長	郭品璋	三九	二一	一六	
	上尉庫員	金勵黃	三〇	二一	一三	
	中尉庫員	李局全	三一	三	三〇	
	同少尉事務員	程祖蔭	三〇	八	三二	派駐株洲留守處服務
稽查組	中校組長	袁祖起	三一	二一	一	

0011

少校組員	上尉組員	仝右	仝右	仝右	中尉組員	仝右	仝右	少尉組員	中尉組員
嚴國葳	姚吟秋	韓幼咸	唐去非	胡起	覃鳳池	盧化酉	楊樹森	郭竹青	高亭玉
三一	三三	三〇	三三	三二	三一	三三	三一	三〇	三一
八	三	一	四	四	五	八	六	三	一〇
八	二	一五	一九	一九	二六	一八	一一	七	二七
	病假					公差			

	上尉組員	卞壽震	三二	八	一六
	少尉司書	童有華	三一	一二	一八
警衛大隊	中校大隊長	易善述	三六	四	八
	上尉大隊附	龍紹萍	三〇	八	一六
	中尉副官	張　空	三二	九	七
	中尉軍需	張治華	二九	二	一六	軍需訓練班受訓
	中尉書記	洪根深	二九	四	一五
第一中隊	上尉中隊長	賀文和	三一	九	一九	中隊附兼
	准尉特務長	劉世進	三三	六	一
	中尉分隊長	陳正邦	三〇	九	一九

0013

	少尉分隊長	廖爲仁	三二	六	一六
	仝右	滕振楚	三二	七	一六
第二中隊	上尉中隊長	譚賓來	三二	一	一三
	中尉中隊附	馬驥良	三二	五	七
	准尉特務長	陳文治	三二	五	二五
	中尉分隊長	劉志欽	三一	五	一〇
	少尉分隊長	孔慶仁	三二	三	二
	仝右	龔康鈞	三二	六	一六
機槍中尉	上尉中隊長	朱幼松	三〇	五	二五
	中尉中隊附	馬兆奎	三〇	五	七

准尉特務長	張福建	三一	八	一五
中尉分隊長	阮洪志	三二	一	九
准尉分隊長	程　鈞	三一	三	四
消防隊同少尉管理員	許鏡吾	二三	六	一
合　計	七十二人			

軍政部兵工署第十工廠官佐名册

隸屬	級職	姓名	到差年	到差月	到差日	備考
工務處	簡六處長	榮泉馨	二五	二	一六	奉派美國考察
	同少校處員	胡良濟	三一	八	廿	
	同少尉事務員	邱安昌	二九	一〇	一	
	仝右	徐清塵	三一	一	二〇	
工程師室	薦一總工程師	王思濾	二五	三	三	
	薦二工程師	蔡其恕	二六	一一	五	
	薦三工程師	陳心元	二六	一〇	四	
	仝右	陳喜棠	二六	三	一	

薦五工程師	孟繼炎	二五	二	一六	
薦三工程師	周修齊	三一	九	七	
仝 右	楊書仇	三三	七	一	
薦七工程師	任贊黃	三一	一二	三	
薦十技術員	陳志瑄	二九	一〇	七	
委四技術員	蕭學忠	三一	三	一六	調署
薦九技術員	張友梅	三二	三	二三	
委四技術員	陳俊明	二六	四	一九	病假
委七技術員	李國璋	三一	三	二二	
仝 右	蕭 晉	三一	一三	一六	出差昆明

0017

	委十五技術員	姚德成	三一	三	二六	
	同少尉事務員	卜慶城	三一	八	一三	
	仝右	陶維生	二一	三	一五	
作業課	薦六工程師	蔡其恕	三六	一	一五	工程師兼
	委一技術員	吳庭亨	三〇	三	一〇	
	委四技術員	劉榮恩	三〇	四	四	
	委八技術員	鍾恩龍	三二	七	一七	
	仝右	周載瀛	三二	一	二六	病假
	仝右	闞梓亭	三一	一〇	六	
	委十一技術員	蕭鳴貴	三一	八	二	

0018

	委八技術員	林興滇	三二	七	一九	
	委十技術員	姚茂富	三三	三	二	病假
	委十一技術員	陳權	三一	五	三	
	同上尉事務員	孟榮鉅	三〇	八	二五	
	同少尉事務員	張郛遠	三〇	一〇	一七	
	同上尉事務員	宋明三	三〇	二	三	
檢驗課	薦四課長	林清許	二六	七	一	
	委四技術員	吳人杰	三三	一	一六	
	委三技術員	陳鳴錚	三一	五	八	
	委五技術員	戴樹智	三三	四	一	

0019

委五技術員	包其家	三二	四	二六	
委六技術員	蔣宗文	三〇	四		事假
委五技術員	余炳儒	二八	五	二九	
仝	治林總經	三〇	四	一	
委八技術員	南登岐	三二	九	三	
仝	右毛畏三	三一	一〇	一	公差昆明
仝	右党錫田	三一	一〇	二九	
委十技術員	陳德湘	三三	八	一六	
同少尉事務員	譚陰文	三一	四	二	
同中尉事務員	潘蘭清	三〇	二	一三	

工政課

同少校代理課長	潘鴻	二六	六	一	
委二課員	龔心放	三二	七	一三	出差渝市
同上尉課員	李子範	二八	六	一	
仝右	宋萬山	二八	六	一四	
同中尉課員	趙亜萍	三〇	九	一二	
同上尉課員	高啟智	三一	一	一三	
支薪130元課員	陳志伊	三〇	一二	二五	
同中尉課員	易忘鴻	二九	五	一	
同中尉事務員	曾維燁	二九	四	一五	
同少尉事務員	宋毓麟	三二	一	一九	

0021

材料庫

仝	右	李繼民	三〇	五	二五	
薦十技術員		陳志驥	二九	一〇	七	技術員兼庫長
同中尉庫員		賀家熾	三〇	七	一六	
仝	右	何仲良	三三	七	一〇	
仝	右	潘光昌	三一	二	八	病假
仝	右	胡文彬	三一	二	二三	
仝	右	孫庠[illegible]	三〇	一	四	
同上尉庫員		宛懋毅	三二	八	二六	
同上尉事務員		李紹德	三〇	一〇	二二	
同上尉事務員		陳潛	三一	一	一	

第一所	薦六所長	金子澄	三三	三	四
	委二技術員	關江文	三三	五	四
	委六技術員	徐安康	三一	二	一三
	同少尉事務員	郭璽	三三	七	一九
	同中尉事務員	伍中三	三二	一二	一四
	同少尉事務員	湯昌廷	三二	二	二六
第六所	委二所長	王秋信	三六	三	九
	委八技術員	黃松森	三三	九	一
	委十一技術員	鄧清劭	三三	九	九
	同中尉事務員	陳明	元	五	四

0023

	仝 右	岳仲賢	三二	一	二
	仝 右	王功恕	三○	九	一五
第三所	薦三工程師	陳[illegible]棠	三六	三	一	工程師兼所長
	委二技術員	李繼遜	二六	三	一五
	委八技術員	張奉源	三一	一○	二九
	同[illegible]尉事務員	吳高祥	二九	一二	二一
	同中尉事務員	丁繼樺	三○	一二	二一
	仝 右	高宇亭	三○	一一	一
第四所	委一所長	呂則仁	五五	一二	一六
	委八技術員	曹菊祥	三一	一二	四

	委八技術員	伍駿	三〇	一二	一五	
	仝右	張元敏	三三	八	一	
	同中尉事務員	章子猷	二九	五	二三	病假
	仝右	戴凱	三二	一	一三	
第五所	委二所長	何戊德	二八	九	一	
	委四技術員	李永仁	二六	四	二七	
	委五技術員	李光球	三二	七	二七	
	同少尉事務員	李度斌	三〇	九	二九	
	仝右	王子安	三〇	一〇	一二	
第六所	委一所長	張安權	三〇	六	一	病假

0025

	委四技術員	曾榮森	三一	三	二九
	委十五技術員	賈國良	三一	[illegible]	二
	同少尉事務員	趙原基	三三	八	二
	仝右	韓文法	三一	二	一
第七所	委一所長	鄒昱	三八	六	六
	委六技術員	陳樹凱	三〇	七	一
	委五技術員	俞伯銘	三三	二	三
	委十六技術員	潘維壽	三三	八	三
	委八技術員	陳光祖	三〇	八	一
	同少尉事務員	劉[illegible]麟	三二	十二	二

第八所

職別	姓名			
同射事務員	孟填之	三一	三	二
薦五工程師	王繼炎	三五	二	一六
委八技術員	張鴻祥	三一	二	三
委五技術員	朱寶鈺	二九	八	三
委九技術員	李啟亨	三三	八	二六
委六技術員	沈培孫	三〇	三	六
委七技術員	胡兆欽	三〇	八	一
委八技術員	林在剛	二九	七	二〇
委十技術員	方岳	三六	三	一六
委八技術員	陳幼君	三三	八	一三

工程師兼（王繼炎）

病假（林在剛）

事假（沈培孫）

0027

	同少尉事務員	鄒勉之	三八	二	二四	
	仝 右	何雙林	三一	二	一	
	仝 右	伍子礽	三二	二	三	
	仝 右	丁 建	三三	八	二〇	
	同中尉事務員	唐紡萍	三一	二	三〇	
	同少尉事務員	梅慕同	三一	一	九	
	仝 右	王丕欽	二〇	八	八	
	仝 右	董 維	三〇	八	七	病假
第九所	委四所長	姚錦松	二八	六	二四	
	委十技術員	湯岑元	三一	七	四	

	同少尉事務員	吳本德	五〇	二	六	
一	仝　右	關耀東	三〇	一〇	一	
第十所	委一所長	錢啟時	二九	六	三	出差昆明
	委二技術員	金仲章	三一	三	二六	
	仝　右	方炳盤	二六	一二	一三	
	委七技術員	王者仁	三二	七	一四	
	同中尉事務員	曹俊生	二八	六	一	
	同少尉事務員	何俊可	二九	七	一五	
	仝　右	趙化民	三二	五	三	
	合　計	一三三員				

0029

軍政部兵工署第十工廠官佐名册

隸屬級職	姓名	到差年	到差月	到差日	備考
職工福利處 薦二處長	梁步雲	三二	七	一六	
同 中校專員	吳傑	二五	四	一六	派其株洲留守處主任
同 少校處員	陳新	二八	七	一	
同 上尉事務員	謝逸萊	三〇	三	九	
	張其端	三一	一二	二四	
事業課 同 中校課長	金樾聲	二九	九	二〇	
支薪130元 課員	楊維根	二六	八	一	
同 上尉課員	許之暢	三〇	三	一七	

	同中尉課員	陸坪	三一	一〇	三〇	
		袁子臣	二八	六	一	
	同少尉事務員	張翰雲	三二	一	三	
訓育課	薦十課長	成機禪	二九	二	一	出差渝市
	委三支薪課員	林用中	三〇	一〇	三〇	
	同上尉課員	趙彤	三一	三	三一	
		王劍秋	三一	三	二六	
	同中尉課員	杜祖培	三一	三	九	
	同上尉課員	汪鎮祿	二三	八	三	
		劉廣渱	三二	七	二八	

0031

醫院

支薪800元聘任院長	馬詒綬	四二	二	二四
支薪380元聘任医師	雷道宇	三二	三	一
支薪350元聘任医師	田際華	三〇	三	二〇
支薪330元聘任医師	劉世達	二八	九	二〇
支薪260元聘任医師	于文藩	三一	六	一
支薪200元聘任医師	葛志恒	三一	七	一六
支薪200元聘任医師	許誌	三二	七	一六
支薪180元聘任實習醫師	曹子恩	三三	九	二
支薪350元聘任檢驗醫師	孫正民	三〇	一〇	一二
支薪300元聘任藥劑師	張乃任	三一	四	一四

支薪250元聘任事務長	顧德滋	三一	三	一七
支薪250元聘任高級護士長	符菡芳	三一	三	一
支薪250元聘任高級護士	張志玉	三三	六	八
仝右	汪菊英	三三	二	八
支薪230元聘任助產士	金偉如	二九	六	三
支薪200元聘任高級護士	部銘彝	三三	八	五
仝右	蔣韻芳	三三	三	一
仝右	孫文賢	三一	九	六
支薪160元聘任調劑員	楊趨	三二	九	六
支薪90元聘任助理護士	毛瑩繁	三一	七	七	停薪（暫停）

0033

	支薪80元助理護士	莫孜秀	三二	二	二〇	
	支薪70元助理護士	王世桃	三二	二	二〇	
	支薪70元助理護士	郭懋恭	三二	三	五	事假
	支薪70元助理護士	廖琮揚	三二	九	三	
	同中尉事務員	鍾政修	三〇	二	二七	
	支薪60元助理護士	羅少輝	三一	八	一〇	停薪（暫时）
	支薪80元助理護士	邱衛良	三一	一〇	八	
	支薪60元助理護士	李庶徽	三一	八	一〇	
農場	委五場長	金仲賢	二八	六	一	
	委四技術員	錢崇高	三〇	一二	一八	

	委九技術員	沈展雲	三〇	一	四	
	同少尉事務員	謝融	元	三	三	
兼子弟學	兼校長	莊權	二五	四	一	廠長兼任
	兼教務主任	成機禪	元	六	一	訓育課長兼任
	支薪130元聘任 教導主任	丁慶生	三二	八	五	事假(下午止)
	支薪110元聘任 教師	蔡心儒	三六	八	三	
	支薪100元聘任 教師	顧賀文	三二	八	二	
	仝右	張掌珠	二六	八	一	
	仝右	葉嘉賓	三二	八	一	
	仝右	陳文揚	三二	八	二	

0035

職務	姓名			
支薪90元聘任教師	趙鑫培	三〇	一二	二七
支薪130元聘任教師	陳淑耘	三一	六	一
支薪110元聘任教師	蔣祥坤	三一	八	一八
支薪100元聘任教師	承夢星	三〇	八	三〇
仝右	莊克勤	三〇	九	四
支薪90元聘任教師	葛友梅	三一	九	四
支薪100元聘任教師	蔣耕樂	三一	九	一
支薪110元聘任教師	葉佩芳	三一	一〇	三〇
支薪90元聘任教師	陶光碧	三〇	五	二六
同上尉事務員	曹翰卿	三二	三	三一

0036

合計 六六人

第七區党部	同少校 幹事	顧蒼霖	三三	九	六

0037

軍政部兵工署第十工廠官佐名册

隸屬	級職	姓名	到差年	到差月	到差日	備考
會計處	支薪160元處長	郭孝同	二九	一二	九	
	同少校處員	許榮成	二六	八	一	
	同中尉事務員	程啟明	三〇	一〇	二	
簿記課	委一課長	張景瑞	二八	六	一	
	支薪160元課員	陳炎	二五	七	二七	
	支薪90元課員	祝澤均	三二	一	一八	
	支薪140元課員	韓方喜	二九	六	一七	
	支薪120元課員	趙幼雲	三〇	二	一五	

	支薪60元課員	馬振範	三一	一〇	三	事假
	支薪55元課員	張家梅	三一	七	七	
	支薪90元課員	陳恩文	三一	七	二六	
成本計算課	委六課員	徐懿曾	三二	六	一二	
	委四課員	朱榮龐	三二	八	一	調兵工署
	支薪120元課員	黃成烈	三二	七	二六	
	委五課員	苗興增	二九	二	一	
	上尉支薪課員	王承堯	三〇	一〇	一	調兵工署
	支薪110元課員	陳琳	二九	三	九	
	支薪100元課員	何柏青	三二	三	一	

0039

課別	職別	姓名				備考
	支薪90元課員	陳茂蓁	三一	六	一六	
薪工計算課	支薪200元課長	王鑾	三〇	二	一〇	
	支薪120元課員	張錫孚	三三	一	一〇	
	支薪100元課員	經燕英	三三	八	一六	
	同中尉課員	胡學恒	二八	九	二七	
	同中尉課員	龐中旺	三〇	一〇	二	
	支薪85元課員	葛瑞徽	三二	八	九	派駐醫院登記醫院款目
	支薪110元課員	向鳴岐	二九	一三	三一	
審計課	薦十課長	蕭鴻漸	三一	九	一四	
	支薪140元課員	陳忠策	二六	九	二八	

支薪140元課員	陸康如	六八	六	一	
支薪85元課員	高樹森	三一	四	一六	
支薪60元課員	高國光	三一	一〇	一三	
支薪160元課員	陸憲廷	三二	七	二六	病假
委九課員	李立德	三二	一	五	
支薪90元課員	譚宗秀	三〇	九	二四	
綜計股 支薪200元股長	王啟賢	三三	八	一	事假
委四支薪股員	馮金辛	三〇	二二	一	
合計	三六人				

0041

軍政部兵工署第十工廠官佐名册

隸屬	級職	姓名	到差年	月	日	備考
土木工程科	薦五科長	蔣蔭松	三一	一〇	一八	
	同上尉科員	朱潔民	二九	一〇	二	差（下午）
	仝右	梁忠玉	三一	九	一四	
	同少尉事務員	陳鑄九	三〇	七	八	
	委一工程師	崔乃煊	三一	一二	一六	
	委三工程師	孔監平	三二	九	一〇	
	委三技術員	費超	三一	五	一八	
	仝右	朱世錕	二九	八	二七	

職別	姓名	年齡	月	日
委七技術員	孔範甫	三二	三	三一
委九測繪員	嚴發杞	二一	三	七
同中尉嘗料員	程仲堯	二九	二	二二
同少尉嘗料員	朱福壽	三二	一	二二
合計	一二人			

0043

軍政部兵工署第十工廠官佐名冊

隸屬級職	姓名	到差年	月	日	備考
統計科 薦三工程師	周修齊	三一	九	七	工程師兼
支薪110元 科員	李平華	三一	一〇	一三	
仝右	沈有年	三〇	三	二〇	
同中尉科員	嚴道畬	二九	一二	九	
仝右	李倫光	三二	七	五	
支薪55元 科員	梅雁生	三〇	一二	一四	
同少尉科員	陳朝熏	三一	二	三	
同少尉事務員	周建宏	三一	一二	一	病假

同中尉事務員徐　秀英三〇二一六

合　計八　員

0045

軍政部兵工署第十工廠官佐名冊（額外人員）

隸屬	級職	姓名	到差年	月	日	備考
廠長办公廳事務課	月薪42元雇員	尚步連	三一	二	二八	
工務處工程師室	月薪400元工程師	蔡名芳	三三	七	一五	
職工福利處農場	月薪350元技師	程志伊	三一	一一	一六	
	月薪140元技術員	張允晋	三一	一〇	一五	
訓育課	月薪40元雇員	楊唯銀	三一	一〇	三〇	
	月薪32元雇員	岳煥新	三一	一二	二五	
	月薪82元雇員	邵祥龍	三三	一一	一二	
合作社	月薪40元雇員	文異俗	三一	九	一六	

	月薪30元雇員	陳仲篪	三一	九	一六
	月薪40元雇員	李雄飛	三一	九	一六
	月薪30元雇員	岑沛溢	三一	九	一六
	月薪40元雇員	樊今祥	三一	九	一六
	仝右	楊定祥	三一	九	一六
	仝右	趙光耀	三一	一三	二
	月薪30元雇員	莊靜	三二	五	一八
土木工程科	月薪220元工程師	王維溱	三一	三	九
	月薪150元雇員	劉夢熊	三一	一一	二〇
	月薪120元雇員	王業初	三一	一二	二四

購置科	月薪究雇員	陳西伯	三一	〇	九	公差渝市
	仝右	王濟民	三一	〇	三	公差渝市
	合計	二〇人				

0048

軍政部兵工署第十工廠官佐名册

隸屬	級職	姓名	到差年	到差月	到差日	備考
購置科	薦六科長	陳志靜	二六	四	一	
	同少校科員	汪承祝	二六	六	一	
	同中尉科員	周旦	三一	三	二	
	同上尉科員	倪開甲	三一	一	一	
	同上尉科員	余柏群	三一	四	一	調署
	同上尉科員	陳何九	三三	九	三	[illegible]
	同中尉科員	陳浩生	三一	四	一	出差渝市
	同上尉科員	吳高源	二九	二	三	

0049

仝右	盧渠波	二八	六	一	公差昆明
仝右	蔡振聲	二〇	五	七	同上
仝右	楊蘇生	二五	二	一八	
同中尉料員	凌炳	二九	七	一三	
仝右	王道菊	三〇	八	二五	
同少尉事務員	闞幼鸞	三一	五	二六	
同中尉押運員	李笑金	二〇	一	四	出差渝市
同少尉押運員	孫雲山	三一	五	一六	
同上尉押運員	馬文斌	三二	二	一	
合計	一七人				

49-1

廠長莊　權

中華民國三十二年九月　日

兵工署第十工厂一九四四年全厂工人人数统计表（一九四四年十月）

軍政部兵工署第十工廠三十三年份全廠工人人數統計表

月别 \ 部别 人數	工務處		其他部份		總計	備註
	技術工	普通工	技術工	普通工		
一月份	976	341	118	511	1946	1.工務處工人係直接生產者
二月份	930	301	122	457	1810	2.其他部份工人係間接生產者
三月份	842	298	115	443	1698	
四月份	840	312	119	442	1713	
五月份	854	319	122	441	1736	
六月份	846	374	122	445	1787	
七月份	902	342	131	446	1821	
八月份	886	371	126	448	1831	
九月份	934	450	112	453	1949	
最多	976	450	131	511	1949	
最少	840	298	112	441	1698	

0198

0199

軍政部兵工署第十工廠稿

秘書室人事股 永辦

文別	呈 公函
件數	一 一
附件	抄又

事由

為遵令填送本廠主官總表應繳分表呈祈核備由

為填送本廠主官總表暨分表函請 查照由

廠長 三十日

主任秘書 三十日

工務處 處長

職工福利處 處長

會計處 處長

土木工程科 科長

購置科 科長

統計科 科長

兵工署

軍政部總務廳交際科

秘書

校對 列入卷

中華民國三十四年

三月廿四日上午時收文
三月廿四日上午時擬辦
三月時核轉
三月時判行
三月時繕寫
三月廿一日上午時校對
三月時蓋印
三月時繕發
三月廿日下午時歸卷

收文發文相距日

收文字第號
發文渝秘會字第0638號
檔案一類一項二卷號

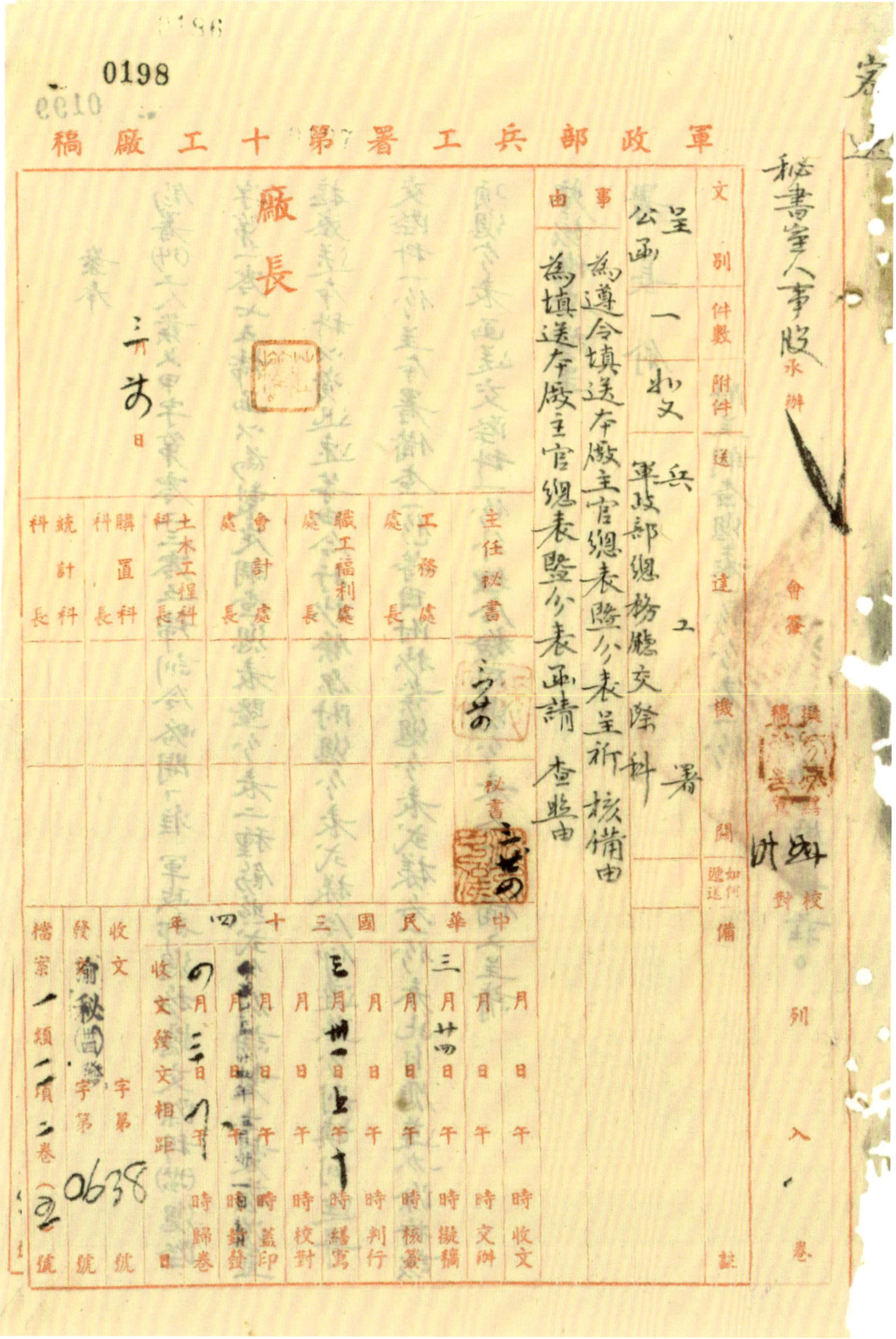

案奉

鈞署(卅)工人蕤文甲字第零二三零五號訓令略開「准 軍政部總務廳交際科(卅)總際字第一零七五號函以為製定調查總表暨分表二種飭照式分別調製于製竣後直接寄送本科以資迅速等由合行抄發原附總分表式樣令仰遵照分別填列逕寄交際科一份呈本署備查一份等因附抄發總分表式樣各一份奉此自應遵辦除將該項總分表函送交際科一份外理合檢同總分表各一份備文呈請

鑒核備查謹呈

署長 俞

附呈調查總表一份分表一份

(全銜)廠長 莊。

0200

（廠全銜）公函　字第　號

案奉

兵工署（卅）工人發文甲字第零二三零五號訓令開「准　軍政部總務廳交際科（卅）總際字第一零七五號函以為製定調查總表暨分表二種飭照式分別調製于製竣後直接寄送本科以資迅速等由合行抄發原附總分表令仰遵照分別填列逕寄交際科一份」等因附抄發總分表式樣各一份奉此自應遵辦相應填送總分表備函送請

查照為荷此致

本部總務廳交際科

附送調查總表一份分表一份

0201

（最機密）

名稱	軍政部兵工署第十工廠							
組織	級職	簡任四級廠長	薦任四級主任秘書	簡任六級工務處長	軍薦二階專員兼代職工福利處長	支薪一〇〇元會計處長	薦任十級土木工程科長	軍薦一階購置科長	兼代統計科長
	姓名	莊權	張家傑	榮泉馨	周克功	郭孝同	蔣蔭松	金槭聲	郭孝同
	別號	巽行	劍豪				千戢		
	籍貫	江蘇武進	江蘇儀徵	江蘇無錫	浙江杭縣	浙江杭縣	江蘇無錫	江蘇武進	同前
	出身	德國撒克遜工業大學機械科畢業	復旦大學商學院會計系畢業	德國柏林工業大學畢業	上海復旦大學實驗中學高中部商科畢業	杭州宗文中學畢業	浙江大學土木工程學系畢業	上海僑光中學高中部商科畢業	同前
	略歷	歷任委員、專員、處長、廠長等職	歷任主任、主任秘書等職	歷任主任委員、處長等職	歷任課長、秘書、專員等職	歷任課長、專員、處長等職	歷任工程師、科長等職	歷任課長、科長等職	同前
	備註								
地點	重慶化龍橋對江忠恕沱								
交通狀況	汽車直達化龍橋紅岩嘴附近本廠專用碼頭後乘本廠自備渡船過江即達本廠								

概況

本廠廠長下分設：(一)辦公廳置主任秘書一員，掌理全廠一切行政事項，其下所屬單位為秘書室、出納課、事務課、成品庫、警衛稽查組、警衛大隊。(二)工務處置處長一員，掌理全廠一切製造事項，其下所屬單位為工程師室、作業課、檢驗課、工政課、材料庫暨十個製造所。(三)職工福利處置處長一員掌理全廠職工各項福利推進及供應分配事項，其下所屬單位為事業課、訓育課、農場、醫院、子弟小學。(四)會計處置處長一員掌理全廠會計事項，其下所屬單位為簿記課、成本計算課、薪工計算課、審計課。(五)土木工程科置科長一員掌理全廠一切土木工程營繕事項。(六)購置科置科長一員掌理全廠物料器材購運事項。(七)統計科置科長一員掌理全廠各項有關統計事項

況

位置要圖

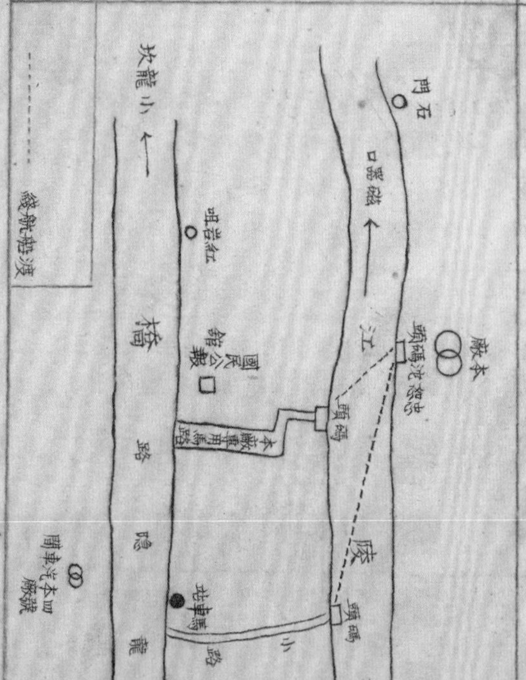

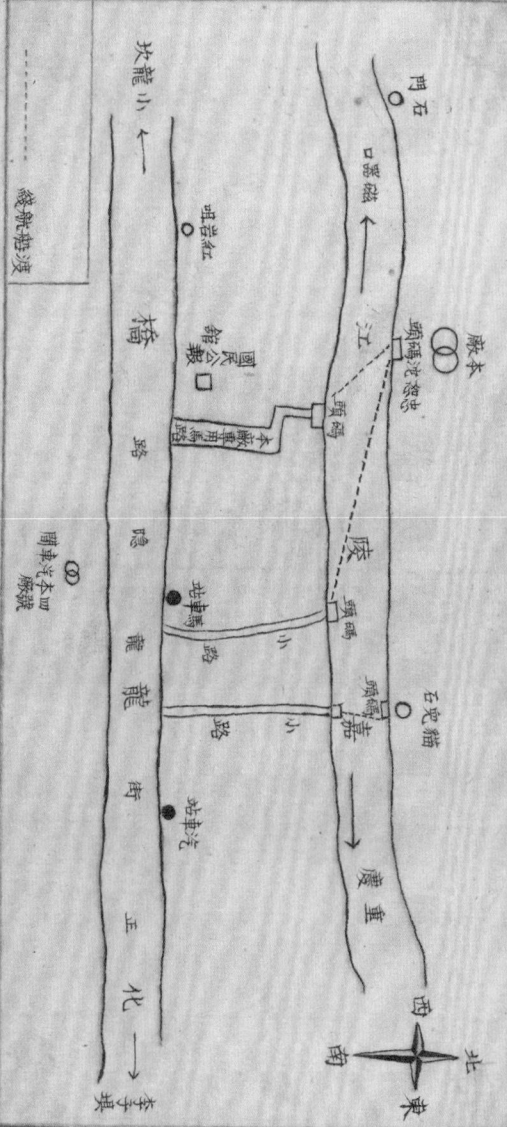

（軍）政機密）

軍政部兵工署所有附屬機關名稱駐地主官詳細表

機關名稱	主官職銜	姓名	電話	所在地詳址及交通狀況	備註
軍政部兵工署第十工廠	簡任四級廠長	莊權	自動電話第二六六六號 兵呼号九五〇三二 長途電話六〇四九	重慶化龍橋對江忠恕沱本廠 汽車直達化龍橋紅岩嘴附近本廠專用碼頭後乘本廠自備渡船過江即達本廠	

兵工署第十工厂一九四五年上半年现职录（一九四五年四月十九日）

0013

軍政部兵工署第十工廠現職錄

三十四年上半年

~~0015~~ 0014

軍政部兵工署第十工廠現職錄軍官佐屬現員額分階分科人數統計表 民國三十四年一月 日調製

科別＼階級＼額內額外人數	上將 內額	上將 外額	中將（簡一）（總監） 內額	中將 外額	少將（簡二）（監） 內額	少將 外額	上校（簡三）（一等正） 內額	上校 外額	中校（荐一）（二等正） 內額	中校 外額	少校（荐二）（三等正） 內額	少校 外額	上尉（委一）（一等佐） 內額	上尉 外額	中尉（委二）（二等佐） 內額	中尉 外額	少尉（委三）（三等佐） 內額	少尉 外額	准尉（委四）（准佐） 內額	准尉 外額	合計 內額	合計 外額
兵科 憲兵																						
步兵							1						5		4		4		2		16	
騎兵																						
砲兵											1										1	
工兵																						
通信兵															1						1	
輜重兵																						
戰車兵																						
行伍																			2		2	
未詳																						
小計							1				1		5		5		4		4		20	
業科 軍需															1						1	
軍醫																						
司藥																						
獸醫																						
測量																						
軍樂																						
文學校																						
軍科 小計															1						1	
軍屬					1		3		20	1	37	1	122	1	117	7	52		1	2	353	12
合計					1		4		20	1	38	1	127	1	123	7	56		5	2	374	12
備考																						

附記

軍政部兵工署第十五廠現職錄

單位區分	現階 編制階	現階	現職稱	官位	姓名	別號	籍貫	生年月日	出身校期科畢業年月日及深造校期	初任職務及歷任各職	任職令字號及年月日	就本職年月日
	簡任六級至四級同少將	簡任四級	廠長		莊權	巽行	江蘇武進	前六、一〇、五、	德國撒克遜工業大學機械科一三、一二、畢業	初任東北兵工廠副技師歷任特派員主任委員科長專員	銓二字第六九七五號 三〇、三、	三〇、三、二、
廠長辦公廳	荐任二級至簡任六級同上校	荐任四級	主任秘書		張家傑	劍豪	江蘇儀徵	前五、八、七、	復旦大學会計系一八、七畢業	初任中東路上海商務所会計員歷任科員主任	銓汞18字第八四七五號 三三、六、一〇、	三三、四、一、
秘書室	荐任五級至二級或同中(上)校	同上校	秘書		盧漢璆	稚文	福建永定	前一五、五、二六、	上海神州法政專門學校法律本科畢業	初任國民革命軍海軍總司令部文書股長歷任科長主任	銓二字第五七六五號 三一、四、一三、	三〇、七、一、
	同右	同中校	〃		羅璋	闡凡	湖南衡陽	前五、九、一〇、	湖南大學政治系一五、六畢業	初任湖南省党部秘書歷任縣長股長教官主任秘書	世總人字第二七三三號 三二、二、五、	三二、五、一、
	荐任六級至四級或同中校	同中校	〃		沈克俊		安徽石埭	前一、二、二、	四川公立法政專門学校政治經済科二〇、一、畢業	初任兵工署重庆煉鋼廠書記歷任科長秘書課長	世總人字第一五五二二號 三二、七、一、	三二、七、一、
	同右	同中校	〃		金之傑	天鈞	江蘇嘉定	前五、九、八、	復旦大学教育系二六、六、畢業	初任建設委員会無綫電管理處課員歷任教員科員股長	世總人字第二五六〇號 三二、二、二、	三一、五、一九、

0017

	荐任六級至四級或同中校	同中校秘書	吴傑	季英	安徽歙縣	前二、七、五	安徽省立第二師範学校畢業	初任蕪湖警查所調查員歷任廠員辦事員股長課長		三三、八、八
	同上(少校)尉	軍荐事務二階員	王錫華		江蘇無錫	民二、二、五	東吳大学経済系二五、七畢業	初任桂林義民組訓委員会秘書歷任幹事教員教官		三三、九、六
	同右	副官								
	同中(上)尉	〃								
文書股	同少(中)校	同中校股長	燕鑄人	慧空	湖北黃陂	前八、四、二	湖北私立法政專门学校畢業	初任前第十軍政治部秘書歷任科長委員教員校長秘書	卅總人字第一七八九八號 三二、七、二六	三三、五、一
	同少校	股員								
	同上尉	譯電員								
	同少(中上)尉	軍委事務二階員	樊介祥		四川江北	民二、四、四	巴縣々立中学肄業	初任上海保权工藝場貨棧保管員歷任組員科員		三三、七、一

	同右	軍委二階	〃		周建宏		四川武勝	民四一〇、六	南充嘉陵中学畢業	初任武勝縣商会書記歷任書記股員	(卌)人精字第一四六五號 三四、一、一九、	三四、一、一九、
	同右	軍委三階	〃		王道		河北北平	民四三、一〇、	北平勵志中學初中部三三、七、畢業	初任本廠事务員	(卅)總人齊字第三三三〇號 三三、四、二五、	三三、四、二五、
	同右	軍委二階	〃		劉澄	濬泉	四川潼南	民五五、六、	潼南縣立中学畢業	初任潼南縣政府户籍員歷任特務長教員	(卅)總人齊字第一四六〇一號 三三、五、二、	三三、五、二、
	同右		〃									
人事股	同少(中)校	同中校	股長		方燕恭		安徽定遠	前五三、三、	上海聖約翰大学文科畢業	初任懷遠縣政府科長歷任局長股員書記課員	(卅)總人字第一四二八四號 三二、六、一九、	三一、四、二、
	同上(少)校)尉	軍荐二階	股員		丁聰	瑩都	江蘇無錫	前一二、八、	北平朝陽大学法科二三、七、畢業	初任北平協和医院社会部幹事歷任院長編審組長	銓(七)字第二一三九三號 三三、一二、二七、	三三、一〇、二四、
	同少(中上)尉	軍委一階	事務員		楊立成	中杰	安徽懷寧	民五三、一〇、	江西省立九江鄉村師範学校普通師範科二五、七、畢業	初任芷江縣政府事务員歷任所長經理員办事員	(卅)總人齊字第三三三一九號 三三、一〇、三、	三三、一〇、三、
	同右	同中尉	〃		祝修華		浙江海寧	民二七、二六、	海寧中山中学一九、七、畢業	初任海寧縣圖書館管理員歷任办事員	(卅)總人字第一八九六六號 三二、八、一四、	三二、八、一四、

0019

檔案股	同少校	軍委一階	股長	胡佩玉	安全	四川重慶	前三、八、一七、	重庆求精中学畢業	初任内江縣糖税局科長歷任办事員股員書記	(卅三)總人斉字第二〇六〇六號 三三、六、二〇、	三三、一、一、
	同上尉	軍委一階	股員	李蔚農	明棣	江蘇灌雲	民二、一二、二、	江蘇省立東海師範学校畢業	初任陸軍第三師砲兵營書記歷任副官書記事務員	(卅三)總人斉字第八八四九號 三三、三、二一、	三三、三、二、
	同少(中)上尉	軍委二階	事務員	林道生	本立	湖南武岡	民二、二、九、	湖南省立第一中学高中部二六、一二、畢業	初任軍政部会計處審核員歷任書記軍需	(卅四)人精字第三五二二號 三四、二、一、	三三、四、二四、
事務課	同少(中)校	軍荐二階	課長	沈問清		浙江崇德	民二、四、六、	海寧中山中学二六、六、畢業	初任崇德第四区署助理員歷任幹事書記課員股長	銓(七)字第一〇四二號 三三、九、一四、	三三、一、一、
	同上(少)校尉		課員								
	同右	軍荐二階	〃	陳凱	雲鶴	湖南衡陽	前六、五、二八、	中華聖公会文華大学預科一四、六、畢業	初任湖南陸軍第四師差遣歷任副官連長主任課員	銓(七)(18)字第五九八五號	三三、六、一四、
	同中(上)尉	軍委二階	〃	吳高祥		四川江津	民六、一二、八、	成都成城中学肄業	初任重庆華中实業公司監工員歷任司書事务員	(卅三)總人斉字第二五九九四號 三三、八、一三、	三三、五、四、
	同右	軍委一階	〃	丁士良		江蘇江陰	前二、一、九、	江陰澄翰中学二六、七、畢業	初任中央軍校印刷所工務員歷任工務員指導員	(卅三)總人斉字第一六五一四號 三三、五、二〇、	三二、一二、五、

	同右	同上尉	〃		劉蔭棠	菊莊	江蘇武進	前二、九、六、	江蘇省立第五中学二〇、七畢業	初任濟南兵工廠廠員歷任司書事務員	卅總人字第二七三二一號 三二、一一、四、	三二、七、二六、
	同少(中)上尉	同上尉	事務員		徐可昭		山東平度	民五、五、三、	青島市立中学二五、一畢業	初任保安第二大隊副官歷任隊長办事員	卅總人字第一四五七九號 三二、六、二三、	三二、三、一〇、
	同右	軍委二階	〃		王繼春		山東滕縣	前五、六、七、	滕縣縣立小学畢業	初任廣西靈川民団司令部司書歷任司書	卅總人斉字第三九一五號 三三、二、一四、	三三、二、一四、
	同右	軍委一階	〃		李隆光		四川成都	民二、二、一四、	國立松潘实用職業校畜牧獸医科畢業	初任四川菸業示範場助理員歷任管理員		三三、一〇、五、
	同右		〃									
出納課	委任六級至一級或同少(中)校	同少校	課長		余悌徵	則凱	江蘇武進	民三、六、八、	江苏省立常州中学二四、八畢業	初任炮兵技術研究處書記歷任股員課員	卅總人字第三五六〇號 三二、二、二、	三二、二、二、
	委任八級至四級或同上(少)校尉	支薪八十元	課員		陳元珠		江蘇武進	民五、一〇、三〇、	重慶大公職業学校中級会計科三三、一畢業		卅總人斉字第三二三一號 三三、一〇、一、	三三、六、八、
	同右	支薪一百元	〃		湯湘		江蘇武進	民六、一、五、	成都正則会計学校二八、二畢業	初任重慶通惠实業工廠会計員歷任会計員課員	卅總人斉字第一〇五二六號 三三、三、三、	三三、三、三、

0021

	委任十級至六級或同中(上)尉	支薪一百二十元	課員	謝哲孫		江西南昌	前二、一〇、四、	江西法政学校法科一〇、七、畢業	初任江西銀行文書文任歷任主任經理	卅三總人斉字第一五二〇號 三三、一、一三、	三二、六、三、
	同右	同中尉	〃	楊福鎰		湖北宜昌	前三、二、六、	武昌高等学堂四、一〇、畢業	初任宜昌財政局办事員歷任事務員	卅三總人字第一〇七三二號 三二、五、六、	三二、五、六、
	同少(中上)尉	同少尉	事務員	李成果	逢福	湖南衡陽	民一〇、六、一七、	國立第三中学高中部肄業	初任本課事務員	卅三總人字第一八九六六號 三二、八、一四、	三二、八、一四、
	同右		〃								
成品庫	同少校	代理軍荐二階	庫長	郭品璋		江蘇鎮江	民三、二、九、	南京金陵大学文学院肄業二年	初任江寧縣公安局書記歷任股員書記課員	銓(七)字第一六四八號 三三、一〇、一四、	三三、一〇、一四、
	同中(上)尉	軍委一階	庫員	李烏全		四川墊江	民二、一、二九、	陸軍第八十八軍々官隊畢業	初任二十一軍第四師三十二團連長歷任教官	卅三總人斉字第二〇六〇六號 三三、六、二〇、	三三、六、二〇、
	同右	軍委一階	〃	孫壽卿		山東濟寧	前一、二、三、	南京成美中学九、二、畢業	初任軍委会顧問事務處書記歷任办事員科員		三三、一二、一、
	同少(中)尉	軍委三階	〃	孫雲山		江蘇寶應	民二、三、七、	南京東方中学肄業二年	初任江南汽車公司技師歷任押運員	卅三總人斉字六一八七號 三三、三、二八、	三三、三、二八、

	同右	軍委三階	〃	楊定祥		四川巴縣	前九、八、二〇、	重慶川東聯立師範学校肄業二年	初任重慶元昌商號管理員歷任司書	卅一總人斉字第四〇二〇號 三三、一二、二〇、	三三、七、一
	同少(中上)尉	軍委二階	事務員	李倫光	允中	湖南長沙	民二、二、五、	湖南私立廣德中学肄業二年	初任湖南鑛業管理處办事員	卅二總人斉字第六八七號 三三、二、二八、	三三、二、二八、
	同右	軍委二階 同少尉	〃	程祖蔭		江蘇無錫	民五、二、〇、	無錫縣立中學肄業 兵工署学兵總隊學生隊畢業	初任兵工署学兵總隊軍械軍士歷任事務員	卅四人精字第三〇〇〇號 三四、一、三一、	三四、一、三一、
警衛稽查組	中(上)校	代理上校	組長	袁祖起	克平	湖北鄂城	前一、一、六、	中央軍校第七期一九、九畢業 中央警官学校高級班一期二六、三、畢業	初任警官訓練班中校中隊長歷任督察員所長主任教官副處長	銓五字第二二七六號 三三、五、二、	三三、五、二、
	少(中)校		副組長								
	少校	同少校	組員	嚴國威	正	浙江杭縣	民三、一、二八、	中央警官学校特警班一期二八、一、畢業	初任上海綠織產業工会常務主席歷任科員組長	卅一總人斉字第二七三一八號 三二、一一、四、	三一、八、八、
	上尉	上尉	〃	姚吟秋		江蘇徐州	民五、三、二、	河南開封建國中学二五、七、畢業	初任軍委会技術研究室技佐歷任科員	卅一總人斉字第三三二九號 三二、一二、一六、	三三、三、二
	同右	上尉	〃	劉亮丞		陝西南鄭	民二、一〇、一〇、	浙江警官学校畢業	初任南鄭鋪鎮小学教務主任歷任幹事科員		三三、八、一四、

0023

上尉	上尉	組員	卞壽震	愚俠	河南汲縣	前五、三、一〇、	河南省立農業学校一三、四畢業 中央警官学校特警班一期二七、一一畢業	初任平漢鉄路警務段損探長歷任隊附隊長	西總人字第二七一八三號 三二、一一、三、	三二、八、一六、
同右	上尉	〃	覃鳳池	靜之	湖北來鳳	民五、四、三、	湖北省立舊制十三中学二六、一二畢業 軍委會特政班第二期三一、五畢業	初任來鳳縣立小学教員歷任隊長服務員科員	西總人斉字第二四九五五號 三三、八、二、	三三、八、二、
同右	上尉	〃	楊樹森	豐山	河北安新	民六、七、二八、	安新縣立初級中学二二、七畢業 軍委會特訓班第三期三〇、四畢業	初任國民革命軍第三路總指揮部手槍旅排附歷任区隊長副官股員	同右	三三、八、二、
中尉	中尉	〃	林毅強	德民	廣東文昌	民五、四、一四、	中央軍校十七期安科三一、八畢業	初任廣東三民主義青年团分隊長		三二、一〇、二三、
同右	少尉	〃	粟翼和	中幹	湖南長沙	民七、四、二九	中央警官学校特訓班三二、一一畢業	初任西南戰地工作人員訓練班管理員歷任股員		三三、一二、一、
同右		〃								
同右		〃								
同右		〃								

0024

	同右		〃									
	同右		〃									
	同右	軍委二階	〃		郭竹青	王安	湖北黄陂	民一二、一〇、	黄陂縣立小学一九、七畢業 憲訓班第五期二四、一〇、畢業	初任陸軍第三師補充团特务長歷任排長事務員	卅總人杳字第二〇六〇六號 三三、六、二〇、	三三、六、二〇、
	同右		〃									
	同右		〃									
	同少尉	同少尉	司書		童有華	鶴	四川涪陵	民六、二、三、	巴縣々立三里職業学校二七、一二、畢業	初任涪陵縣立中心小学教員	卅總人字第一六二二六號 三二、七、七、	三二、一二、二八、
	同右	軍委三階	〃		袁君武	雨濃	湖北武昌	前一、四、三、	武昌中華大学高中部二一、畢業	初任重慶防空司令部司書歷任催征員助理員		三三、九、三、
警衛大隊	少(中)校	少校	大隊長		唐猶龍	幼龍	湖南武岡	前一、一六、	湖南第二聯合中学一九、一二畢業 砲兵学校尉官班三期二五、一二畢業	初任陸軍八三師觀測員歷任連附連長營附教官	卅總人杳字第二三〇三五號 三三、七、八、	三三、一、一、

0025

	上尉	上尉	大隊附		朱幼松	友森	安徽桐城	民七、三、一、	中央軍校二分校十六期步科二八、二、畢業	初任陸軍一四師補充团指導員歷任區隊長中隊長軍械員科員	(卅)總人斉字第三五八四五號 三三、一〇、三一、	三三、四、一、
	中尉	准尉	副官		凌炳春		湖南湘潭	民二、二、五、	湘潭縣立中山初級中学三一、二、畢業	初任湖南株州郵局郵務員		三三、二、二、
	二等軍需佐	二等佐	軍需		張治華	杏全	湖南長沙	民六、二、四、	湖南長郡聯立中学二六、一二、畢業 軍需学校第十三期学員班三三、九、畢業	初任國民革命軍第四路軍幹教總隊司書歷任特務長副官	(卅)總人斉字第一三四七五號 三二、六、二、	三二、六、二、
	同少(中)尉	同中尉	書記		洪根琛	修塏	安徽宿松	民五、一、一三、	安徽省立宿松中学二〇、一二、畢業	初任砲兵技術研究處事务員歷任司書事務員	同右	三二、六、二、
第一中隊	上尉	代理上尉	中隊長		賀文和	祥武	湖北當陽	民五、九、三、	中央軍校十七期步科畢業	初任陸軍第二軍七六師連附歷任區隊長分隊長中隊附	(卅)總人斉字第二九二九二號 三三、九、二、	三三、九、二、
	中尉	中尉	中隊附	步兵少尉	劉志欽		安徽渦陽	民五、二、五、	中央軍校軍訓班十期步科畢業	初任十二補訓處三团排長歷任排長附員分隊長		三三、二、九、
	准尉	准尉	特務長		劉俊卿	成範	四川三台	民七、二、八、	陸軍四五軍々官教育团畢業	初任十二補訓處三团排長		三三、九、一三、
	中尉	中尉	分隊長		王敦惠		河南汲縣	民七、三、九、	中央軍校十七期步科三〇、九、畢業 陸軍特种兵聯合分校工兵科畢業	初任五九軍一八〇師五三九团排長歷任排長助教	(卅)人精字第四三五號 三四、一、一〇、	三三、九、九、

	少尉	少尉	分隊長	戴振亜		湖南慈利	民七、三、六、	中央軍校十八期步科三一、二、	初任陸軍新編五師十三团排長	同右	三三、二、九
	同右	少尉	〃	尚步連	志	江蘇銅山	民二、八、四、	徐州中学初中部二二、一、畢業 陸軍五七師幹部教育班一期二四、一〇、畢業	初任陸軍五七師排長歷任排長副官		三三、二、一〇、
第二中隊	上尉	上尉	中隊長	韓幼成		四川巴縣	民二、七、一〇、	中央軍校十四期步科二七、一二、畢業	初任軍委会別動總隊一大隊二中隊々員歷任排長副官軍械員組員	(卅二)總人斉字第一〇五二六號 三三、三、三一、	三三、三、三、
	中尉	少尉	中隊附	孔慶仁	壽明	浙江永康	民九、四、四、	中央軍校十八期步科三三、二畢業	初任本隊分隊長		三三、二、九、
	准尉	准尉	特務長	曹光軍		四川武勝	民三、三、二、	四川省十一區保安幹部訓練班二二、九、畢業			三三、一〇、一、
	中尉	中尉	分隊長	龔秉鈞	世傑	四川瀘縣	民六、二、九、	中央軍校十八期步科三一、一二、畢業	初任第一補訓處參謀處附員歷任排長	(卅二)總人斉字第三三四九四號 三三、一〇、九、	三三、一〇、九、
	少尉	准尉	〃	張福建		江蘇銅山	前六、一〇、三、	銅山縣立師範学校肄業	初任本隊上士班長歷任副官		三三、二、九、
	同右	少尉	〃	桂雲龍		湖北黃梅	民五、一〇、三、	陸軍四一軍幹訓班三一、六、畢業 軍委会東南幹訓团步科三三、六、畢業	初任萍鄉煤礦局押運員歷任排長	(卅四)人精字第四二五號 三四、一、一〇、	三三、八、一三、

0027

機槍中隊	上（中）尉	中隊長					
	中尉	中隊附					
	准尉	特務長					
	中（少）尉	分隊長					
	少（准）尉	〃					
消防隊	上（中）尉	隊長					
	中（少）尉	隊附					
	中尉中尉	管理員 通信兵少尉	馬兆奎 敦廉	四川簡陽 七三〇	前二中央軍校成都分校二期交通訓練班六九畢業	初任國民革命軍二八軍三師十团排長歷任中隊長附員軍械員	三三、一、九、

工務處	荐任二級至簡任六級	簡任六級	處長		榮泉馨		江蘇無錫	前八、三、五、	德國柏林工業大学畢業	初任上海兵工廠砲彈廠主任歷任教員課長委員主任	銓二字第五七六五號 三一、四、一三、	三〇、七、一、
	同少(中)校	同少校	處員		胡良濟	文寅	浙江杭縣	前四、一一、	浙江之江大学文学院肄業	初任考試院書記官歷任科員股員	卅總人字第一四九六四號 三二、六、二六、	三二、六、二六、
	同少(中上)尉	同中尉	事務員		邱世昌	代榮	四川大足	前七、二、九、	大足縣立舊制師範学校肄業	初任大足縣团務办事處書記歷任調查員所員司書	卅總人字第二三一五〇號 三二、一〇、五、	三二、一〇、五、
	同右	軍委二階	〃		徐清塵		江蘇武進	民一〇、七、三〇、	國立第二中学三一、一、畢業	初任本處事务員	卅總人斉字第六九一號 三三、二、二七、	三三、二、二七、
工程師室	荐任三級至簡任六級	荐任二級	總工程師		陳心元	寶善	山東惠民	前九、四、八、	同济大学電工机械系一九、九、畢業	初任啟新洋灰公司修机廠幫工程師歷任技術員所長		三四、一、一、
	荐任四級至一級	荐任一級	工程師		蔡其恕		江蘇青浦	前八、三、三、	同济大学電工机械系一四、六、畢業	初任同济大学机師科教員歷任主任教員技術員所長	銓柒(18)字第八四七五號 三三、六、一〇、	三三、四、一、
	同右		〃									
	荐任六級至二級	荐任二級	〃		陳喜棠		廣東梅縣	前四、七、八、	德國勃浪斯威高工大学机械科二三、三、畢業	初任兵工署兵工研究委員會助理委員歷任技術員工程師所長	銓柒(18)字第八四七五號 三三、六、一〇、	三三、四、一、

荐任六級至三級	荐任二級	工程師	揚書仇		廣西陸川	前二二、九、	德國柏林工業大学机械科二五、四畢業	初任廣東第二兵工廠工程師歷任工程師主任	銓(乙)字第一九三一六號 三三、一、二四、	三三、一、二四、
委任一級至荐任三級	荐任四級	〃	孟繼炎	漢丞	山東長清	前四、一、二、	同濟大学電机机械系二〇、一〇畢業	初任上海求新造船廠機器部工程師歷任工程師助教技術員課長	銓䇿(18)字第八四七五號 三三、六、一〇、	三三、四、一、
同右		〃								
同右	荐任十級	〃	張庭桂		江蘇金山	民一、八、六、	同濟大学机械系二五、七畢業	初任陸地測量總局飛機修理所所長歷任技術員工程師	銓(乙)字第一六八三八號 三三、一〇、一六、	三三、三、二、
委任三級至荐任六級	荐任十級	技術員	陳志暄	鳳超	安徽廬江	前七、二、二五、	安徽省立第一工業学校一三、六、畢業	初任上海兵工廠練習生歷任廠員服務員科員軍長	銓(乙)字第一一〇三號 三三、八、二八、	三三、八、二八、
同右		〃								
同右	委任二級	〃	張善	善哉	浙江嘉善	民三、三、二六、	同濟大学机械系二八、八畢業	初任民生公司機器廠技術員歷任工程師	(卌)人精字第二六七五號 三四、一、二五、	三三、一〇、二、
委任八級至四級	委任三級	〃	陳俊明		江蘇上海	前六、二、二〇、	上海浴水測繪学校畢業	初任上海亞諾爾工程事務所繪圖員歷任工务員技術員課員	(卅)總人字第一八六一五號 三二、八、六、	三二、八、六、

0030

	同右	委任五級	〃		李國璋	滄涛	廣東五華	民六、二、六、	廣州市立第三職業学校電氣工程科二六、七、畢業	初任廣州協同和機器廠助理員歷任機務員技術員	卅總人斉字第一九九九八號 三三、六、一、	三三、六、一、
	同右	委任十一級	〃		田嘉璧		雲南雲龍	民一三、二、六、	同済大学附設高職机械科三三、一、畢業		卅總人斉字第一六五一四號 三三、五、二〇、	三三、一、三〇、
	委任十一級至五級	委任五級	〃		張明奐		湖北江陵	民六、七、二	廣西大學机械系三一、六、畢業	初任航空委員会第二飛机製造廠股員歷任技士	卅總人斉字第二四五〇六號 三三、七、二、	三三、七、二、
	同右	委任五級	〃		蕭晋		四川宣漢	民八、四、一〇、	重慶高級工業職業学校二七、一二、畢業	初任中國机器鑄造廠絵圖員歷任管理員技術員	同右	三三、七、二、
	同右	委任十一級	〃		曹启勁		浙江寧波	民八、七、八、	同済大学附設高職机械科三三、七、畢業		卅總人斉字第四〇五六四號 三三、二、三〇、	三三、八、一四、
	同少(中上)尉	軍委事務二階員			卜慶成		江蘇武進	民七、九、二四、	武進私立正衡中學二〇、七、畢業	初任中華書局香港印刷廠事務員	卅總人斉字第一三二六八號 三三、四、二七、	三三、四、二七、
	同右	同中尉	〃		陶維筌		四川雲陽	民九、七、二九、	雲陽縣立初級中學三〇、六、畢業	初任雲陽縣立中心小學教員	卅總人字第三〇六八三號 三二、一二、三、	三二、一二、三、
作業課	委任一級至荐任三級	委任三級	課長		葉昭浩	木澄	浙江鄞縣	民七、四、六、	同済大学附設高職機械科二六、六、畢業	初任砲兵技術研究處技術員歷任技術員所長	卅總人斉字第二九三五一號 三三、九、一三、	三三、九、一三、

0031

委任四級至荐任六級	委任一級	技術員	吴庭亨	江蘇武進	前七、三、九	上海東華大学机械系一六、六畢業	初任武進縣立女子職業学校教員歷任技術員工程員助理工程師	(卅)總人字第一六一一六號三二、七、七	三二、七、七
委任八級至四級	委任八級	〃	徐為康	浙江鄞縣	民九、一、一六	同濟大学机械系三三、七畢業		(卅)總人審字第三九三七五號三三、一一、二八	三三、七、一五
同右	委任七級	〃	鍾恩龍	廣東五華	民四、三、二六	同濟大學机電系三二、七畢業	初任本廠技術員	(卅)總人審字第一三二六八號三三、四、二七	三三、四、二七
同右	委任六級	〃	周載潢	浙江吴興	民七、三、四	上海大同大學電机系三一、六畢業	同右	(卅)總人審字第二九三五一號三三、九、一三	三三、九、一三
同右	委任六級	〃	閻梓亭	河北青縣	民二、四、二〇	安慶高級工業職業学校机械科二六、六畢業	初任南京百水橋研究所導工歷任技師技術員	(卅)總人審字第三五〇三四號三三、一〇、一八	三三、一〇、一八
委任十一級至四級	委任六級	〃	傅元慶	江蘇武進	民六、一〇、一〇	西北工学院礦冶工程系三一、七畢業	初任鋼鉄廠遷建委員会技術員	(卅)總人審字第二三三三七號三三、七、四	三三、二、一八
同右	委任七級	〃	金性初	浙江溫嶺	民三、一、	同濟大學附設高職机械科三〇、七、畢業	初任中央机器廠工務員歷任技術員	(卅)總人審字第三一九七八號三三、九、二七	三三、三、二六
同右	委任八級	〃	莊雙瑞	江蘇武進	民九、一〇、二五	重慶大學化學系畢業		(卅)總人審字第三五八六九號三三、一〇、三一	三三、九、一九

	同右	委任九級	〃		陳權		江蘇武進	民五、七、二、	江蘇常州中學机械科肄業二年	初任湖北省政府電机修理所技佐歷任技術員	(世)總人齊字第二九二九二號 三三、九、一、	三三、九、一、
	同(少中上)尉	同上尉	事務員		孟荣鉅		江蘇江寧	民三、一、三、	江寧師範学校畢業	初任江寧縣邁皋橋小学校長歷任教員主事員主任	(世)總人字第一五八四〇號 三二、七、五、	三三、二、二、
	同右	軍委三階	〃		高啟良		江蘇嘉定	民七、三、三、	嘉定苏民職業学校二六、七、畢業	初任上海保权工藝廠主事員歷任書記	(世)總人齊字第二〇九九八號 三三、六、二六、	三二、一一、一、
	同右	同少尉	〃		張鄧遠		安徽合肥	民二、五、二、	安徽正誼中学肄業二年半	初任江苏青口益務局事務員歷任書記特務長	(世)總人字第六二五七號 三一、四、一二、	三〇、一〇、二七、
	同右	同上尉	〃		宋銘三		雲南晉寧	前一、四、九、	江西大同中学畢業	初任陸軍砲兵學校書記歷任股員課員	(世)總人字第六二五七號 三一、四、一二、	三〇、一一、三、
檢驗課	委任一級至荐任三級	荐任三級	課長		林清許		廣東蕉嶺	前二、二、一六、	日本東京帝國大学机械科一六、三、畢業 德國柏林大学文科一九、八、畢業	初任前第一集团軍空軍司令部技士歷任科長工程師處長	銓宗(18)字第八四七五號 三三、六、一〇、	三三、四、一、
	委任六級至二級	委任三級	技術員		丁原松	雲濤	山東日照	民四、八、一四、	同濟大学机械系三〇、一畢業	初任辰谿華中水泥廠技師	(卌)人精字第三七八號 三四、一、一六、	三三、一〇、三、
	同右	委任四級	〃		吳人杰	正學	湖北漢陽	民一、一三、四、	湖北省立高級工業職業学校机械科畢業	初任平漢鉄路鄭州机務修理廠实習生歷任工務員	(世)總人齊字第二〇六八三號 三三、六、二一、	三三、六、二一、

0033

委任六級至二級	委任四級	技術員	尹家驄	楚珊	山西盂縣	民五、一二、八、	中山大學机械系肄業一年	初任兵工署廿一廠技術員歷任技術員工程師	卅人精字第五八四八號 三四、三、七、	三三、一二、二六、
同右	委任三級	〃	戴樹智		江蘇吳縣	民六、二、二、	同濟大学机械系畢業	初任軍政部汽油廠工務員歷任工務員	卅總人齊字第三五〇三四號 三三、一〇、一八、	三三、一〇、一八、
同右	委任三級	〃	包其家		江蘇崑山	民七、九、二六、	同濟大学附設高戰机械科二八、畢業	初任重慶恒順机器廠机務員歷任工務員技士	同右	三三、一〇、一八、
同右	委任八級	〃	柴宏業	式寬	浙江紹興	民九、八、一六、	同濟大学机械系三三、七、畢業		卅總人齊字第三九三七五號 三三、一一、二八、	三三、七、一七、
委任十一級至四級	委任三級	〃	余炳儒		浙江杭縣	前六、五、一五、	上海梵皇渡公學机械科肄業二年半	初任金陵兵工廠技術員歷任技術員課員	卅總人齊字第一九九九八號 三三、六、二一、	三三、六、二一、
同右	委任三級	〃	林德經	志展	福建閩侯	前二、一、八、	福州電氣公司藝術傳習所一五、一二、畢業	初任上海江南造船所管理員歷任助理員代組長技術員	卅總人齊字第一三二六八號 三三、四、二七、	三三、四、二七、
同右	委任七級	〃	南登岐		江蘇江都	民八、五、六、	同濟大学机械系三一、六、畢業	初任本處技術員	卅總人齊字第一九九一〇號 三三、六、一〇、	三三、六、一〇、
同右	委任五級	〃	馬天文		河北河間	民二、八、三、	河北省立高級工業学校二二、七、畢業	初任太原兵工廠技術員歷任技術員	卅人精字第一五五六一號 三四、二、二七、	三三、一二、一三、

0034

34

	同右	委任十一級	〃		譚承權	執中	四川萬縣	民一〇、九、三一、	重慶高級工業戰業学校机械科三三、六、畢業	初任重慶高工校机工廠管理員	卅總人齊字第三三二三二號 三三、一〇、一、	三三、六、二六、
	同右	委任十一級	〃		倪華堂		南京市	民八、八、八、	同济大學附設高戰机械科三三、七、畢業		卅總人齊字第三五八四五號 三三、一〇、三一、	三三、七、一三、
	同以中上尉	軍委二階	事務員		申屠華	之奕	浙江東陽	民二、一、一六、	東陽中学一九、五、畢業	初任東陽鄉村初級小學教員歷任副官幹事	同右	三三、六、五、
	同右	軍委二階	〃		譚隆文	銀川	四川巴縣	民一〇、九、二九、	太原友仁中學高中部肄業二年	初任本處事務員	卅總人齊字第一九五五二號 三三、六、八、	三三、六、八、
	同右	同中尉	〃		潘蘭清		江蘇吳縣	民三、九、二〇、	安慶女子師範學校肄業一年	初任本廠子弟小學事務員	卅總人齊字第九一號 三二、一、四、	三二、一、四、
	同右	軍委二階	〃		管連希		浙江嘉興	前四、九、八、	浙江甲種農業学校一七、六、畢業	初任後勤部第三十一軍械庫々員歷任庫員事務員	卅總人齊字第三二八六號 三三、四、二七、	三三、三、一、
工政課	委任一級至薦任三級或同中校	軍薦二階	課長		潘鴻	一鳴	浙江平湖	前三、一〇、八、	南京海軍電雷学校五、七、畢業	初任護法艦隊飛鷹軍艦实習生歷任副電官正電官主任課員	銓柒(18)字第六三八七號 三三、六、一五、	三三、六、一五、
	委任六級至一級或同以校		課員									

0035

	委任六級至一級或同少校	同上尉	課員	李子範		浙江定海	民二、二、七、	上海民立中學肄業	初任上海元順轉運公司事務員歷任办事員庫員	卅總人字第一四九○號 三一、一、三一、	三○、七、一、
	委任八級至三級或同上尉	同上尉	〃	宋萬山		江蘇淮陰	前七、五、一、	江蘇省立第六中學畢業	初任湖北建設廳航政處管理員歷任事務員办事員課員	卅總人字第二九七○三號 三一、一二、二三、	三一、一二、二三、
	同右	同中尉	〃	趙亜萍		山東肥城	民一○、九、八、	國立第一中學二九、一二、畢業	初任本課事務員	卅總人啻字第二七四四號 三二、五、一九、	三二、五、一九、
	同右	同上尉	〃	高啟智		江蘇嘉定	民四、二、八、	上海三育中學二三、七、畢業	初任上海保权工藝廠々務主任歷任顧问主任	卅總人字第二三一四七號 三一、一○、一四、	三一、一○、一四、
	同右	支薪一百三十元	〃	陳志伊		安徽盧江	民三、八、二、	中央警官學校正科第三期二七、八、畢業	初任自貢市防空指揮部警备總隊分隊長歷任科員股長教官主任	卅總人字第二八七七四號 三一、一二、二、	三一、一二、二、
	委任十級至五級或同中(上)尉	支薪一百二十元	〃	劉佩帉		湖南桂陽	民七、三、一四、	中央大學法律學系三一、八、畢業	初任司法行政部人事司科員	卅總人吝字第二五九二一號 三三、八、二、	三三、五、八、
	同右	支薪一百二十元	〃	盧立英	福成	浙江吳興	民七、四、一五、	全國民營電業聯合會電業學校二六、七、畢業	初任華生電器廠工程員歷任工務員管理員		三三、二、四、
	同少(中上)尉	同中尉	事務員	曾維舉	希賢	江蘇江寧	民一、三、二○、	南京鍾英中學畢業	初任安徽長淮水上公安局司書歷任司書事務員	卅總人字第九四○五號 三二、四、二○、	三二、四、二○、

	同右	同中尉	〃	宋毓麟		河北南宮	民五、六、六、	南宮縣立初級中學畢業陸軍一一三師軍士連畢業	初任陸軍一一三師六三九团特務長歷任副官	卅總人字第一九六八九號 三二、八、三〇、	三二、八、三〇、
	同右	軍委二階	〃	李繼民		四川廣漢	前二 二、二〇、	廣漢元覚寺小学畢業	初任四川瀘縣税捐局办事員歷任查緝員錄事	卅人精字第一三五五號 三四、二、一八、	三四、二、一八、
	同右	軍委二階	〃	李永祥	中健	江蘇如皋	民六、五、五、	南京五卅中學高中部二三、畢業	初任經濟部採金局出納員歷任庶務事務員		三三、一二、二六、
材料庫	委任五級至一級或同少(中)校		庫長								
	委任八級至五級或同上尉	委任七級	庫員	方和昌		浙江蘭谿	民七、三、三、	同済大学附設高職机械科三〇、一、畢業	初任兵工署第廿工廠技術員歷任工務員	卅總人斉字第四一〇一四號 三三、一二、二〇、	三三、一〇、二、
	同右	同中尉	〃	賀家熾		安徽滁縣	民七、九、九、	國立第九中學高中分校畢業	初任安徽全椒縣政府科員歷任助理員庫員	卅總人字第一九一三號 三二、一、二、	三二、一、二、
	同右	同中尉	〃	何仲良		江蘇吳縣	民四、二、四、	吳縣々立中學二三、七、畢業	初任重慶復興鉄工廠材料收發員歷任助理員事務員	卅總人字第三二二〇四號 三二、一二、二六、	三二、七、二〇、
	同右	軍委一階	〃	潘克昌		安徽全椒	民一〇、五、六、	教育部特設第一中山班高中部二九、七、畢業	初任重慶明豐公司會計員歷任庫員	卅總人斉字第一〇五二六號 三三、三、三一、	三三、三、三一、

0037

委任十一級至七級或同中(上)尉	軍委一階	庫員	胡文彬		上海市	民九、四九、	上海上公中學二七、八畢業	初任香港日報館事務員歷任庫員	(卅二)總人斉字第二九〇八三號 三三、九、七、	三三、九、七、
	同右	軍委一階	〃	孫庠大		江蘇武進	民二、九、二〇、	無錫綱南中学初中部二六、七畢業	初任中央大學事務員歷任庫員	(卅二)總人斉字第一〇五二六號 三三、三、三一、	三三、三、三一、
	同右	委任十一級	〃	楊駐恩		雲南劍川	民二、一〇、八、	同济大學附設高職机械科三三、一畢業		(卅二)總人斉字第一六五二四號 三三、五、二〇、	三三、一、三〇、
	同右		〃								
	同少(中上)尉	同中尉	事務員	李紹德		河南济源	民一〇、一、六、	河南省立聯中畢業	初任本庫事務員	(卅)總人字第三〇八九四號 三二、一二、九、	三二、一二、九、
	同右	同上尉	〃	陳潛		浙江臨海	民五、七、八、	臨海私立東山中学二六、畢業	初任宜昌関監督署办事員歷任司事庫員	(卅)總人字第四二一六號 三一、三、一八、	三一、一、一、
第一所	荐任六級至二級	荐任五級	所長	金子澄		江蘇無錫	前七、四九、	同济大學机師科一五、七畢業	初任交通兵第一团技士歷任技士主任股長	銓敘(18)字第一〇八七三號 三三、七、一九、	三三、七、一九、
	委任六級至一級	委任一級	技術員	闞汝文	献之	浙江蘭谿	民二、一、一、	同济大学附設高職机械科二六、七畢業陸軍机械化学校二七、七畢業	初任軍委会西南運輸處技士歷任教官工程師	(卅二)總人斉字第一〇六二九號 三三、四、四、	三三、四、四、

0038

	委任八級至三級	委任六級	技術員		王學琛	乃拖	江蘇宿遷	民三、七、三〇、	湖北省立武昌高級職業學校机械科二五、七、畢業	初任重慶人和製鉄公司製圖員歷任技術員	卅總人斉字第四一〇二一號 三三、一三、二、	三三、一三、二、
	同少(中)上尉	同少尉	事務員		郭壐		河北安國	民五、四五、	河北正定中學高中部肄業二年	初任河北民軍總指揮部書記歷任司書	卅總人字第三〇八一四號 三二、一二、七、	三二、七、一九、
	同右	軍委二階	〃		張裕驥		安徽蕪湖	民一、五、五、	安徽省立蕪湖高級職業學校商科二四、六畢業	初任交通部遷建區運輸办事處站員歷任服務員办事員	卅總人斉字第二〇六八三號 三三、六、二一、	三三、四、二四、
	同右	軍委三階	〃		楊昌廷		四川銅梁	民一〇、七、五、	銅梁縣立初級中學二五、七、畢業	初任銅梁太平鄉中心小學校長	卅總人斉字第二三三五九號 三三、四、二〇、	三二、一二、二六、
第二所	荐任六級至二級	委任一級	所長		王鉄信		浙江黃岩	民五、三、九、	兵工專门學校二六、二、畢業	初任砲兵技術研究處服務員歷任技術員	卅總人斉字第三九一五號 三三、二、一四、	三三、二、一四、
	委任六級至一級	委任二級	技術員		王栩東		四川南充	民二、五、一、	同済大學机械電工系二八、九、畢業	初任兵工署廿工廠技術員歷任技術員	卅總人斉字第三二六七五號 三三、九、二四、	三三、五、一五、
	同右	委任十級	〃		鄧清劭		四川自貢	民九、二、三、	國立中央工業職業學校机械科三二、七、畢業	初任本所技術員	卅總人斉字第一九九九八號 三三、六、一二、	三三、六、一二、
	委任八級至三級	委任八級	〃		王聲達		四川巴縣	民六、一、一、	重慶大公職業学校机械科三〇、六、畢業	初任兵工署廿八工廠技術員	卅總人斉字第二〇九九八號 三三、六、二六、	三三、一三、二六、

0039

同少中上尉	軍委一階事務員	陳明 少秋	浙江鎮海	前一八、六、	上海明強中學一六、一二、畢業	初任上海大通航業公司會計員歷任会計員事務員	(廿二)總人斉字第六〇九一號	三三、二、二七、
同右同中尉	〃	岳仲賢 秋潭	四川成都	民三、一〇、六、	四川成公高級中学二〇、五、畢業	初任廿一軍边防三路司令部教官歷任站員主任處員	(廿三)總人字第一九六八九號	三三、八、三〇、
同右同中尉	〃	王功恕 純寬	湖南臨武	民一〇、四、八、	湖南臨藍嘉聯立鄉村師範学校二三、七、畢業	初任湖南臨武縣立第九小學教員歷任訓育員事務員	(廿三)總人字第二七四四號	三二、五、一九、	三二、五、一九、
第三所 荐任六級至二級	所長							
委任六級至一級	委任一級技術員	李継遜 日新	湖南武岡	民一、四、二〇、	湖南大學電机工程科畢業	初任永利錘廠技術員歷任技術員課員	(廿三)總人斉字第一〇五二六號	三三、三、三一、
委任八級至三級	委任六級〃	張奉源	浙江鄞縣	民五、七、二〇、	上海大公職業学校机械科二九、六、畢業	初任中國汽車製造公司机務員歷任技術員	(廿三)總人斉字第三五八四五號	三三、一〇、三一、
同少中上尉	軍委一階事務員	袁子臣 培奎	四川江北	前五、一〇、一〇、	江北縣保長訓練所二六、二、畢業	初任江北縣上忠信団徵收員歷任保長司書	(卅四)人精字第二六三三號	三四、一、二四
同右	軍委一階〃	丁継樺	江西九江	前三、五、五、	九江縣立師範学校八、一二、畢業	初任國營招商局九江分局办事員歷任徵收員办事員	(廿三)總人斉字第三九一五號	三三、二、一四、

0040

同右	軍委一階	〃	高字庭		四川成都	民四、一、三、	湖北啟黄中學高中部二四、一二畢業	初任軍政部城塞局司書歷任司書事務員	卅總人斉字第一六五一四號 三三、五、二〇、	三三、五、二〇、
第四所 荐任六級至二級	荐任十級	所長	呂則仁		浙江東陽	民三、三、五、	兵工專门学校造兵科二四、八、畢業	初任兵工署服務員歷任技術員課員	卅總人字第一八九二二號 三二、八、一三、	三三、八、三、
委任六級至一級	委任七級	技術員	曹錫祥		上海市	前九、九、一、	浙江甲種工業学校肄業一年半	初任本廠額外技術員	卅總人斉字第二〇六〇六號 三三、六、二〇、	三三、六、二〇、
同右	委任六級	〃	伍駿	友正	湖南長沙	民六、八、一五、	兵工學校第三期軍械技術科三〇、八畢業	初任兵工署技術司附員歷任技術員	卅總人斉字第二九二九二號 三三、九、一、	三三、九、一、
委任八級至三級	委任七級	〃	張元敏		江西弋陽	民六、一、二、	同济大学机械系三一、七畢業	初任本所技術員	卅總人斉字第一九九九八號 三三、六、一、	三三、六、一、
同少中上尉	軍委一階	事務員	陳星若		廣東南海	民九、一、二七、	廣州教忠中學二七、六畢業	初任廣東北江航務管理所事務員歷任科員办事員	卅總人斉字第二二〇三〇號 三三、六、二七、	三三、六、二七、
同右	軍委三階	〃	蔡儀		湖北黄陂	民四、四、二一、	湖北省立高級工業職業學校化學科三三、一畢業		卅總人斉字第四一〇一四號 三三、一二、二〇、	三三、九、七、
同右	軍委一階	〃	戴凱		湖北漢陽	民六、二、七、	湖北省立高級中學肄業	初任重慶世界化学公司技師	卅總人斉字第二四五〇六號 三三、七、二二、	三三、七、二二、

0041

第五所	荐任六級至三級	荐任十級	所長	何戊德		河北束鹿	民一、六、八、	兵工專门学校第二期火藥科二三、七畢業	初任軍政部金陵軍械庫服務員歷任技術員	(卅)總人字第一八九二二號 三二、八、一三、	三二、八、一三、
	委任六級至一級	委任二級	技術員	李永仁		江蘇無錫	民五、二、二七、	光華大學化學系畢業	初任輔仁中学教員歷任技術員	(卅)總人斉字第一三三六八號 三三、四、二七、	三三、四、二七、
	同右	委任四級	〃	駱思誥		安徽廣德	民二、八、九、	同濟大学附設高職机械科二八、七畢業	初任重慶合作五金製造公司技師歷任股員技士	(卅)總人斉字第三三四九三號 三三、一〇、九、	三三、六、二〇、
	同少（中上）尉	同中尉	事務員	李度斌		湖南衡陽	民八、三、七、	衡陽縣立大同中學初中部肄業	初任湖南保安第十二團書記歷任書記事務員	(卅)總人字第三〇八九四號 三二、一二、九、	三二、一二、九、
	同右	軍委二階	〃	胡燕	安煦	浙江鎮海	民八、二、一、	交通大學肄業二年	初任衡陽大生机器廠工務員		三三、一〇、二七、
第六所	荐任六級至三級	荐任十級	所長	張世權		江蘇高郵	民四、一、三〇、	兵工學校第四期應用化学科畢業	初任兵工署製造司服務員歷任技術員	銓(七)字第一三四〇號 三三、九、一六、	三三、九、一六、
	委任六級至一級	委任八級	技術員	謝耀宗		江蘇武進	民八、五、二六、	國立西北工学院机械系三三、六畢業	初任國防工業設計委員会技訓處心理測驗員	(卅)總人斉字第一四六〇一號 三三、五、二、	三三、一二、二九、
	同右	委任九級	〃	楊星奎		湖南湘鄉	前八、二、七、	長沙楚怡工業学校肄業	初任漢陽兵工廠領工歷任工務員	(卅)總人斉字第二〇五六〇號 三三、六、二〇、	三三、六、二〇、

	同少（中）上尉	軍委三階	事務員	胡子孝		湖北鄂城	民七、二、九、	湖北省立第九初級中學畢業	初任第一戰區幹訓團政治部司書歷任科員副官		三三、一、三、
	同右	同少尉	〃	韓文法		河南孟津	前一〇、三、二〇、	孟津縣立中学肄業	初任河南建設所助理員歷任教員僱員	卅總人字第一六〇九九號 三二、七、七、	三三、四、一、
第七所	薦任六級至二級	薦任九級	所長	鄒昱	昱甫	察哈爾蔚縣	前一、一〇、二〇、	兵工学校第二期製葯科二三、七、畢業	初任兵工学校助教歷任教官管理員技術員	銓崇(18)字第一〇八七三號 三三、七、一九、	三三、七、一九、
	委任六級至一級	委任四級	技術員	陳樹凱	希哲	上海市	民六、八、二、	兵工学校第五期應用化学系畢業	初任本處第二所技術員	卅總人字第一三二六八號 三三、四、二七、	三三、四、二七、
	同右	委任三級	〃	俞伯銘	長青	安徽懷寧	民一、九、六、	安慶高級工業学校机械科畢業	初任安慶高級工業職業学校机械工廠管理員歷任材料員技術員	卅總人脊字第二四五〇六號 三三、七、二二、	三三、七、二三、
	委任八級至三級		〃	來元敬							
	同右	委任六級	〃	陳光祖		湖南長沙	民八、二、八、	兵工學校軍械技術科畢業	初任本所技術員	卅總人脊字第一三二六八號 三三、四、二七、	三三、四、二七、
	同少（中）上尉	軍委三階	事務員	李傳賢		湖南醴陵	民七、三、二七、	湖南私立湘東中学初中部二九、七、畢業	初任重慶潘力生会計師事務所事務員	卅總人脊字第二〇六〇六號 三三、六、二〇、	三三、六、二〇、

0043

	同少（中上尉	同少尉	事務員		劉飛麟		安徽寧國	民八、一、四、	安徽省立女子職業学校高中部畢業	初任寧國縣立第二小学教員歷任办事員	卅總人[illegible]字第一五八四〇號 三二、七、五	三二、三、二、
	同右	單委二階	〃		高啟然		江蘇嘉定	民八、四、三、	私立崇敬中学二八、七、畢業	初任廣安中心小學教員		三三、一、二九、
第八所	荐任六級至二級	委任三級	所長		朱宝鈺		江蘇吳縣	民七、九、二六、	同濟大学机械系二九、七、畢業	初任砲兵技術研究處技術員歷任技術員	卅總人斉字第二二五三號 三三、七、三、	三三、七、三、
	委任六級至一級	委任六級	技術員		程月初	伯恒	浙江東陽	民七、一〇、一、	浙江大学机械系三二、六、畢業	初任浙江大学机械系助教	卅總人斉字第三三四八四號 三三、一〇、九、	三三、七、二四、
	同右	委任七級	〃		張鴻祥		江蘇無錫	前二、四、二、	無錫工商中学机械科肄一年	初任本廠額外技術員	卅總人斉字第二〇六〇六號 三三、六、二〇、	三三、六、二〇、
	同右	委任七級	〃		萬定國		江西豐城	民六、九、七、	交通大学机械系三二、八、畢業	初任本所技術員	卅總人斉字第一九九一〇號 三三、六、一〇、	三三、六、一〇、
	同右	委任八級	〃		翟象頤		廣東東莞	民九、三、二、	同濟大學机械系三三、七、畢業		卅總人斉字第三九三七五號 三三、一一、二八、	三三、一一、二八、
	同右	委任十一級	〃		柴里耕		浙江鎮海	民一三、二、一、	同濟大学附設高職机械科三三、七、畢業		卅總人斉字第三五八四五號 三三、一〇、三一、	三三、七、一五、

(十)	委任八級至二級	委任四級	技術員	沈培孫	浙江嘉興	民七、三、二〇、	同濟大学机械系畢業(三〇、一)	初任本處第三所技術員	卅總人del字第三二六八號三三、四、二七、	三三、四、二七、
	同右	委任六級	〃	賀聖懷	浙江鎮海	民七、八、六、	上海大公戦業學校高級机械科二九、六、畢業	初任上海電氣服務社技術員歷任工務員	卅總人斉字第二三三七號三三、七、四、	三三、四、五、
	同右	委任十一級	〃	邵國宣	雲南會澤	民三、六、一四、	同濟大学附設高戦机械科三三、七、畢業		卅總人斉字第三五八五二號三三、一〇、三一、	三三、七、二五、
	同右	委任八級	〃	方岳	四川廣安	民八、四、四、	同濟大学附設高戦機械科畢業	初任中央電工器材廠助理員歷任工務員技術員	卅總人斉字第二四五〇六號三三、七、二二、	三三、七、二三、
	同右	委任十一級	〃	黄普光	福建閩清	民三、八、九、	同濟大学附設高戦机械科三三、七、畢業		卅總人斉字第三三四九四號三三、一〇、九、	三三、七、一五、
	同以中上尉	同中尉	事務員	鄒勉之	廣東惠來	民一〇、三、七、	廣東々江臨時中學高中部畢業	初任本所事務員	卅總人字第二三一五〇號三二、一〇、五、	三二、一〇、五、
	同右	同以尉	〃	何雙林	浙江嘉興	民二、二、五、	嘉興縣立中学畢業	初任重慶合衆工程公司事務員	卅總人字第一六〇九九號三二、七、七、	三二、四、一、
	同右	軍委二階	〃	伍子礽	廣東新會	民二、二、二、	新会縣立師範学校二七、六、畢業南洋華僑学校英文專科肄業一年	初任南洋文冬、加叻埠鴻發公司會計員歷任練習生	卅總人斉字第六〇九一號三三、二、二七、	三三、二、二七、

0045

	同少(中)上尉	軍委三階	事務員	丁建		湖南衡陽	民七、一、四、	九江私立光華中學高中部肄業一年半	初任陸軍輜重兵獨立汽車第五团器材管理員	(卅三)總人斉字第六四四六號 三三、三、四、	三三、八、二〇、
	同右	軍委三階	〃	朱品鴻		浙江安吉	民六、五、二、	浙江孝豐縣立初級中學肄業	初任軍政部十二補訓處軍需歷任事務員		三三、八、一七、
	同右	同中尉	〃	梅慕周		湖北武昌	民五、二、一五、	湖北應城阜立中学二一、二、畢業	初任湖北應城縣政府会計員歷任軍需	(卅三)總人字第二三一五〇號 三二、一〇、五、	三二、一〇、五、
	同右	同中尉	〃	王丕欽		四川南充	民八、九、二六、	南充高級職業学校二八、一二、畢業	初任中國机器鑄造廠物料管理員	(卅三)總人字第二一七四四號 三二、五、一九、	三二、五、一九、
	同右	同中尉	〃	董維		四川儀隴	民五、七、二、	儀隴縣立中學二三、五、畢業	初任儀隴縣政府收發員歷任錄事特務長副官	同右	三二、五、一九、
第九所	荐任六級至三級	委任二級	所長	姚錦松		江蘇松江	前二、八、一五、	上海中華職業学校土木科畢業(二一、七、)	初任無錫实業学校技師歷任經理技術員	(卅三)總人斉字第一三三六八號 三三、四、二七、	三三、四、二七、
	委任六級至一級	委任十一級	技術員	王長柏	鶴齡	湖北黄岡	民三、二、三、	重慶大公職業学校机械科三〇、七、畢業	初任兵工署第一工廠涪陵办事處办事員歷任助理員	(卅三)總人斉字第三五〇三四號 三三、一〇、一八、	三三、一〇、一八、
	委任八級至三級	委任八級	〃	湯孝元		江蘇武進	民七、二、九、	國立中央工業職業學校机械科三一、七、畢業	初任本處第十所技術員	(卅三)總人斉字第二九二九二號 三三、九、二、	三三、九、二、

	同少(中)上尉	同中尉	事務員	吳本德		安徽懷寧	民八、三、三、	蕪湖蕪関中学肄業二年半	初任蕪湖土地呈報處測量員	卅總人字第一八六一五號 三二、八、六、	三二、八、六、
	同右	同中尉	〃	關燿東		遼寧瀋陽	民三、二、六、	國立第四中學高中部畢業	初任本所事務員	卅總人字第三〇八九四號 三二、一二、九、	三二、一二、九、
第十所	荐任六級至二級	荐任十級	所長	錢啟時		浙江嵊縣	民一、一〇、三〇、	浙江大学電机系二四、六畢業	初任杭州電氣公司技師歷任技士技術員	卅總人字第一八九二二號 三二、八、一三、	三二、八、一三、
	委任六級至一級	委任一級	技術員	金偉章	漢初	江蘇武進	民一、六、三、	同右	初任江苏省建設所工程員歷任技士教官教員	卅總人字第二四七八一號 三二、一〇、一六、	三二、一〇、一六、
	同右	委任七級	〃	陳幼君	慶文	四川富順	民七、一、二六、	中央大学机械系三二、七、畢業		卅總人吝字第三五八四五號 三三、一〇、三一、	三三、一〇、三一、
	委任八級至三級	委任一級	〃	方炳盤		江蘇宜興	前一、六、七、	中央大学電机系二四、一、畢業	初任砲兵技術研究處技術員歷任技術員	卅總人吝字第三九一五號 三三、二、一四、	三三、二、一四、
	同右	委任五級	〃	王者仁		江蘇松江	民一、四、二八、	江苏省立松江中學肄業 同济大学附設藝徒学校二〇、二、畢業	初任上海閘北水電公司動力部管理員歷任管理員技士	卅總人吝字第二九二九三號 三三、九、一一、	三三、九、一一、
	同少(中)上尉	同上尉	事務員	曹俊生	文善	安徽績溪	民六、二、五、	浙江省立金華中学畢業(二五、一二、)	初任浙江船舶總隊部衢縣派出所稽查員歷任事務員	卅總人字第三〇六八三號 三三、一二、三、	三三、一二、三、

0047

	同以(中)上尉	同中尉	事務員	何俊可		四川富順	民三、三、四	重慶私立精益中學初中部二九、七畢業	初任砲兵技術研究處事務員	卅總人字第一五八四〇號 三二、七、五	三二、七、五
	同右	軍委二階	〃	丁聲林	崧濤	江蘇江寧	民三、二、一	南京青年會中学二二、七畢業	初任安徽蚌埠公安局書記歷任特務員事務員	卅總人斉字第三五〇三四號 三三、一〇、八	三三、一〇、八
福利處	荐任四級至二級		處長								
	委任一級至荐任三級	支薪二百元	專員	周克功		浙江杭縣	民三、一、二	上海復旦实驗中学商科二〇、七畢業	初任武昌第一紡織公司會計員歷任科員組員股長會計主任		三三、八、一八
	同以(中)校	軍荐一階	處員	陳新	味辛	浙江崇德	前一〇、七、七	浙江甲種商業專门学校九、七畢業 浙江軍警教練所畢業	初任江海関監督公署会計歷任督察員局長中隊長課員組員	銓(以)字第八二四號 三三、八、一九	三三、八、一九
	同以(中)上尉	同上尉	事務員	謝逸萊		江蘇武進	前八、六、二〇	前京師官立女子師範学堂畢業	初任上海市立務本女子中学教員歷任教員主任服務員校長	卅總人字第三七八〇號 三二、二、一七	三二、二、一七
	同右	同上尉	〃	張其端	正誼	河北景縣	前四、一〇、一〇	天津私立商業專校畢業	初任湖南乾城縣政府科員歷任主任站員	卅總人字第三二四九九號 三二、一二、二九	三二、一二、二九
事業課	同以(中)校	軍荐一階	課長	金樾聲		江蘇武進	民一、八、三	上海僑光中学高級商科二一、七畢業	初任武青公路戚墅堰站々長歷任服務員課員組員科員	銓宗(18)字第六三九三號 三三、五、一五	三三、五、一五

0048

同上(少)校尉	軍荐二階	課員	楊維根		浙江諸暨	前七、二、一〇、	諸暨縣立中学一三、七畢業	初任中央軍校編譯處校对員歷任校对員組員課員	(卅)總人脊字第七七六六號 三三、三、一三、	三三、二、一四、
同右	軍荐一階	〃	劉楚輝		湖北鄂城	前二、一〇、二、	武昌中華大学附設中学二二、七畢業 中央警官學校戰訓班二七、一〇、畢業	初任武昌地方法院書記官歷任幹事業務員	(卅)總人脊字第三三三一九號 三三、一〇、三、	三三、五、二、
同中(上)尉	同上尉	〃	許之暢		安徽桐城	民三、三、三、	安徽省立六邑中学一八、六、畢業 中央政治人員訓練班二一、四、畢業	初任陸軍二五師政治部指導員歷任指導員連長軍需組員	(卅)總人字第一五八四〇號 三二、七、五、	三二、七、五、
同右	軍委一階	〃	蔣維新	天福	四川華陽	前六、六、二、	四川志城法政專门学校一九、七、畢業	初任軍政部駐川軍粮局科員歷任庫員	(卅)總人脊字第二八九六八號 三三、九、三、	三三、一、二九、
同少(中)尉	軍委二階	〃	周樹忠	淦成	江蘇高郵	民八、一〇、四、	國立第九中学高中部三〇、七、畢業	初任大公報館会計課会計員	(卅)總人脊字第二八九六八號 三三、九、三、	三三、九、三、
同右	軍委三階	〃	李雄飛	名享	湖南武岡	民四、一、一、	武岡縣立初級中学一九、六、畢業	初任湖南警備司令部司書歷任副官	(卌)人精字第一三九〇號 三四、一、一八、	三三、七、一、
同准(少)尉		事務員								
同右	同少尉	〃	岳煥新	子謙	湖南長沙	前一、三、二〇、	湖北老河口私立鄧陽中学肄業二年	初任陸軍一九三師軍需處司書歷任事務員	(卅)總人脊字第三〇八一四號 三二、一二、七、	三二、一〇、一、

0049

訓育課	委任四級至荐任五級或同少(中)校	荐任九級	課長		成機禪	西云	江蘇武進	前一六、六、	江蘇省立第二農業學校一六、七畢業 江苏省立教育学院二一、一畢業	初任江苏吳縣々農場技術員歷任館長校長主任	(卅三)總人斉字第六三八五號 三三、三、三、	三三、一二、七、
	委任八級至三級或同上(少)校尉	支薪一百八十元	課員		林用中	自强	江蘇丹陽	前六、三、四、	江蘇省立教育学院二一、一畢業	初任丹陽縣立第二農民教育館々長歷任視導員幹事主任教員		三三、一二、三、
	同右	支薪一百四十元	〃		徐家達	明時	浙江吳興	前一、一九、	東吳三中一六、七、畢業 東吳大学肄業二年	初任浙江第三學区社會教育輔導員歷任主任助理秘書科長教員	(卅三)總人斉字第二八九六八號 三三、九、三、	三三、二、二七、
	同中(上)尉	軍委一階	〃		蔡劍光		福建廈門	民六、二、二五、	國立戲劇專科学校三三、七畢業	初任安南堤岸集英小学教員		三三、九、一八、
	同右	軍委一階	〃		劉斌	建華	四川開縣	民四、六、六、	川東聯合縣高級中學二八、七、畢業	初任開縣々政府科員歷任教員主任		三三、五、一〇、
	同少(中)尉	同中尉	〃		杜祖培		江蘇崇明	民二、四、四、	江蘇海门中学高中部二〇、六畢業	初任海门農業改良場練習生歷任助理員幹事主任	(卅三)總人字第七八二〇號 三三、四、二、	三三、四、二、
	同右	軍委二階	〃		袁超凡	光德	河南開封	民一、一〇、三、	河南大学肄業一年	初任陸軍鉄甲車大隊副官歷任幹事書記課員	(卅三)總人斉字第二八九六八號 三三、九、三、	三三、二、四、
	同准(少)尉		事務員									

0050

	同右	軍委三級	〃		張藝青		江蘇武進	民五、六、六、	武進縣立女子師範学校二三、六、畢業	初任本廠福利處司書歷任教員	卅人精字第七六〇七號 三三、三、一四、	三三、一一、一〇、
醫院	聘任 月薪四百六十至六百元	支薪六百元	院長		胡成儒		山東青島	民三、五、七、	青島医学専门学校一九、八、畢業 日本東京帝國大学医學部畢業	初任青島医院医師歷任主任院長教授	卅工人發文乙字第八八八號 三四、一、三〇、	三三、六、一〇、
	聘任 月薪四百至六百元		内科主任									
	同右	支薪四百九十元	外科主任		張局難	白瀾	福建龍溪	前七、四、二六、	江苏南通学院医科二五、六、畢業 日本九洲帝國大學医学部畢業	初任南通學院医科助教歷任医師主任	同右	三三、七、一八、
	同右	支薪三百八十元	產婦科主任		俞子宙	兆安	江蘇無錫	民二、九、一〇、	上海聖約翰大学医学院二九、畢業	初任上海宏仁医院医師歷任医師主任		三四、一、一、
	聘任 月薪三百六十至六百元	支薪四百九十元	醫師		劉世達		湖南湘陰	前九、四、五、	浙江省立医药専门学校医學科一八、七、畢業	初任長沙市防疫医院医師歷任軍医々師主任	卅工人發文乙字第〇〇五七五號 三三、六、一四、	二八、九、三〇、
	同右	支薪三百三十元	〃		高愷		浙江杭州	民二、四、一、	國立江苏医学院三一、七畢業	初任桂林省立医院医師歷任医師	卅工人發文乙字第八八八號 三四、一、三〇、	三三、七、二〇、
	同右	支薪二百四十元	〃		張家瑜	怡曾	江蘇儀徵	民三、一、一、	國立江苏医学院三三、一畢業		同右	三三、五、九、

0051

聘任 月薪一百六十至二百元		實習醫師	吳							
同右	支薪一百六十元	〃	李遠琴		浙江寧波	民六、一〇、五、	國立江苏医學院医科三三、一畢業		卅工人發文乙字第八八八號 三四、一、三〇、	三三、六、一四、
聘任 月薪二百至四百元	支薪二百元	檢驗師	許道楨		湖北沔陽	民一、四、一、	中國博医会医药技士專門學校病理实驗診断科二七、四畢業	初任漢口普爱医院化驗室技士歷任技士主任		三三、九、二七、
同右	支薪三百二十元	藥劑師	李鴻猷		江蘇武進	民二、二、六、	國立药学專科学校二九、六畢業	初任衛生署麻醉藥品經理處技佐歷任技士助教	卅工人發文乙字第八八八號 三四、一、三〇、	三三、八、一、
聘任 月薪一百二十至二百元	支薪一百一十元	調劑員	陳玲素		江蘇崑山	民五、三、六、	國立药學專科学校調劑訓練班三二、七、畢業		卅工人發文乙字第五七二五號 三三、六、一四、	三二、一〇、六、
同右	支薪一百二十元	〃	吳慕賢		江蘇青浦	民六、	國立药學專科學校三三、一畢業		卅工人發文乙字第八八八號 三四、一、三〇、	三三、五、一七、
聘任 月薪二百六十至三百六十元	支薪三百元	護士長	張志玉	子玉	湖北漢陽	民一、六、六、	漢口普仁高級護士職業学校二三、畢業	初任漢口協和医院護士長歷任副護士長護士長药剤生	同右	三二、二、一、
聘任 月薪一百八十至三百元	支薪三百元	高級護士	汪菊英	啟俊	湖北黃岡	民一、二、一〇、	漢口普仁高級護士職業学校二四、畢業	初任北平協和医院護士歷任護士長	卅工人發文乙字第五七二五號 三三、六、一四、	三二、二、一、

同右	支薪二百六十元	〃	符菡芳		江蘇江陰	民一、五、八、	南京鼓楼高級護士職業学校肄業 重慶仁済高級護士職業学校畢業	初任普済医院護士歷任護士	同右	三二、一二、一、
同右	支薪二百六十元	〃	孫文賢		江蘇吳縣	民四、二、七、	上海澄衷護士職業学校二六、七畢業	初任上海同仁医院護士歷任医護員軍医	同右	三二、九、二、
同右	支薪二百六十元	〃	余雲棠	雲岫	湖北孝感	民三、七、三、	湖北高級護士職業学校二七、畢業 中央高級助産職業学校畢業	初任湖北省立医院護士歷任護士助産士	(卅)工人發文乙字第八八八號 三四、一、三〇、	三三、一〇、一五、
同右	支薪三百元	〃	嚴琳英		河北天津	民二、一、一、	同仁高級護士職業学校二四、畢業	初任同仁医院護士歷任護士組員	同右	三三、一〇、八、
同右	支薪二百六十元	〃	劉文瑛		湖北漢口	民三、一、一〇、	漢口普仁高級護士職業学校二七、畢業	初任南昌市臨时乱民医院護士長歷任護士長	(卅)工人發文乙字第八八八號 三四、一、三〇、	三三、五、五、
聘任 月薪五十五元至一百八十元		護士								
同右	支薪九十元	〃	趙受之		四川奉節	民五、四、四、	教育部衛生署合办助産士助護理員訓練班畢業	初任中國紅十字会重慶医院護士歷任護士	(卅)工人發文乙字第八八八號 三四、一、三〇、	三三、一〇、二、
同右	支薪一百元	〃	李庶徵		湖南新化	民四、六、六、	新化私立上梅中学肄業二年		(卅)工人發文乙字第五七二五號 三三、六、一四、	三一、八、一〇、

0053

聘任 月薪五十五至一百八十元	支薪一百元	護士	羅火輝	四川資陽 民四、二、六、	資陽五福小學畢業		卅工人發文乙字第五七二五號 三三、六、二四、	三一、八、一〇、
同右	支薪七十元	〃	吳志鴻	四川江津 民五、六、六、	教育部衛生署合办助產護士助理員訓練班三三、三、畢業	初任衛生署傳染病院助理護士	卅工人發文乙字第八八八號 三四、一、三〇、	三三、八、五、
同右	支薪一百元	〃	王祖珍	江蘇鎮江 民八、三、一、	上海智仁勇女子中学畢業	初任上海普世大葯房葯劑生	同右	三三、五、五、
同右	支薪一百元	〃	徐崇富	湖北宜昌 民七、七、	宜昌良欧拿女子中学畢業 仁济医院護士訓練班二七、畢業	初任宜昌仁济医院助理護士歷任助理護士		三三、七、一、
同右	支薪七十元	〃	丁月輝	陝西紫陽 民八、六、一、	湖北省立中学二六、七、畢業 重慶市民医院護士学校畢業	初任重慶市民医院護士歷任護士办事員		三三、七、二六、
聘任 月薪一百八十元至三百元	支薪三百元	助產士	金偉如	江蘇吳縣 民一、二、三、五	蘇州美國鄣格氏婦孺医院產婦科畢業	初任蘇州婦孺医院護士長歷任助產士護士長	卅工人發文乙字第五七二五號 三三、六、一四、	二九、一二、三、
同右	支薪二百六十元	〃	姚慕貞	江蘇如皋 民四、一〇、七、	上海惠生高級助產職業学校二五、畢業	初任上海惠旅產科医院助產士歷任助產士軍医		三三、七、二〇、
聘任 月薪一百三十至二百元	支薪一百六十元	事務長	范里	山東濟南 民一、二、二〇、	山東省立中学二五、畢業	初任三六師野戰医院副官歷任科員組員		三三、一一、一、

	聘任 月薪六十至一百二十元	支薪 六十元	事務員		莊靜		江蘇武進	民三、六、三、	安徽芳嶶女子初級中学肄業	初任本廠僱員		三三、七、一、
農場	委任五級至一級	委任一級	場長		杜豁然	晉之	河北井陘	前四、六、三、	北平大学農学院二四、畢業	初任浙江稻麥改良場技術員歷任技士主任股長		三三、八、一、
	委任八級至四級		技術員									
	同右	委任四級	〃		羅播	煥如	浙江杭州	民二、一〇、二五、	北平大学農藝化学系二四、七、畢業	初任察哈尔省立農業專门学校教授歷任組長主任		三三、一〇、一五、
	同右	委任四級	〃		朱桓	叔衡	浙江紹興	民二、五、	北平大学農学系二八、畢業	初任湖北農業改進所技士歷任技師主任		三三、九、一五、
	同右	委任八級	〃		葉育元	上鳴	廣東梅縣	民九、一〇、六、	中山大學農学系三三、七、畢業		(卅)人精字第三七八七號 三四、二、七、	三三、一〇、二、
	同以中上尉	軍委二階	事務員		張漢墀		湖北孝感	前三、五、二、	漢陽晴川中學畢業	初任十九路軍六十師々部副官歷任办事員業務員		三三、一二、一七、
	同右	同以尉	〃		謝融		四川合川	民五、一、一八、	成都第四小学畢業	初任砲兵技術研究處事務員	(卅)總人字第一四九〇號 三一、一、三一、	三一、一、三一、

子弟小學	聘任 月薪八十至一百二十元		校務主任									
	同少(中)上尉	軍委三階	事務員		魏德才		山東德縣	民三、八、一〇、	河南私立昆陽中学高中部肄業二年半	初任德縣第一區區署々員	(卅二)總人簽字第二八九六八號 三三、九、三、	三三、二、一〇、
	同右		〃									
會計處	薦任四級至一級	支薪二百元	處長		郭孝同		浙江杭縣	民四、二、九、	浙江宗文中学畢業	初任漢口第一紡織公司會計員歷任会計員組員課員課長主任專員	(卅二)總人簽字第二九〇九七號 三三、九、七、	三三、九、七、
	委任一級至薦任三級	支薪二百元	專員		龔夢熊		江蘇吳江	民二、八、一七、	國立上海商学院二五、七畢業	初任浙江省立聯合中学商科主任歷任股長課長	(卅二)總人簽字第二〇七九六號 三三、六、二三、	三二、九、二七、
	同少校	同少校	處員		許榮成		江蘇無錫	民一、二、三、	上海青年会中学肄業	初任上海光明電器行助帳歷任書記譯電員	(卅二)總人字第二四八八號 三二、二、一、	三二、二、一、
	同少(中)上尉	軍委二階	事務員		高鳳資		河南太康	民一、二、五、	河南省立商邱中学二六、七畢業	初任五五軍々需處課員歷任事務員課員		三三、九、一六、
簿記課	委任三級至薦任五級	薦任十級	課長		張景瑞		江蘇灌雲	前四、九、五、	復旦大学会計系二一、七畢業	初任江西省經濟委員会股長歷任組長主任教員股長	(卅二)總人簽字第二二五二號 三三、四、二七、	三三、二、一〇、

成本計算課

委任五級至一級	支薪一百八十元	課員	陳炎	亞輝	福建閩侯	前八、九、二、	上海崇实中学畢業	初任交通部駐沪電料管理局办事員歷任課員幹事委員	卅總人各字第二四九五五 三三、八、二、	三三、八、二、
同右	支薪一百八十元	〃	陸憲廷		江蘇南滙	民一、六、五、	江蘇省立上海中学商科二五、六畢業	初任國营招商局会計員歷任會計員課員		三三、二、一、
同右	支薪一百六十元	〃	韓方喜		四川重慶	民九、九、九、	上海立信会計專科学校重慶分校二七、六、畢業	初任軍委会西南運輸處服務員歷任課員	卅總人各字第一六六四六號 三三、五、二、	三三、五、二、
委任八級至五級	支薪一百三十元	〃	趙幼雲		四川巴縣	民一〇、五、二九、	上海立信会計專科学校重慶分校二八、六、畢業	初任四川省銀行出納員歷任課員	卅總人各字第二四九五五號 三三、八、二、	三三、八、二、
同右	支薪八十元	〃	周春貞		雲南平彝	民七、二、一七、	雲南省立昆華女子中學二六、九、畢業	初任中國運輸公司办事員歷任會計員办事員	卅總人各字第三五四九九號 三三、一〇、二四、	三三、四、一〇、
委任十二級至八級	支薪六十元	〃	張家梅		安徽懷寧	前六、三、七、	安慶女子職業學校二五、六、畢業	初任中央大学会計組僱員	卅總人各字第二六六四六號 三三、五、三、	三三、五、三、
同右	支薪八十五元	〃	諶定中		安徽懷寧	民七、四、六、	蕪湖蕪関中學二六、一、畢業	初任西藏班禪駐京办事處会計股員歷任課員	卅總人各字第四一〇二〇 三三、一二、二〇、	三三、一二、二〇、
委任三級至荐任五級	荐任五級	課長	李秉超		江蘇六合	前九、七、三、	上海南方大學商科一三、七、畢業	初任上海興業烟草公司會計主任歷任科長主任	銓宗(18)字第九三七〇號 三三、六、二三、	三三、二、一、

0057

等級	薪俸	職別	姓名	籍貫	出生	學歷	經歷	任用文號	到差日期
委任五級至一級		課員							
同右	支薪一百六十元	〃	朱榮鼎	安徽涇縣	民六、六、五、	復旦大学商学院肄業二年	初任滇緬鉄路工程局会計課課員歷任办事員科員	(卅)總人斉字第二〇六〇六號 三三、六、二〇、	三三、六、二〇、
同右	支薪一百六十元	〃	李士儒 席珍	河北正定	民三、五、八、	河北省立法商學院商學系二四、六畢業	初任鎮江高資江南造紙廠會計員歷任會計員	(卅)總人斉字第三三二一三號 三三、一〇、一、	三三、一〇、一、
委任八級至五級	委任五級	〃	徐德基	上海市	民六、一二、五、	上海法政學院政經系三一、六畢業	初任上海大豐造紙廠會計主任歷任科員事務員	(卅)總人斉字第二二五三號 三三、七、三	三三、二、二六、
同右	委任七級	〃	周鼎	廣東潮陽	民八、三、二一、	武昌中華大学商学院工商管理系肄業二年	初任重慶川康営造廠會計員歷任科員	(卅)總人斉字第一六五一四號 三三、五、二〇、	三三、一、一三、
同右	支薪一百二十元	〃	陳琳	廣東潮州	民七、一二、四、	上海立信會計学校簿記班二六、六、畢業	初任昆明昆華煤鉄公司助理員歷任課員	(卅)總人斉字第一六六四六號 三三、五、二、	三三、五、二、
同右	支薪一百一十元	〃	何柏青 流	浙江諸暨	民二、二一、三、	浙江省立高級中学商科二〇、六畢業	初任諸暨芦江小學校長歷任主任會計員科員	(卅)總人斉字第一六六六四號 三三、五、二、	三三、五、二、
委任十二級至八級	支薪九十元	〃	陳宏法	安徽廣德	民三、一二、二〇、	重慶市会計人員傳習所三一、一畢業	初任財政部涪陵益务監運處会計員歷任課員		三三、一二、二三、

58

	同右	軍委二階	〃	黃俊卿	遠鑫	四川犍為	民七、五、五、	樂山縣立中學二八、一二畢業	初任犍為張巴馬煤廠會計助理員歷任事務員	卅總人吝字第一六五一四號 三三、五、二〇、	三二、一二、二四、
新工 計算課	委任三級至薦任五級	支薪二百元	課長	王鑾	仲鳴	江蘇南通	民一、五、三〇、	南通私立商業中學畢業	初任南京大同麵粉公司會計員歷任科員會計員課員	卅總人字第一九六八九號 三二、八、三〇、	三二、八、三〇、
	委任五級至一級	支薪二百四十元	課員	曹繼常		四川江安	民三、五、八、	北碚兼善中學高級商科二八、一畢業 農本局會計人員訓練班畢業	初任北碚兼善中學會計助理員歷任會計員課員	卅總人吝字第二六七九五 三三、五、二六、	三二、一二、一四、
	同右	支薪八十元	〃	劉榮國	人佋	四川涪陵	民二、七、二六、	重慶立信会計學校三三、六畢業			三三、七、二七、
	委任八級至五級	支薪一百元	〃	經燕英		南京市	民五、五、七、	北平輔仁大學教育系三一、六畢業		卅總人吝字第六一八七號 三三、二、二八、	三二、八、一六、
	同右	軍委一階	〃	胡學恒		江蘇江都	民五、三、二、	江都私立揚州中學肄業二年半	初任江都縣政府办事員歷任事務員課員	卅總人吝字第九七〇號 三三、三、二八、	三三、三、二八、
	同右	同中尉	〃	龐中旺		河南洛陽	民一〇、九、三、	洛陽復旦中學畢業	初任本廠統計科科員	卅總人字第二九九九二號 三二、二、二九、	三二、一二、二九、
	委任十二級至八級	軍委一階	〃	高國光	超	南京市	民五、九、三、	湖北聯中建始分校高中部二九、七畢業 宜賓青年社会計補習班畢業	初任兵工署第四材料庫二分庫々員歷任庫員股員課員	卅總人吝字第二三三三七號 三三、七、四、	三三、七、四、

0059

	委任十二級至八級	支薪一百二十元	課員	向鳴岐		四川雲陽	民七、七、五、	成都志城高級商業職業学校二八、七、畢業	初任成都利川实業公司服務員歷任課員	(卅三)總人各字第一六六四六號 三三、五、二、	三三、五、二、
審計課	委任三級至荐任五級	荐任十一級	課長	蕭鴻漸		江蘇吳江	民一、四、八、	滬江大学会計系畢業	初任江苏青浦營業稅局会計主任歷任主任股長課長	銓叙(18)字第一三八四八號 三三、八、三一、	三三、八、三一、
	委任五級至一級	支薪一百四十元	課員	陳忠策	君謹	江蘇儀徵	前八、二、九、	天津南開大学肄業	初任魯豫區統稅局办事員歷任秘書組員股長課長	(卅三)總人字第一九一九五號 三二、八、二〇、	三二、八、二〇、
	同右	支薪一百四十元	〃	陸康如		江蘇江寧	前六、三、三、	南京江寧中学畢業	初任金陵製造局統計科々員歷任股長科員課員	同右	三二、八、二〇、
	同右	支薪二百元	〃	許麟章		浙江吳興	民一、二、三、	國立上海商学院畢業	初任浙贛鉄路会計處課員歷任主任股長	(卅三)總人各字第四一〇二〇號 三三、一二、二〇、	三三、一一、一〇、
	委任八級至五級	支薪一百元	〃	高樹森		南京市	民四、二、五、	南京會計師公会附設会計補習学校畢業	初任兵工署廿一工廠供應課々員	(卅三)總人各字第三六八三三號 三三、一一、八、	三三、一一、八、
	同右	軍委一階	〃	嚴遵商	光商	貴州印江	民九、九、六、	貴州省立貴陽高級中学肄業二年	初任貴州省会警察局僱員歷任幹事会計員科員	(卅三)總人各字第一九九一〇號 三三、六、一〇、	三三、六、一〇、
	同右	支薪一百三十元	〃	吳遜		江蘇宜興	民三、三、五、	上海持志大学畢業	初任叙昆鉄路工程局課員歷任課員股長		三三、一〇、九

	委任十一級至八級	委任八級	〃	文慎		湖南長沙	民七、二、一七、	湖南省立商業專科学校工商管理系三二、七、畢業	初任財政部零陵直接稅局稅務員		三三、二、一、
	同右	支薪一百元	〃	譚宗秀		四川萬縣	民一〇、二、二	上海立信会計学校重慶分校三〇、六、畢業	初任本課々員	(卅)總人各字第一六六四六號 三三、五、二一、	三三、五、二一、
土木工程科	薦任四級至一級	薦任十級	科長	蔣蘐松	莪千	江蘇無錫	民二、三、二五、	國立浙江大學土木工程系二五、六、畢業	初任武昌市政府工程員歷任工務員工程師	(卅)總人各字第六四五九號 三三、三、四、	三一、一〇、一八、
	同少校	軍委一階	科員	楊慕之		河北北平	民六、五、六、	浙江溫州中學畢業中央軍校第十四期步科畢業	初任中央軍校特訓班區隊長歷任科員課員	(卅)總人各字第三五七九七號 三三、一〇、三〇、	三三、七、二四、
	同中(上)尉	同上尉	〃	梁忠玉		湖北宜昌	民三、八、八、	湖北省立第四中学畢業中央軍校軍官訓練班十一期步科畢業	初任姊歸縣立第一小學教員歷任科員幹事	(卅)總人字第二九七〇三號 三一、一二、二二、	三一、九、一四、
	同少(中上)尉	軍委二階	事務員	袁鳳英	子風	江蘇鎮江	民三、五、二四、	江蘇省立鎮江師範学校畢業	初任南京市立興中門小学教員歷任教員	(卅)總人各字第三五八六九 三三、一〇、三一、	三三、一〇、三一、
	同右	同少尉	〃	陳鑄九	鐵鋒	四川銅梁	民七、五、二六、	萬縣々立初級中學肄業二年	初任重慶公共汽車公司廣告員歷任組員	卅總人字第二九八三六號 三一、一三、二四、	三一、七、八、
	委任一級至薦任四級	薦任十級	工程師	崔乃煊		河北文安	民二、二、二〇、	上海國立中法工學院土木科畢業	初任參謀本部城塞組江陰區工程處技佐歷任技佐技士	(卅)總人各字第六三九二號 三三、三、三、	三三、一〇、六、

委任三級至二級		工程師								
同右	委任二級	〃	朱世焜		安徽涇縣	民七、一、一六、	湖北省立漢陽高工職業学校土木科二五、一二、畢業	初任武昌市政工程處查勘員歷任工程員股長技術員	(卅)總人斉字第二〇六〇六號 三三、六、二〇、	三三、六、二〇、
同右	委任二級	〃	費超	文杰	江蘇川沙	民一、八、八、	上海沪江大学土木系肄業二年	初任上海董大酉建築師南京事務所繪圖員歷任工程師技佐	(卅)總人斉字第一〇七三二號 三三、四、六、	三三、四、六、
委任五級至三級	委任三級	技術員	孔監平		浙江慈谿	民二、七、五、	浙江之江大學土木系二九、畢業	初任上海華嚴營造廠工程師歷任工程主任工程師	(卅)總人斉字第二〇九九七號 三三、六、二六、	三三、八、一〇、
同右	委任三級	〃	周履		浙江杭州	民七、三、一、	交通大學土木工程系三〇、七、畢業	初任聖約翰大学助教歷任工務員	(卅)總人斉字第四〇五六四號 三三、一一、三〇、	三三、一〇、二四、
委任八級至五級	委任四級	〃	阮揚中		四川銅梁	民二、七、三、	銅梁農業職業学校二七、一、畢業	初任四川双流縣農業推廣所主任歷任技術員督導員		三三、九、一五、
同右	委任六級	〃	章道江		安徽來安	民二、四、一、	中央大學農学院畜牧獸医專修科三三、一、畢業	初任四川農業改進所技佐歷任督導員技佐		三三、一〇、一五、
同右		〃								

同右	委任十級至八級	同右	同右	委任十二級至八級	同右	同右	同上尉
							軍委一階
〃	工程員	〃	〃	測繪員	〃	〃	管料員
							程仲堯
							紫衡
							湖北孝感
							民五、七、三、
							湖北省立第三中學畢業
							初任軍政部湘東工程處課員歷任課員管料員
							(卅)總人斉字第一六五一四號 三三、五、二〇、
							三三、五、二〇、

0063

購置科	同少(中)尉	同少尉	管料員	朱福壽		湖北黃陂	前二、二、三、	黃陂縣立中学肄業五年	初任漢口市政府工務科材料股々員歷任監工員分隊長	廿總人字第一二七五四號 三二、六、一、	三二、一、二一、
	荐任四級至一級	荐任五級	科長	陳志靜		江蘇武進	前五、一、一、	兵工学校造兵科第一期一八、七、畢業	初任上海兵工廠技術員歷任組長技士課長	銓宗(18)字第八四七五號 三三、六、一〇、	三三、四、一、
	委任五級至二級或同少校	同少校	科員	汪承祝	幼勤	安徽合肥	前一六、四、六、	前北平參戰軍軍士教導団八、三、畢業	初任上海兵工廠庶務股々員歷任處員管理員主任副官組員	廿總人字第八三五二號 三一、五、三、	三一、五、三、
	同右	同少校	〃	舒洪鈞		廣東番禺	前一〇、三、二、	國立廣東大学高師部一四、六、畢業	初任廣州市法院侯補書記官歷任委員庶務員教務員主任組員	銓宗(18)字第一〇五九四號 三三、七、一二、	三二、二、一、
	委任七級至五級或同上尉	同上尉	〃	周旦	仲瑜	浙江嵊縣	民五、六、七、	中央軍校十六期步科畢業	初任江寧要塞區守備營排長歷任排長連附副官	廿總人字第二三一六九號 三二、一〇、六、	三二、一〇、六、
	同右		〃								
	同右	同上尉	〃	余柏群		湖北武昌	民四、一二、三、	湖北省立第九中学畢業	初任武昌市政處水電廠營業股々員歷任会計員科員	廿總人字第一九一三號 三二、一、二、	三二、一、二、
	同右	同中尉	〃	李英余		四川資中	民三、五、一、	巴縣々立南泉師範畢業 陸軍二十一軍々官教育団畢業	初任陸軍廿一軍第二旅副官歷任副官押運員	廿總人斉字第一八六六號 三三、六、二、	三三、六、二、

0064

委任十級至八級或同上尉	同上尉	科員	陳向九		河北獻縣	民二、四、八、	鄭州私立中南中学二六、一〇、畢業	初任山東观城縣政府征收員歷任課員會計員	(世)總人字第三三三九號三二、一三、二四、	三二、九、二七、
同右	軍委一階	〃	陳浩生		江蘇武進	前五、一、一三、	私立武進中学畢業	初任中央大学事務組々員歷任事務員	(世)總人斉字第四〇一四號三三、一二、二〇、	三三、一二、二〇、
同右	同上尉	〃	吳高源	曉園	四川江津	前三、二、五、	重慶川東聯立師範学校後期文史組畢業	初任江津縣立小學校長歷任办事員組員	(世)總人字第一八〇〇七號三二、七、二三、	三二、七、二三、
同右	同上尉	〃	盧湶波	海平	廣東東莞	民二、七、三一、	香港大同英文書院肄業	初任香港德商西門子電机廠管倉員歷任組員	(世)總人字第一四九〇號三一、一、三一、	三〇、七、一、
同右	同上尉	〃	蔡振聲		江蘇寶山	前二、五、三七、	上海惠靈中學高中商科畢業	初任南洋兄弟烟草公司會計歷任軍需会計員主任組員	(卌)總人字第一五七三七號三〇、一〇、一八、	三〇、五、七、
同右	同上尉	〃	楊葆生	慎初	湖南沅江	前八、一、二、	南京鍾英中學一二、七、畢業	初任江蘇省會警察廳統計員歷任書記庫員組員	(卌)總人字第一〇七九五號三〇、六、三〇、	三〇、六、三〇、
委任十二級至十級或同少(中)尉	同中尉	〃	凌炳		湖南湘潭	前一、一〇、一〇、	長沙岳雲中學畢業	初任湖南清鄉督办署差遣歷任稽查員副官事務員	(世)總人字第一九六八九號三二、八、三〇、	三二、八、三〇、
同右	同中尉	〃	王道菊		四川江北	民九、九、一三、	巴縣々立女子中學畢業	初任交通部交通員工新運協進社重慶分社事務員	(世)總人字第三〇八九四號三二、一二、九、	三二、一三、九、

0065

	同少(中)上尉	同中尉	事務員		關幼鳶		湖北鍾祥	民八、八、三、	湖北省立第三女子師範学校畢業	初任巴東縣中心小學教員歷任事務員	(卅)總人斉字第二〇六〇六號 三三、六、二〇、	三三、六、二〇、
	同右	軍委三階	押運員		王濟民		四川銅梁	民一、四、九、	重慶私立贛江中學二四、一二、畢業	初任陸軍四五軍一二七師副官歷任連附雇員	(卅)總人斉字第一八一六六號 三三、六、二、	三二、二、二六、
	同右	軍委三階	〃		陳西伯	明哲	四川綦江	民一、八、一、	綦江縣立中學二七、七、畢業	初任民生公司護航大隊分隊長歷任办事員僱員	同右	三二、二、二六、
	同右	軍委一階	〃		毛鴻林	多貴	浙江江山	民二、八、三、	江志私立志澄中学一九、七、畢業	初任江西廬山管理處办事員歷任办事員會計員課員	(卅)總人斉字第三三三九號 三三、一〇、三、	三三、七、一、
	同右	同上尉	〃		馬文斌	禮齋	河北青縣	前五、二、八、	青縣々立小學畢業	初任青縣警察局書記歷任課員办事員	(卅)總人字第九四〇五號 三二、四、二〇、	三二、二、一、
統計科	薦任四級至一級或同中(上)校		科長									
	委任二級至薦任五級或同中校	支薪二百元	科員		王啟賢	達人	浙江杭州	民五、三、二九、	湖北私立武昌中華大學工商管理系肄業三年	初任交通部川滇公路管理處會計科々員歷任檢查員股長課長		三三、二、一〇、
	委任五級至二級或同少校	委任八級	〃		常振娴		湖南長沙	民七、九、二六、	重慶大学化学系畢業		(卅)總人斉字第三五八四五號 三三、一〇、三一、	三三、九、一、

同右	支薪一百三十元	〃	沈有年		四川成都	民七、一、	蜀華高級中学二五、七、畢業	初任四川公路局修車總廠總務組組員歷任会計員課員	卅總人各字第一六七七二號 三三、五、二六、	三三、五、二六、
委任八級至五級或同上(少校)尉	支薪一百二十元	〃	李平華	稚白	四川巴縣	民一、一二、	上海勞働大学附中畢業(一九、七、)重慶实商高職校統計專修班畢業	初任四川長壽縣立女子中学教員歷任教員校長主任	同右	三三、五、二六、
同右	軍委二階	〃	徐秀英		南京市	民九、三、二、	南京育羣中学畢業	初任重慶兒童教養院第二分院教導員歷任教員办事員	卅總人各字第一六五一四號 三三、五、二〇、	三二、一〇、一五、
同右	委任七級	〃	林蓉卿	昭	福建閩侯	民一〇、五、二六、	齊魯大学經済系三二、六、畢業	初任本廠会計處成本課々員	卅總人各字第三三四一五號 三三、七、二〇、	三三、七、二〇、
委任十二級至八級或同中(上)尉	委任八級	〃	李耻華		四川巴縣		南京五卅中學高中部二七、六、畢業 中國統計学社統計專修班三〇、五、畢業	初任軍委會傷兵慰問組实習生歷任办事員	卅總人斉字第二八五五七號 三三、八、二九、	三二、一二、九、
同右	同中尉	〃	梅雁生	珊甫	湖南漢壽	前二、九、三、	長沙縣立中學畢業	初任中國種苗場合作社營業員歷任事務員技術員	卅總人字第三二四九九號 三二、一二、二九、	三二、一二、二九、
同右		〃								
同少(中上)尉	軍委一階	事務員	程克忠		湖北安陸	民二、三、六、	湖北省立農業專科學校肄業二年	初任湖北釀造廠技士		三三、一、一、

0067

	同少中上尉	軍委二階	事務員	文異俗		四川遂寧	民九、二、四、	遂寧精一中学初中部二七、一畢業	初任重慶哥倫布化工廠管理員歷任幹事助理員	㈣人精字第三〇〇〇號 三四、一、三一、	三三、七、一、
福利處子弟小學			教員	陳淑耘		四川樂山	民六、五、一、	成都女子師範学校畢業	初任樂山中城鎮中心小学教員歷任教員		三一、二、一、
			〃	戴明		江蘇江陰	民二、七、九、	武進女子戠業師範学校畢業	初任江陰浚橋小学教員歷任教員		三三、四、一七、
			〃	張掌珠	藏之	江蘇	民二、九、九、	蘇州女子師範学校二三、七、畢業	初任江寧中心小学教員歷任教員校長		三二、八、一、
			〃	葉嘉宾	之潇	浙江黃岩	民五、八、	黃岩縣立女子師範學校畢業	初任黃岩河西小學教員歷任教員		三二、八、一、
			〃	吳璨	慕慧	江西南昌	民二、二、六、	國立社会教育學院藝術科畢業	初任青木関中心小學教員歷任教員		三三、八、一八、
			〃	陳秀芳	湘衡	江蘇六合	前六、八、二、	江蘇省立第一女子師範學校一三、七、畢業	初任江苏第四師範附小教員		三二、一二、三、
			〃	鍾振群		江蘇太倉	民三、四、四、	南京女子師範学校畢業	初任青木関中心小學教員歷任教員		三三、八、二九、

″	姚素生		安徽 無為	民六、三、二〇、	湖北省立建始女子師範学校三〇、七、畢業	初任陸軍战砲總隊宣傳隊民校教員		三三、八、二五、
″	周冀姜		湖南 長沙	民八、四、二、	長沙女子中學高中師範科二八、七、畢業	初任湘鄉横塘小學教員歷任教員主任		三三、九、二三、
″	褚懷珍		浙江 海盐	民三、九、二九、	杭州女子初級職業學校二三、七、畢業	初任紹興成章小學教員歷任教員幹事		三三、二、一、
″	魏景南	明	江蘇 武進	民六、五、二六、	武昌第二女子中學畢業	初任桂林東江鎮中心小學教員歷任办事員導師		三三、二、一、
″	莊　均	思厚	江蘇 武進	前五、二、五、	蘇州工業專門学校土木工程科畢業	初任江蘇吳江中学教員歷任副工程師技士主任		三三、七、一、
″	瞿秀珍		江蘇 靖江	民六、九、九、	國立女子師範学校三三、七、畢業	初任中央農業实驗所蠶桑系職員歷任教員		三三、八、二六、
″	蔣銘鉅	明炬	浙江 富陽	民八、二、一六、	浙江省立湘湖師範學校二六、畢業	初任遂昌縣立簡易師範学校教師歷任課員課長		三三、五、二六、
″	孫智群		江蘇 江寧	民八、七、七、	國立女子師範學校三三、七、畢業			三三、八、一、

0069

劉瑛	學源	教員			四川成都	民七、三、五、	成都吳群体育專科學校畢業	初任眉山縣立女子初級中學教員歷任教員	三三、三、二六、
劉文真		〃			山東長山	民五、九、九、	山東益都師範学校二七、七、畢業 山東省立臨時政治学院文科畢業	初任山東昌樂第一中心小學校長歷任教員	三三、九、五、
汪運生	濤	〃			江蘇南京	民三、二、三、	南京金陵大學肄業	初任桂林職工訓練所傢具科主任歷任教員	三三、二、一〇、
曾憲經	浩靜	〃			湖南衡陽	民一、八、六、	湖南衡粹女子職業学校畢業	初任衡陽第六初級小学教員歷任教員主任	三三、八、一、
方炳綸	丙荃	教導主任		工務處	浙江義烏	前一、九、三、	浙江省立湘湖師範學校二六、六、畢業	初任福建教育師資訓練所教員歷任教員教務主任	三三、七、六、
徐光	子明	額外聘任工程師	支薪四百元	工務處	江蘇宜興	前四、九、二五、	美國威斯康新大學畢業 德國海特爾堡大學畢業	初任北京大學教授歷任參事教授教官	三三、一〇、三、
侯碩		附員	委任七級		江蘇無錫	民六、二、八、	兵工学校第六期造兵系三三、七、畢業		三三、九、一、
金澤淵		〃	〃		四川綦江	民七、八、二〇、	兵工學校第六期應用化學系三三、七、畢業		三三、九、一、

0070

	委任七級	附員	武晋璋		山西霍縣	民七、一〇、三	兵工學校第六期造兵系三三、七畢業		三三、九、一
	〃	〃	趙子立		河南睢縣	民六、四、六	兵工學校第六期應用化學系三三、七畢業		三三、九、一
	〃	〃	路松筠		安徽懷寧	民七、七、三	兵工學校第六期造兵系三三、七畢業		三三、九、一
	〃	〃	王愷華		江蘇溧陽	民七、二、六	同右		三三、九、一
福利處	支薪四十元	僱員	楊唯銀		四川巴縣	民八、三、廿六	教育部第二社會教育工作团農村建設學校畢業	初任教育部第二社教团民校導師歷任幹事	三一、一〇、三〇
	支薪三十元	〃	岑沛溢	永福	四川巴縣	民三、一、三〇	大夏大學附設中学高中部肄業	初任重慶世成商店副經理歷任主任	三一、九、六
土木工程科	支薪二百四十元	額外聘任工程師	王維溱	一可	江蘇吳縣	民四、一〇、一〇	國立中法工學院土木工程系二六、畢業	初任上海法租界工部局設計員歷任工程師	三一、一二、二九
	支薪一百五十元	僱員	劉夢熊		安徽桐城	民一、三、二	河南两海中學肄業	初任滇緬鉄路工程局監工員歷任監工員	三一、一一、三〇

0071

支薪一百二十元

僱員

王業初

浙江杭縣

民四、四、六、

浙江省立中學高中部肄業

初任上海新貴營造廠監工員歷任監工員

三一、三、四、

兵工署第十工厂一九四五年八月份现有人数统计表（一九四五年八月一日）

存查 八.三

00038

軍政部兵工署第十工廠民國三十四年八月份現有人數統計表

部別	主管姓名	駐地	編制人數 官佐	編制人數 工人	編制人數 士兵	編制人數 合計	現有人數 官佐 軍職	現有人數 官佐 文職	現有人數 工人 技工	現有人數 工人 普通工	現有人數 士兵	現有人數 合計	備考
第十工廠	莊權	忠恕沱	四一四	二五〇〇	三四五	三二五九	二二八	一五〇	一七七一	四四〇	一五六	二七四五	
總計			四一四	二五〇〇	三四五	三二五九	二二八	一五〇	一七七一	四四〇	一五六	二七四五	

附記：應領軍糧壹拾叁萬貳仟玖佰柒拾·玖叁柒伍市斤

中華民國三十四年八月一日 廠長 莊權

4114-100-34.1.25.統/專

军政部兵工署第十工厂请领抗战纪念章（表）名册（一九四五年十一月）

軍政部兵工署第十工廠請領抗戰紀念章(表)名冊

隸屬	級職	姓名	抗戰期間致力何項工作及其服務年資	證明文件	備考
	簡任四級 廠長	莊權	自二十六年至三十四年共八年任砲兵技術研究處處長及本廠廠長	任職令二件本職任職令銓三字第六九七五号	
廠長办公所	荐任三級 主任秘書	張家傑	自二十六年至三十四年共八年任砲兵技術研究處會計組主任及本廠主任秘書	證件九件本職證件銓七字第一三〇八号	
秘書室	軍簡三階 秘書	盧漢璆	自二十六年至三十四年共八年任砲兵技術研究処股長主任及本廠秘書	證件六件本職證件銓二字第五七六五号	

	軍荐一階 秘書	沈克俊	自二十六年至三十四年共八年任兵工署重慶鋉鋼廠及二十四工廠書記兵工署貴陽办事處科長兵工署川南办事處科長及本廠課長秘書	証件七件李戒証件(卅)總人字第一五五二二号
	軍荐一階 秘書	吳傑	自二十六年至三十四年共八年任砲兵技術研究處股長課長及本廠專員秘書	証件七件本戒証件銓七字第三六八〇号
秘書室文書股	軍荐一階 股長	燕鑄人	自二十七年至三十四年共八年任軍政部第一二補訓處科員軍委会交通警備司令部秘書軍委会運輸統制局監察處科員股長及本廠秘書股長	証件六件李戒証件(卅)總人字第二七八九八号
	軍委二階 事務員	劉澄	自二十八年至三十四年共六年任四川省潼南縣國民兵團常備中隊特務長後調自衛中隊特務長及本廠事務員	証件五件本職証件(卅)總人齊字第一四六〇一號
	軍委一階 事務員	洪根琛	自二九年至三十四年共五年半任砲兵技術研究処事務員司書及本廠事務員書記	証件六件李戒証件(卅)處人精字第四六五四三号
	軍委二階 事務員	周建宏	自二十六年至三十四年共八年任甘肅省文縣兵役股股員後方勤務部川陝公路總區司令部股員及本廠事務員	証件五件本職証件(卅)人精字第〇一四六五號
秘書室人事股	軍荐一階 股長	方燕恭	自二十六年至三十四年共八年任參謀本部城塞組股員軍政部城塞局書記課員及本廠股長	証件六件李戒証件(卅)總人字第一四二八四号

軍委一階事務員	楊立成	自二十九年至三十四年共五年半任後方勤務部野戰第卅糧服倉庫々員所長六戰区湘穀轉運管理處十四轉運站經理員軍政部郡西軍粮局十四倉庫經理員及本廠事務員	証件六件本職証件（卅?）總人	齊字三三三一九号
秘書室撥案股軍委一階股長	胡佩玉	自二十八年至三十四年共六年任砲兵技術研究處事務員書記及本廠事務員股長	証件七件本職証件（卅?）總人	齊字第二〇六〇六号

秘書室檔案股	軍委一階股員	李蔚農	自二十六年至三十四年共七年任陸軍五七師三三七团副官陸軍九師二六团副官及本廠事務員股員	証件六件本戰証件(廿三)總人齐字第八八四九号
事務課	軍荐二階課員	陳凱	自二十九年至三十四年共六年任砲兵技術研究處課員及本廠課員	証件五件本戰証件銓七(18)字第五九八五号
	軍委一階課員	吳高祥	自二十九年至三十四年共五年任本廠司書事务員課員	証件六件本戰証件(卌)處人精字第七三五六一号
	軍委一階課員	丁士良	自二十六年至三十四年共七年任中央軍校印刷所工务員軍委会政治部印刷所工务員及本廠課員	証件三件本戰証件(廿三)總人齐字第一六五一四号
	軍委一階課員	容廉	自二十九年至三十四年共五年半任兵工署航空兵器研究處司書組員二十七工廠科員及本廠課員	証件四件本戰証件(卌)處人精字第二三九九号

022

	軍委二階事务員	王繼春	自二十九年至三十四年共五年任砲兵技術研究處司書及本廠事务員	証件三件本戰証件(卅)總人齊字第三九一五号
	軍委一階事务員	張治華	自二十九年至三十四年共六年任砲兵技術研究處警衛大隊特务長及本廠警衛大隊副官軍需	証件六件本戰証件(卌)人精字第三三九二〇号
出納課	軍荐二階課長	余悌徵	自二十六年至三十四年共八年任砲兵技術研究處書記股員課員課長及本廠課長	証件八件本戰証件(卅)總人字三五六〇号
成品庫	軍荐二階庫長	郭品璋	自二十六至三四年共八年任参謀本部城塞組股員軍政部城塞局課員及本廠庫員庫長	証件六件本戰証件銓七字第五二〇五号
	軍委一階庫員	孫壽卿	自二十六年至三十四年共八年任軍委会總顧問办公所書記軍委会办公所顧問事务處办事員科員外事局第二处書記办事員	証件五件本戰証件(卌)處人精字第四二七号

警衛上校 稽查組組長	袁祖起	自二十八年至三十四年共六年半任重慶衛戍司令部稽查處督察員江北稽查所々長璧山稽查所主任陸軍戰車防禦砲教導總隊教官重慶衛戍部璧山軍警团联合督察處副処長及本廠主任組長	證件八件本戒證件銓五字第三二七六号
軍荐二階 組員	嚴國威	自二十八至三十四年共六年半任軍委会西南運輸處警衛稽查組科員軍委会特务第五团警卫隊組長軍委会調查統計局科員及本廠組員	證件四件本戒證件卅總人字第二七三一八号
上尉 組員	覃鳳池	自二十九年至三十四年共五年半任湖北省戰区服务員湖北保安処科員軍委会調查統計局股員及本廠組員	證件四件本戒證件卅總人斉字第二四九五五号
軍委二階 組員	郭竹青	自二十八年至三十四年共五年半任重慶衛戍部特务營特务長及本廠事务員組員	證件四件本戒證件卅總人斉字第二〇六〇六号
警衛少校 大隊大隊長	唐猶龍	自二十六年至三十四年共八年任炮兵四团一營連附砲兵一八团一營連長營附砲兵四五团三營副官及本廠課長大隊長	證件四件本戒證件銓五字第三九三九号

024

	上尉 大隊附	朱幼松	自二十八年至三十四年共六年任洞庭湖游擊大隊區隊長洞庭湖挺進支隊分隊長中隊長三十集团軍總司令部特务团軍械員二十兵站分監部科員及本廠警卫大隊中隊長大隊附	證件七件本戰證件(卅)總人斉字第三五八四五号	
警衛大隊第一中隊	中尉 中隊附	劉志欽	自二十八年至三十四年共六年任十二補訓處三团排長陸軍五九師野戰補充团附員及本廠警衛大隊分隊長中隊附	證件七件本戰證件(卌)處人精字第三三八六九号	
	少尉 分隊長	尚步連	自二十八年至三十四年共六年任第一補訓處十团排長軍委会校閲委員会第六校閲官組副官及本廠事务員副官	證件五件本戰證件(卌)處人精字第三三七四五号	該員于二六年任五七師三四〇团三營五連少尉排長參加淞滬抗日負傷領有軍委会頒發第一九六五八八号榮誉證
警衛大隊第二中隊	上尉 中隊長	韓幼成	自二十六年至三十四年共八年任軍委会別動總隊一大隊々員第一補訓處一团排長十二補訓處三团排長副官軍械員及本廠稽查組々員警卫大隊中隊長	證件七件本戰證件(卅)總人斉字第一〇五二六号	
	少尉 分隊長	桂雲龍	自二十八年至三十四年共六年任陸軍四一軍一二四師三七〇团排長防毒排班長及本廠警卫大隊分隊長	證件四件本戰證件(卌)處人精字第四二二五号	

工務處

簡任六級 處長	榮泉馨	自二十六年至三十四年共八年半任砲兵技術研究處主任及本廠處長	証件六件本戰証件銓二字第五七六五号
單委三階 事務員	邱世昌	自二十九至三十四年共五年任本廠司書事務員	証件三件本戰証件四總人字第二三一五〇号

工程師室

荐任一級 總工程師	陳心元	自二十六年至三十四年共八年任砲兵技術研究處主管技術員所長及本廠工程師	証件六件本戰証件銓七字第一三〇〇八号
荐任一級 工程師	蔡其恕	同右	証件六件本戰証件銓七(18)字第八四七五号
同右	陳喜棠	自二十六年至三十四年共八年任砲兵技術研究處技術員工程師主任及本廠工程師	証件六件本戰証件銓七字第一三〇〇八号

0026

荐任三級工程師	孟繼炎	自二十六年至三十四年共八年任砲兵技術研究處技術員課長工程師及本廠工程師	証件九件本職証件銓宗字第一三〇〇八号
荐任四級工程師	陳志静	自二十六年至三十四年共八年任參謀本部城塞組技術隊組長軍政部城塞局技士砲兵技術研究處技術員課長及本廠科長工程師	証件十二件本職証件銓乙字第三〇〇八号
荐任十級技術員	李繼遜	自二十六年至三十四年共八年任砲兵技術研究處技術員課員及本廠課長技術員	証件十件本職証件銓乙字第一〇六一六号
同右	陳志暄	自二十六年至三十四年共八年任兵工署製造司科員砲兵技術研究處庫長及本廠庫長技術員	証件十件本職証件銓乙字第一三五九一号
同右	方炳盤	自二十六年至三十四年共八年任砲兵技術研究處及本廠技術員	証件十三件本職証件銓乙字第一〇六一六号

課別	官等職務	姓名	經歷	證件
作業課	委任三級技術員	陳俊明	自二十八年至三十四年共六年半任砲兵技術研究處技術員課員及本廠技術員	證件七件本職證件(廿)總人字第一八六一五號
作業課	委任二級課長	葉昭浩	自二十六年至三十四年共八年任砲兵技術研究處技術員及本廠技術員所長課長	證件十四件本職證件(卌)處人精字第三二三九号
	軍委一階事務員	宋銘三	自二十六年至三十四年共八年任參謀本部城塞組股員軍政部鄂北工程處課員軍政部城塞局書記及本廠事務員	證件五件本職證件(卅)總人字第六二五七号
檢驗課	荐任三級課長	林清許	自二十六年三十四年共八年任廣東第一兵器製造廠處長砲兵技術研究處技術員課長及本廠課長	證件五件本職證件銓七字第八四七五号
	委任一級技術員	林德經	自二十六年至三十四年共八年任海軍逸仙軍艦輪机及電机助理員航空第八修理工廠發動机班長外勤代組長砲兵技術研究處及本廠技術員	證件十一件本職證件(卌)處人精字第四九二七一号

028

委任三級 技術員	余炳儒	自二十六年至三十四年共八年任金陵兵工廠技術員砲兵技術研究處技術員課員及本廠技術員	証件九件本戢証件(卅)總人斉字第一九九九八号
軍委一階 事務員	管連希	自二十七年至三十四年六年半任後方勤务部野戰卅一軍械庫々員兵工署第一工廠事务員及本廠事务員	証件四件本戢証件(卅)總人斉字第一二一八六号

工政課

軍荐二階 課長	潘鴻	自二十八年至三十四年共六年任砲兵技術研究處課員及本廠課員課長	証件七件本戢証件銓荐(18)字第六三八七号
支薪八〇元 課務員	陳炎	自二十六年至三十四年共八年任砲兵技術研究處庶务股員課員及本廠課員	証件九件本戢証件(卅)總人斉字第二四九五五号
軍荐二階 課員	李子範	自二十八年至三十四年共六年任砲兵技術研究處庫員課員及本廠課員	証件六件本戢証件銓七字第一五一三〇号

單位	職級	姓名	經歷	證件	
	軍委一階 課員	宋萬山	自二十七年至三十四年共七年任軍委会别動隊無綫電台事务員中央軍校特訓班駐渝办事处办事員砲兵技術研究處事务員課員及本廠課員	証件八件本戚証件(卅)總人字第二九七〇三号	
	軍委二階 事務員	徐棣臣	自二十六年至三十四年共八年任參謀本部城塞組保管員軍政部城塞局保管員運輸員及本廠事务員	証件三件本戚証件(卌)處人精字第四九一二〇号	
	同右	宋毓麟	自二十七年至三十四年共七年任河北省民軍總指揮部副官及該部駐渝办事处副官本廠事务員	証件五件本戚証件(卌)處人精字第七三七四一号	
材料庫	軍委一階 事務員	陳潛	自二十七年至三十四年共七年任兵工署第四材料總庫司事庫員及本廠事务員	証件五件本戚証件(卅)總人字第四三一六号	
第一所	薦任五級 所長	金子澄	自二十六年至三十四年共八年任陸軍通信兵第一团技士主任軍政部交通机械製造總廠股長主任及本廠所長	証件六件本戚証件銓宗(18)字第一〇八七三号	

030

軍委三階 事務員	郭璽	自二十七年至三十四年共七年任河北民軍總指揮部書記軍令部世界戰爭研究会司書及本廠事務員	證件三件本戰(卅)總人字第三〇八一四号 證件
第二所 薦任十級 所長	王秩信	自二十六年至三十四年共八年任砲兵技術研究處服务員技術員及本廠技術員所長	證件十三件本戰證件銓七字第五二七号
軍委一階 事務員	陳明	自二十九年至三十四年共五年半任砲兵技術研究處及本廠事务員	證件六件本戰證件(卅)總人斉字第六〇九一号
第三所 同右	袁子邑	自二十八年至三十四年共六年半任砲兵技術研究處司書課員及本廠課員事务員	證件六件本戰證件(卅)處人精字第二六三二号
軍委一階 課員	高宇庭	自廿九年至三十四年共五年半任軍政部城塞局司書及本廠事务員	證件六件本戰證件(卅)處人精字第三三九二〇号

所別	官階	職別	姓名	經歷	證件
第四所	荐任十級	所長	呂則仁	自二十六年至三十四年共八年任砲兵技術研究處技術員課員及本廠技術員所長	証件十件本戰証件（卅）總人字第一八九二号
第五所	荐任十級	所長	何戊德	自二十六年至三十四年共八年任兵工署二十三工廠技術員砲兵技術研究處技術員及本廠技術員所長	証件八件本戰証件（卅）總人字第一八九三号
	委任一級	技術員	李永仁	自二十八年至三十四年共六年半任砲兵技術研究處及本廠技術員	証件十二件本戰証件（卌）處人精字第一三七〇号
第六所	荐任十級	所長	張世權	自二十七年至三十四年共七年任兵工署製造司服务員兵工署二十工廠技術員及本廠技術員所長	証件十件本戰証件（卅）總人斉字第三二二六二号
	軍委三階	事務員	胡子孝	自二十九年至三十四年共五年半任第一戰区幹訓团政治部司書特務長科員第三補訓处第一团副官及本廠事务員	証件四件本戰証件（卌）處人精字第三三二六二号

-6 032

第七所	荐任九級 所長	鄒昱	自二十六年至三十四年共八年任兵工專校助教軍政部軍械人員訓練班教官砲兵技術研究处技術員及本廠技術員所長	証件十一件本戰証件銓七(18)字第一〇八七三号
第八所	委任一級 所長	朱寶鈺	自二十九年至三十四年共五年任砲兵技術研究處技術員及本廠技術員所長	証件十件本戰証件卌處人精字第四九二七一号
	軍委二階 事務員	梅慕周	自二十六年至三十四年共七年半任陸軍九十四師五六〇团軍需九十四師幹部訓練班軍需及本廠事务員	証件六件本戰証件卌總人字第二三一五〇号
	軍委一階 事務員	董維	自二十九年至三十四年共五年任第十二補訓處野戰团特务長副官及本廠事务員	証件五件本戰証件卌處人精字第三三〇五九号
第九所	委任一級 所長	姚錦松	自二十八年至三十四年六年半任砲兵技術研究處技術員及本廠技術員所長	証件十件本戰証件卌處人精字第一三七〇号

第十所	荐任十級	所長	錢啟時	自二七年至三十四年七年半任軍政部紡織廠技士砲兵技術研究處技術員及本廠技術員所長	証件七件本戰証件(卅)總人字第一八九二二号
	軍委一階	事務員	曹俊生	自二十八年至三十四年共六年半任砲兵技術研究處及本廠事務員	証件四件本戰証件(卅)總人字第三〇六八三号
職工福利處	軍荐二階	事員	周克功	自二十六年至三十四年共七年任砲兵技術研究處會計員兵工署桂林修砲廠会計課長及本廠秘書	証件七件本戰証件銓七字第一〇一五四号
	軍荐一階	處員	陳新	自二十六年至三十四年共八年任軍需署營造司調查員砲兵技術研究處課員組員及本廠組員處員	証件七件本戰証件銓七字第八二四号
事業課	軍荐二階	課長	傅抱青	自二十六年至三十四年共八年任兵工署技術司技佐航空兵器技術研究處事員秘書兵工署二七工廠秘書及本廠課長	証件九件本戰証件銓七字第二三六〇八号

034

	軍荐二階 課員	楊維根	自二十六年至三十四年共八年任砲兵技術研究處組員及本廠課員	証件六件本戰証件(卅三)總人斉字第七七六六号	
	同右	沈問清	自二十六年至三十四年共八年任砲兵技術研究処書記股員課員事務員及本廠股長課長	証件九件本戰証件銓七字第一〇四二号	
	軍委一階 課員	胡學恒	自二十八年至三十四年共六年任砲兵技術研究処司書課員及本廠課員	証件九件本戰証件(卅四)處人精字第二二〇三二号	
訓育課	荐任八級 課長	成機禅	自二十九年至三十四年共五年任砲兵技術研究處及本廠課長	証件四件本戰証件銓七字第一〇一一七号	
醫院	聘任 醫師 支薪四九〇元	劉世達	自二十八年至三十四年共六年任砲兵技術研究處及本廠医師	本戰証件(卅三)工人發文乙字第五七二五号	
	聘任 助產士 支薪三〇〇元	金偉如	自二十九年至三十四年共五年任砲兵技術研究処及本廠助產士	同右	

農場	軍委二階 事務員	謝融	自二十九年至三十四年共五年半任砲兵技術研究處及本廠司書事務員	証件五件 本戰証件(卅)處人精字第九二〇号
會計處	支薪二〇〇元 處長	郭孝同	自二十六年至三十四年共八年任砲兵技術研究處会計員組員課員課長及本廠專員處長	証件九件本戰証件(卅)總人斉字第二九〇七号
	軍荐二階 處員	許榮成	自二十七年至三十四年共七年任砲兵技術研究処譯電員及本廠事務員處員	証件六件本戰証件(卅)總人字第二四八八号
簿記課	荐任十級 課長	張景瑞	自二十八年至三十四年共六年任砲兵技術研究處及本廠課長	証件五件本戰証件銓乙(卅)字第一六〇三号
	支薪一八〇元 課員	韓方喜	自二十九年至三十四年共五年任砲兵技術研究処及本廠課員	証件八件本戰証件(卅)處人精字第三七四二号

0036

單位	薪級職別	姓名	經歷	證件
薪工課	支薪一三〇元 課員	何鳴岐	自二十九年至三十四年共五年任砲兵技術研究处及本廠課員	証件六件本戒証件(曲)處人精字第三七四二号
審計課	支薪一四〇元 課員	陸康如	自二十六年至三十四年共八年任金陵兵工廠課員砲兵技術研究處及本廠課員	証件九件本戒証件(世)總人字第一九一九五号
	同右	陳忠策	自二十六年至三十四年共八年任砲兵技術研究處組員股長課長及本廠課員	証件八件本戒証件(世)總人字第一九一九五号
土木工程科	荐任九級 科員	蔣蔭松	自二十八年至三十四年共六年任兵工署五十二工廠工程師及本廠科長	証件三件本戒証件銓七字第四六六七号(18)
	軍荐二階 科員	楊慕之	自二十八年至三十四年共六年任中央軍校特訓班區隊長科員兵工署三十工廠課員副官及本廠事務員科員	証件七件本戒証件銓七字第一五三一号

購置科

軍委一階	科員	梁忠玉	自二十八年至三十四年共六年任陸軍六一師一八二团一營代理連指導員六一師一八二師政指室幹事及本廠科員	証件四件本廠証件卌總人字第二九〇三号
荐任九級	工程師	崔乃煊	自二十六年至三十四年共八年任參謀本部城塞組技佐軍政部城塞局技佐軍政部長江上游江防工程處技士陸軍要塞工兵第二团技士兵工署建庫委員会技士及本廠工程師	証件十件本廠証件銓七字第四〇四三号
軍委一階	管料員	程仲堯	自二十九年至三十四年共五年任兵工署砲兵技術研究處課員及本廠科員	証件五件本廠証件卌總人斉字第一六五一四号
軍荐一階	科長	金樾聲	自二十六年至三十四年共八年任砲兵技術研究處漢陽砲廠服務員股員兵工署第一工廠沅陵砲廠課員砲兵技術研究處組員及本廠科員課長科長	証件九件本廠証件銓七字第五二〇九号
軍荐二階	科員	汪承祝	自二十八年至三十四年共六年半任砲兵技術研究處組員及本廠組員科員	証件四件本廠証件卌總人字第八三五二号

038

軍荐二階科員	舒洪鈞	自二十七年至三十四年共七年任砲兵技術研究處組員課員及本廠課員科員	証件六件本戢證件銓七(18)字第一〇五九四号
軍委一階科員	周旦	自二十六年至三十四年共八年任徐海師管区第三補充团連附軍政部第九補訓處附員第九補訓處四团連附第九補訓處一团連附及本廠押運員科員	証件八件本戢證件(卅)總人字第二三一六九号
同右	余柏群	自二十八年至三十四年共六年任軍委会政治部總務所司書兵工署製造司科員及本廠科員	証件五件本戢證件(卅)總人字第一九一三号
同右	吳高源	自二十九年至三十四年共五年半任砲兵技術研究処事務員組員及本廠組員科員	証件四件本戢證件(卅)總人字第一八〇〇七号
同右	盧渠波	自二十八年至三十四年共六年任砲兵技術研究處組員及本廠科員	証件三件本戢證件(卅)總人字第一四九〇号

軍委二階 科員	凌炳	自二十九年至三十四年共五年任砲兵技術研究處事務員押運員及本廠押運員科員 證件四件六本戰証件(廿)總人字第一九六八九号
軍委一階 押運員	馬文斌	自二十六年至三十四年共八年任鞏縣兵工廠司書兵工署十一工廠課員兵工署駐北碚办事処办事員及本廠押運員 証件五件本戰証件(廿)總人九四〇五号

統計科

軍委二階 科員	梅雁生	自二十九年至三十四年共五年任本廠事務員技術員科員 証件四件本戰証件(廿)總人字第三二四九九号

军政部兵工署第十工厂现职录（一九四五年）

0050

軍政部兵工署第十工廠現職錄

單位區分	現階：編制階	現階：現階	現階：職稱	官位	姓名	別號	籍貫	生年月日	出身校期科畢業年月日及深造校期	初任職務及歷任各職	任職令字號及年月日	就本職年月日
	簡任六級至四級同少將	簡任四級	廠長		莊權	巽行	江蘇武進	前六、一〇、五	德國撒克遜工業大學機械科一三、一二畢業	初任東北兵工廠副技師歷任特派員主任委員科長專員	銓二字第六九七五號 三〇、三、	三〇、三、二一
廠長辦公廳	薦任二級至簡任六級同上校	薦任四級	秘書主任		張家傑	劍豪	江蘇儀徵	前五、八、一七	復旦大學會計系一八、七畢業	初任中東路上海商務所會計員歷任科員主任	銓柒(18)字第八四七五號 三三、六、一〇	三三、四、一
秘書室	薦任五級至二級或同中(上)校	同上校	秘書		盧漢璆	稚文	福建永定	前二五、十、六	上海神州法政專門學校法律本科畢業	初任國民革命軍海軍總司令部文書股長歷任科長主任	銓二字第五七六五號 三一、四、一三	三〇、七、一
	同右	同中校	秘書		羅瑋	歸凡	湖南衡陽	前五、九、一〇	湖南大學政治系一五、六畢業	初任湖南省党部秘書歷任縣長股長教官主任秘書	(卅)總人字第二七三三三號 三二、一二、五	三二、五、一
	薦任六級至四級或同中校	同中校	秘書		沈克俊		安徽石埭	前一、二、三	四川公立法政專門學校政治經濟科一〇、一一畢業	初任兵工署重慶鍊鋼廠書記歷任科長秘書課長	(卅)總人字第一五五二二號 三二、七、一	三二、七、一
	同右	同中校	秘書		金之傑	天鈞	江蘇嘉定	前五、九、八	復旦大學教育系二六、六畢業	初任建設委員會無線電管理處課員歷任教員科員股長	(卅)總人字第二五六〇號 三三、二、二	三一、五、一九

	薦任六級至四級同中校 武	同中校	秘書	吳傑	季英	安徽歙縣	前二一、七、一五、	安徽省立第二師範學校畢業	初任蕪湖警查所調查員歷任廠員辦事員股長課長		三三、八、六、
	同上(少校)尉	軍薦二階	事務員	王錫華		江蘇無錫	民二、二、五、	東吳大學經濟系二五、七、畢業	初任桂林县黨組訓委員會秘書歷任許事教員教官		三三、九、一六、
	同右		副官								
	同中(上)尉		副官								
文書股	同少(中)校	同中校	股長	燕鑄人	慧	湖北黃陂	前八、四、四、	湖北私立法政專門學校畢業湖北省立第一師範高級文科畢業	初任前第十軍政治部秘書歷任科長參謀教員校長秘書	(世)總人字第一七八九八號 三二、七、二六、	三二、五、一、
	同少校		股員								
	同上尉		譯電員								
	同少(中上)尉	軍委二階	事務員	樊介祥		四川江北	民二、四、四	巴縣縣立中學肄業	初任上海保權工藝場貨棧保管員歷任組員科員		三三、七、一、

0052

	同右	軍委二階	事務員		周建宏		四川武勝	民四、一〇、六	南充嘉陵中學畢業	初任武勝商會書記歷任書記股員	(卅四)人精字第一四六五號 三四、一、一九	三四、一、一九
	同右	軍委三階	事務員		王道		河北北平	民四、二、一〇	北平勵志中學初中部二三、七畢業	初任本廠事務員	(卅)總人齊字第一三二三〇號 三三、四、二五	三三、四、二五
	同右	軍委二階	事務員		劉澄	濬泉	四川潼南	民五、五、六	潼南縣立中學畢業	初任潼南縣政府戶籍員歷任特務長教員	(卅)總人齊字第一四六〇號 三三、五、二	三三、五、二
	同右		〃									
人事股	同少(中)校	同中校	股長		方燕恭		安徽定遠	前五、三、三	上海聖約翰大學文科畢業	初任懷遠縣政府科長歷任局長股員書記課員	(卅)總人字第一四二八四號 三二、六、一九	三二、四、三
	同上(少校)尉	軍薦二階	股員		丁聰	瑩都	江蘇無錫	前一、二、八	北平朝陽大學法科二三、七畢業	初任北平協和醫院社會部幹事歷任院長編審組長	銓(卅)字第二一三九三號 三三、一二、二七	三三、一〇、二四
	同少(中上)尉	軍委一階	事務員		楊立成	中杰	安徽懷寧	民五、三、一〇	江西省立九江鄉村師範學校普通師範科二五、七畢業	初任江蘇政府事務員歷任所長經理員辦事員	(卅)總人齊字第三三三一九號 三三、一〇、三	三三、一〇、三
	同右	同中尉	事務員		祝修華		浙江海寧	民二、七、二六	海寧中山中學一九、七畢業	初任海寧縣圖書館管理員歷任辦事員	(卅)總人字第一六九六六號 三二、八、一四	三二、八、一四

0053

檔案股	同少校	軍委一階	股長	胡佩玉	安全	四川重慶	前三、八、一七、	重慶求精中學畢業	初任內江縣捐稅局科長歷任辦事員股員書記	(卅)總人齊字第二〇六〇六號 三三、六、二〇、	三三、一、一、
	同上尉	軍委一階	股員	李蔚農	明棟	江蘇灌雲	民二、三、二、	江蘇省立東海師範學校畢業	初任陸軍第三師砲兵營書記歷任副官書記事務員	(卅)總人齊字第八八四九號 三三、三、二、	三三、三、三、
	同少(中上)尉	軍委二階	事務員	林道生	本立	湖南武岡	民二、二、九、	湖南省立第一中學高中部二六、三畢業	初任軍政部會計處審核員歷任書記軍需	(卅)人精字第三五二二號 三四、二、一、	三三、四、廿、
事務課	同少(中)校	軍薦二階	課長	沈問清		浙江崇德	民二、四、六、	海寧中山中學一六、六畢業	初任崇德第四區署助理員歷任幹事書記課員股長	銓(七)字第一〇四二號 三三、九、一四、	三三、一、一、
	同上(少)校(尉)		課員								
	同右	軍薦二階	課長	陳凱	雲鶴	湖南衡陽	前六、五、六、	中華聖公會文華大學預科一四、六、畢業	初任湖南陸軍第四師達道歷任副官達長主任課員	銓(七)(18)字第五九八五號	三三、六、廿四、
	同中(上)尉	軍委二階	課員	吳高祥		四川江津	民六、三、八、	成都成城中學肄業	初任重慶華中實業公司監工員歷任司書事務員	(卅)總人齊字第二五九九四號 三三、八、二六、	三三、五、四、
	同右	軍委一階	課員	丁士良		江蘇江陰	前二、一、二九、	江陰澄翰中學一六、七畢業	初任中央軍校印刷所工務員歷任工務員指導員	(卅)總人齊字第一六五四號 三三、五、二〇、	三三、一一、二五、

0054

	同右	同上尉	課員	劉蔭棠	菊莊	江蘇武進	前六、九、二六	江蘇省立第五中學二〇、七畢業	初任濟南兵工廠廠員歷任司書事務員	(卅)總人字第二七三二八號 三二、一一、四	三二、七、二六
	同少(中上)尉	同上尉	事務員	徐可昭		山東平度	民五、五、三	青島市立中學二五、六畢業	初任保安第二大隊副官歷任隊長辦事員	(卅)總人字第一四五七九號 三三、六、三一	三三、三、一〇
	同右	軍委二階	事務員	王繼春		山東滕縣	前五、六、一七	滕縣縣立小學畢業	初任廣西靈川民團司令部司書歷任司書	(卅)總人濟字第三九一五號 三三、二、一四	三三、二、四
	同右	軍委一階	事務員	李隆光		四川成都	民二、二、四	國立松潘實用職業校畜牧獸醫科畢業	初任四川於業示範場助理員歷任管理員		三三、一〇、一五
	同右		事務員								
出納課	委任六級至一級或同少(中)校	同少校	課長	余暢徵	則凱	江蘇武進	民三、六、一八	江蘇省立常州中學二四、八畢業	初任砲兵技術研究處書記歷任股員課員	(卅)總人字第二五六〇號 三三、二、二	三三、二、二
	委任八級至四級或同上(少校)尉	支薪八十元	課員	陳元珠		江蘇武進	民五、一〇、三〇	重慶大公職業學校中級會計科三三、一一畢業		(卅)總人濟字第三三三一號 三三、一〇、一	三三、六、八
	同右	支薪一百元	課員	湯湘		江蘇武進	民六、一、一五	成都正則會計學校二八、二畢業	初任重慶通惠實業工廠會計員歷任會計員課員	(卅)總人濟字第一〇五二六號 三三、三、三一	三三、三、三

	委任十級至六級或同中(上)尉	支薪一百二十元	課員	謝哲孫		江西南昌	前三、一〇、四	江西法政學校法科一〇、七畢業	初任江西銀行文書主任歷任主任經理	(卅)總人齊字第一五二〇號 三三、一、三	三三、六、三
	同右	同中尉	課員	楊福鏋		湖北宜昌	前三、二、六	武昌高等學堂四、一〇、畢業	初任宜昌財政局辦事員歷任事務員	(卅)總人字第一〇七三二號 三三、五、六	三三、五、六
	同少(中上)尉	同少尉	事務員	李成果	逢福	湖南衡陽	民一〇、六、二〇	國立第三中學高中部肄業	初任本課事務員	(卅)總人字第一六九六六號 三三、八、四	三三、八、四
	同右		事務員								
成品庫	同少校	代理軍薦二階	庫長	郭品璋		江蘇鎮江	民三、二、九	南京金陵大學文學院肄業二年	初任江寧縣公安局書記歷任股員書記課員	銓(卅)字第一六四八號 三三、一〇、四	三三、一〇、四
	同中(上)尉	軍委一階	庫員	李局全		四川墊江	民三、一、九	陸軍第八十八軍軍官隊畢業	初任二十一軍第四師三十二團連長歷任教官	(卅)總人齊字第二〇六〇六號 三三、六、二〇	三三、六、二〇
	同右	軍委一階	庫員	孫壽卿		山東濟寧	前一、一、三	南京成美中學一九、一二、畢業	初任軍委會顧問事務處書記歷任辦事員科員		三三、三、一
	同少(中)尉	軍委三階	庫員	孫雲山		江蘇寶應	民二、三、七	南京東方中學肄業二年	初任江南汽車公司技師歷任押運員	(卅)總人齊字第六一八七號 三三、二、二八	三三、二、二八

0056

	同右	軍委三階	課員		楊定祥		四川巴縣	前九、八、二〇、	重慶川東聯立師範學校肄業二年	初任重慶元昌商號管理員歷任司書	(卅)總人齊字第四〇二〇號 三三、一二、二〇、	三三、七、一、
	同少(中)尉	軍委二階	事務員		李倫光	允中	湖南長沙	民二、二、五、	湖南私立廣德中學肄業二年	初任湖南鐵業管理處辦事員	(卅)總人齊字第六一八七號 三三、二、六、	三三、二、六、
	同右	軍委二階	事務員		程祖蔭		江蘇無錫	民五、二、一〇、	無錫縣立中學肄業 兵工署學兵總隊學生隊畢業	初任兵工署學兵總隊軍械軍士歷任事務員	(卅)人精字第三〇〇〇號 三四、一、三、	三四、一、三、
警衛稽查組	中(上)校	代理上校	組長		袁祖超	亮平	湖北鄂城	前一、一、六、	中央軍校第七期九、九畢業 中央警官學校高級班一期二六、三畢業	初任警官訓練班中校中隊長歷任督察員所長主任教官副處長	銓五字第二二七六號 三三、五、二、	三三、五、二、
	少(中)校		副組長									
	少校	少校	組員		嚴國威	匡	浙江杭縣	民三、三、八、	中央警官學校特警班一期二八、一畢業	初任上海絲織產業工會常務主席歷任科員組長	(卅)總人齊字第二七三一八號 三一、一、四、	三一、八、八、
	上尉	上尉	組員		姚吟秋		江蘇徐州	民五、三、二、	河南開封建國中學二五、七畢業	初任軍委會技術研究室技佐歷任科員	(卅)總人齊字第三三三九號 三二、三、六、	三二、三、二、
	同右	上尉	組員		劉亮丞		陝西南鄭	民二、一〇、一〇、	浙江警官學校畢業	初任南鄭鋪鎮小學教務主任歷任幹事科員		三三、八、四、

上尉	上尉	組員		卞壽農	憑俠	河南汲縣	前五、三、一〇	河南省立農業學校二三、四畢業 中央警官學校特警班一期二七、二、畢業	初任平漢鉄路警務段偵探長歷任隊附隊長	(卅)總人字第三七八三號 三二、一一、三	三二、八、六
同右	上尉	組員		覃鳳池	靜之	湖北來鳳	民五、四、三	湖北省立舊制十三中學二六、一三、畢業 軍委會特政班第三期三二、五、畢業	初任來鳳縣立小學教員歷任隊長服務員科員	(卅)總人齊字第二四九五五號 三三、八、二	三三、八、二
同右	上尉	組員		楊樹森	豐山	河北安新	民六、七、六	安新縣立初級中學二六、七、畢業 軍委會特訓班第三期三〇、四、畢業	初任國民革命軍第三路總指揮部手槍旅排附歷任區隊長副官股員	同右	三三、八、二
中尉	中尉	組員		林毅強	德民	廣東文昌	民五、四、四	中央軍校十七期步科三一、八、畢業	初任廣東三民主義青年團分隊長		三三、一〇、三
同右	少尉	組員		粟翼和	中幹	湖南長沙	民七、四、二九	中央警官學校特訓班三三、一一畢業	初任西南戰地工作人員訓練班管理員歷任股員		三三、一二、一
同右		組員									
同右		組員									
同右		組員									

0058

								警衛大隊
同右	同右	同右	同右	同右	同少尉	同右	少(中)校
		軍委二階			同少尉	軍委三階	少校
組員	組員	組員	組員	組員	司書	司書	大隊長
		郭竹青			董有華	袁壽武	唐猶龍
		王安			鶴	雨濃	幼龍
		湖北黄陂			四川涪陵	湖北武昌	湖南武岡
		民一、三、一〇			民六、二、三、	前一、四、三、	前一、一、六、
		黄陂縣立小學一九、七畢業 憲訓班第五期二四、一〇、畢業			巴縣縣立三里職業學校二七、三、畢業	武昌中華大學高中部二、畢業	湖南第二聯合中學一九、一二、畢業 砲兵學校尉官班三期二五、一二、畢業
		初任陸軍第三師補充團特務長歷任排長事務員			初任涪陵縣立中心小學教員	初任重慶防空司令部司書歷任稽徵員助理員	初任陸軍八三師觀測員歷任連附連長營附教官
		(卅)總人晉字第二〇六〇六號 三三、六、二〇、			(卅)總人字第一六三六號 三三、七、七、		(卅)總人晉字第二三〇三五號 三三、七、八、
		三三、六、二〇、			三三、一一、六、	三三、九、二三、	三三、一一、一、

	上尉	上尉	大隊附		朱幼松	友森	安徽桐城	民七、三、一、	中央軍校二分校十六期步科二八、二、畢業	初任陸軍一四師補充團指導員歷任區隊長中隊長軍械員科員	(卅)總人齊字第三五八四五號 三三、十、三、	三三、四、一、
	中尉	准尉	副官		凌炳春		湖南湘潭	民二、二、二五	湘潭縣立中山初級中學三二、一五畢業	初任湖南株州郵局郵務員		三三、二、二、
	二等軍需佐	三等佐、	軍需		張治華	杏全	湖南長沙	民六、三、四、	湖南長郡聯立中學二六、二、畢業 軍需學校第十三期學員班三三、九畢業	初任國民革命軍第四路軍幹教總隊司書歷任特務長副官	(卅)總人齊字第一三四七五號 三三、六、二、	三三、六、二、
	同少(中)尉	同中尉	書記		湯根琛	修塏	安徽宿松	民五、一、三	安徽省立宿松中學二六、三、畢業	初任砲兵技術研究處事務員歷任司書事務員	同右	三三、六、二、
第一中隊	上尉	代理上尉	中隊長		賀文和	祥武	湖北當陽	民五、九、三	中央軍校十七期步科畢業	初任陸軍第二軍七六師連附歷任區隊長分隊長中隊附	(卅)總人齊字第二九九九二號 三三、九、二、	三三、九、二、
	中尉	中尉	中隊附	步兵少尉	劉志欽		安徽渦陽	民五、二、五、	中央軍校軍訓班十期步科畢業	初任十二補訓處三團排長歷任排長附員分隊長		三三、二、九、
	准尉	准尉	特務長		劉俊卿	成範	四川三台	民七、二、八、	陸軍四五軍軍官教育團畢業	初任十二補訓處三團排長		三三、九、三、
	中尉	中尉	分隊長		王敦惠		河南汲縣	民七、三、九、	中央軍校十七期步科三〇、九畢業 陸軍特種兵聯合分校工兵科畢業	初任五九軍一八〇師五三九團排長歷任排長助教	(卅)人積字第四二五號 三四、一、一〇、	三三、九、九、

0060

	少尉	少尉	分隊長	戴振亞		湖南慈利	民七、三、二六、	中央軍校十八期砲科三二、二、畢業	初任陸軍新編五師十三团排長	同右	三三、二、九、
	同右	少尉	分隊長	尚步連	志	江蘇銅山	民二、八、兩、	徐州中學初中部三一畢業 陸軍五七師幹部教育班一期二四、一〇、畢業	初任陸軍五七師排長歷任排長副官		三三、一、一〇、
隊二中隊	上尉	上尉	中隊長	韓劲成		四川巴縣	民二、七、二〇、	中央軍校十四期步科二七、一一、畢業	初任軍委會別動總隊一大隊二中隊隊員歷任排長副官軍校員組員	(卅)總人喬字第一〇五二六號 三三、三、三一、	三三、三、三、
	中尉	少尉	中隊附	孔慶任	壽朋	浙江永康	民九、四、四、	中央軍校十八期步科三二、二、畢業	初任本隊分隊長		三三、一一、九、
	准尉	准尉	特務長	曹光軍		四川武勝	民三、五、二、	四川省十一區保安幹部訓練班三一、九、畢業			三三、一〇、一、
	中尉	中尉	分隊長	龔秉鈞	世傑	四川瀘縣	民六、二、九、	中央軍校十八期砲科三二、二、畢業	初任第一補訓處參謀處附員歷任排長	(卅二)總人齊字第三三四九四號 三三、一〇、九、	三三、一〇、九、
	少尉	准尉	分隊長	張福建		江蘇銅山	前六、一〇、三、	銅山縣立師範學校肄業	初任本隊上士班長歷任副官		三三、一一、九、
	同右	少尉	分隊長	桂雲龍		湖北黃梅	民五、一〇、三、	陸軍四一軍幹訓班三一、六、畢業 軍委會東南幹訓團步科三二、六、畢業	初任萍鄉煤礦局押運員歷任排長	(卅)人精字第四三五號 三四、一、一〇、	三三、八、三

0061

部隊	階級		職務		姓名	字號	籍貫	出生	學歷	經歷		備考
機槍中隊	上(中)尉		中隊長									
	中尉		中隊附									
	准尉		特務長									
	中(少)尉		分隊長									
	少(准)尉		分隊長									
消防隊	上(中)尉		隊長									
	中(少)尉		隊附									
	中尉	中尉	通信管理員	兵少尉	馬兆奎	敦廉	四川簡陽	前二、七、三〇、	中央軍校成都分校二期交通訓練班二六、九畢業	初任國民革命軍二八軍三師十團排長歷任中隊長附員軍械員		三三、一、六

0062

工務處	薦任二級至簡任六級	簡任六級	處長		榮象謦		江蘇無錫	前八、三、五	德國柏林工業大學畢業	初任上海兵工廠砲彈廠主任歷任教員課長委員主任	銓二字第五七六五號 三〇、四、一三	三〇、七、一、
	同少(中)校	同少校	處員		胡良濟	文寅	浙江杭縣	前四、一、一	浙江之江大學文學院肄業	初任考試院書記官歷任科員股員	(卅)總人字第一四九六四號 三一、六、二六、	三一、六、二六、
	同少(中上)尉	同中尉	事務員		鄔世昌	代榮	四川大足	前七、二、一九、	大足縣立舊制師範學校肄業	初任大足縣團務辦事處書記歷任調查員所員司書	(卅)總人字第二三一五〇號 三一、一〇、五、	三一、一〇、五、
	同右	軍委二階	事務員		徐清塵		江蘇武進	民一〇、七、一〇、	國立第二中學三三、一、畢業	初任本處事務員	(卅三)總人啓字第六六九一號 三三、二、二七、	三三、二、二七、
工程師室	薦任三級至簡任六級	薦任二級	總工程師		陳心元	寶善	山東惠民	前十、四、八、	同濟大學電工機械系一九、九、畢業	初任啟新洋灰公司修機廠第二工程師歷任技術員所長		三四、一、一、
	薦任四級至一級	薦任一級	工程師		蔡其怨		江蘇青浦	前八、三、二、	同濟大學電工機械系一四、六、畢業	初任同濟大學機師科教員歷任主任教員技術員所長	銓案(18)字第八四七五號 三三、六、一〇、	三三、四、一、
	同右		工程師									
	薦任六級至三級	薦任二級	工程師		陳善棠		廣東梅縣	前四、七、八	德國勃朗斯威高工大學機械科三三、三畢業	初任兵工署兵工研究委員會助理委員歷任技術員工程師所長	銓案(18)字第八四七五號 三三、六、一〇、	三三、四、一、

薦任六級至二級	薦任二級	工程師		楊書仇		廣西陸川	前二、二、二九、	德國柏林工業大學機械科二五、四畢業	初任廣東第二兵工廠工程師歷任工程師主任	銓(七)字第一九三一六號 三三、六、一四、	三三、二、一四、
委任一級至薦任三級	薦任四級	工程師		孟繼炎	漢丞	山東長清	前四、一、二、	同濟大學電机机械系二〇、一〇、畢業	初任上海求新造船廠机器部工程師歷任工程師助教技術員課長	銓叙(18)字第八四七五號 三三、六、一〇、	三三、四、一、
同右		工程師									
同右	薦任十級	工程師		張庭桂		江蘇金山	民一、八、六、	同濟大學机械系二五、七、畢業	初任陸地測量總局飛机修理所所長歷任技術員工程師	銓(七)字第一六八三八號 三三、一〇、一六、	三三、三、一、
委任三級至薦任六級	薦任十級	技術員		陳志暄	鳳翹	安徽廬江	前七、二、二五、	安徽省立第一工業學校三六、畢業	初任上海兵工廠練習生歷任廠員服務員科員廠長	銓(七)字第一〇三號 三三、八、六、	三三、八、六、
同右		技術員									
同右	委任二級	技術員		張善	善政	浙江嘉善	民三、三、六、	同濟大學机械系二八、八、畢業	初任民生公司機器廠技術員歷任工程師	(卅)人精字第二六七五號 三四、一、二五、	三三、一〇、二、
委任八級至四級	委任三級	技術員		陳俊明		江蘇上海	前一、二、一〇、	上海濬水測繪學校畢業	初任上海亞諾爾工程事務所繪圖員歷任工務員技術員課員	(卅)總人(晉)字第一八六二五號 三三、八、六、	三三、八、六、

0064

	同右	委任五級	技術員		李國瑋	滄濤	廣東五華	民六、二、六、	廣州市立第三職業學校電氣工程科二六、七、畢業	初任廣州協同和機器廠助理員歷任機務員技術員	(卅三)總人齊字第一九九九八號三三、六、一、	三三、六、一、
	同右	委任十一級	〃		田嘉璧		雲南雲龍	民一三、一六、	同濟大學附設高職機械科三三、一、畢業		(卅三)總人齊字第一六五一四號三三、五、三〇、	三三、一、三〇、
	委任十一級至五級	委任五級	〃		張朋奭		湖北江陵	民六、七、二	廣西大學機械系三一、六、畢業	初任航空委員會第二飛機製造廠服務員歷任技士	(卅三)總人齊字第二四五〇六號三三、七、三、	三三、七、三、
	同右	委任五級	〃		蕭晉		四川宣漢	民八、四、一〇、	重慶高級工業職業學校二七、三、畢業	初任中國機器鑄造廠繪圖員歷任管理員技術員	同右	三三、七、三、
	同右	委任十一級	〃		曹啟勳		浙江寧波	民八、七、八、	同濟大學附設高職機械科三三、七、畢業		(卅三)總人齊字第四〇五六四號三三、八、三〇、	三三、八、四、
	同少(中)尉	軍委二階	事務員		卜慶成		江蘇武進	民七、九、二四、	武進私立正衡中學二六、七、畢業	初任中華書局香港印刷廠事務員	(卅三)總人齊字第一三三六八號三三、四、二七、	三三、四、二七、
	同右	同中尉	〃		陶維瑩		四川雲陽	民九、七、一九、	雲陽縣立初級中學三〇、六、畢業	初任雲陽縣立中心小學教員	(卅三)總人字第三〇六八三號	三三、三、三、
作業課	委任一級至薦任三級	委任三級	課長		葉貽浩	本澄	浙江鄞縣	民七、四、六、	同濟大學附設高職機械科二六、六、畢業	初任砲兵技術研究處技術員歷任技術員所長	(卅三)總人齊字第二九三五一號三三、九、一二、	三三、九、一二、

八

0065

姓名	等級範圍	官等	職別	籍貫	出生	學歷	經歷	審查字號	日期
吳庭亨	委任四級至薦任六級	委任一級	技術員	江蘇武進	前七、三、九、	上海東華大學机械系一六、六、畢業	初任武進縣立女子職業學校教員歷任技術員工程員助理工程師	(卅)總人字第一六二二六號 三二、七、七、	三二、七、七、
徐為康	委任八級至四級	委任八級	ク	浙江鄞縣	民九、十一、二六、	同濟大學機械系三二、七、畢業		(卅)總人審字第三九三七五號 三二、十一、二六、	三二、七、一五、
鍾恩寵	同右	委任七級	ク	廣東五華	民四、三、二六	同濟大學機電系三二、七、畢業	初任本處技術員	(卅)總人審字第三三三六八號 三三、四、二七、	三三、四、二七、
周載潢	同右	委任六級	ク	浙江吳興	民七、三、四、	上海大同大學電機系三二、六、畢業	同右	(卅)總人審字第二九三五一號 三三、九、三一、	三三、九、三、
閻梓亭	同右	委任六級	ク	河北青縣	民二、四、二六、	安慶高級工業職業學校机械科二六、六、畢業	初任南京百水橋研究所導工歷任技師技術員	(卅)總人審字第三五〇三四號 三三、十、一八、	三三、十、一八、
傅元慶	委任十一級至四級	委任六級	ク	江蘇武進	民六、十、十、	西北工學院礦冶工程系三二、七、畢業	初任鋼鐵廠遷建委員會技術員	(卅)總人審字第三三三三七號 三三、七、四、	三三、二、八、
金性初	同右	委任七級	ク	浙江溫嶺	民三、一、	同濟大學附設高職机械科二〇、七畢業	初任中央机器廠工務員歷任技術員	(卅)總人審字第三二九七八號 三三、九、二七、	三三、三、二六、
莊鍍瑞	同右	委任八級	ク	江蘇武進	民九、十、一五	重慶大學化學系畢業		(卅)總人審字第三五八六九號 三三、十、三一、	三三、九、一九、

0066

	同右	委任九級	技術員		陳欉		江蘇武進	民五、七、三	江蘇常州中學機械科肄業二年	初任湖北省政府電機修理所技佐歷任技術員	(卅)總人齊字第二九二九二號	三三、九、一一	三三、九、二一
	同少中上尉	同上尉	事務員		孟榮鉅		江蘇江寧	民三、二、二	江寧師範學校畢業	初任江寧縣邁皋橋小學校長歷任教員辦事員主任	(卅)總人字第一五八四〇號	三三、七、五	三三、七、二
	同右	軍委三階	〃		高啟良		江蘇嘉定	民七、三、三	嘉定蘇民職業學校二六、七、畢業	初任上海保校工藝廠辦事員歷任書記	(卅)總人齊字第二〇九九八號	三三、六、二六	三三、八、一
	同右	同少尉	〃		張郅遠		安徽合肥	民二、五、三	安徽正誼中學肄業二年半	初任江蘇青口鹽務局事務員歷任書記特務長	(卅)總人字第六二五七號	三三、四、一三	三〇、一〇、二七
	同右	同上尉	〃		宋銘三		雲南晉寧	前一、四、九	江西大同中學畢業	初任陸軍砲兵學校書記歷任股員課員	(卅)總人字第六二五七號	三三、四、一三	三〇、一一、三
檢驗課	委任一級至薦任三級	薦任三級	課長		林清許		廣東蕉嶺	前二、二、六	日本東京帝國大學機械科一六、三畢業 德國柏林大學文科一九八、肄業	初任前第一集團軍空軍司令部技士歷任科長工程師處長	銓[illegible]字第八四七五號	三三、六、一〇	三三、四、一
	委任六級至三級	委任三級	技術員		丁原松	雲濤	山東日照	民四、八、一四	同濟大學機械系三〇、一畢業	初任長豁華中水泥廠技師	(卅)總人精字第一二七八號	三四、一、一六	三三、一〇、三
	同右	委任四級	〃		吳人杰	正學	湖北漢陽	民一、三、四	湖北省立高級工業職業學校機械科畢業	初任平漢鐵路鄭州機務修理廠實習生歷任工務員	(卅)總人齊字第二〇六八三號	三三、六、二一	三三、六、三

委任六級至二級	委任四級	技術員	尹家聰	贊鵬	山西盂縣	民五、一二、八、	中山大學机械系肄業一年	初任兵工署廿一廠技術員歷任技術員工程師	(卅四)人銓字第五八四八號 三四、三、七、	三三、三、二六、
同右	委任三級	〃	戴樹智		江蘇吳縣	民六、二、二、	同濟大學机械系畢業	初任軍政部汽油廠工務員歷任工務員	(卅三)總人審字第三五〇三四號 三三、一〇、一八、	三三、一〇、六、
同右	委任三級	〃	包其家		江蘇崑山	民七、九、二六、	同濟大學附設高職機械科六、畢業	初任重慶恒順机器廠机務員歷任工務員技士	同右	三三、一〇、六、
同右	委任八級	〃	柴宏業	式寬	浙江紹興	民九、八、二六、	同濟大學機械系三三、七、畢業		(卅三)總人審字第三九三七五號 三三、一一、二八、	三三、七、二七、
委任一級至四級	委任三級	〃	余炳儒		浙江杭縣	前一七、五、一五	上海梵皇渡公學机械科肄業二年半	初任金陵兵工廠技術員歷任技術員課員	(卅三)總人審字第一九九九八號 三三、六、一、	三三、六、二一、
同右	委任三級	〃	林穗經	志展	福建閩侯	前二、一、一八、	福州電氣公司藝術傳習所五三、畢業	初任上海江南造船所管理員歷任助理員代組長技術員	(卅三)總人審字第一三六八號 三三、四、二七、	三三、四、二七、
同右	委任七級	〃	南贊岐		江蘇江都	民八、五、二六、	同濟大學機械系三一、六、畢業	初任本廠技術員	(卅三)總人審字第一九九一〇號 三三、六、一〇、	三三、六、一〇、
同右	委任六級	〃	馬天文		河北河間	民二、九、三、	河北省立高級工業學校二三、七、畢業	初任太原兵工廠技術員歷任技術員	(卅四)人銓字第五五六一號 三四、二、二七、	三三、三、三、

0068

一

	同右	委任十一級	技術員		[illegible]權	執中	四川萬縣	民一〇、九、三、	重慶高級工業職業學校机械科三三、六、畢業	初任重慶高工校机工廠管理員	(廿)總人喬字第三三二一號 三三、一〇、一、	三三、六、二六、
	同右	委任十一級	〃		倪華堂		南京市	民八、八、八、	同濟大學附設高職机械科三三、七畢業		(廿)總人喬字第三五八四五號 三三、一〇、三一、	三三、七、三、
	同少(中上)尉	軍委二階	事務員		申屠華	之実	浙江東陽	民二、一、六、	東陽中學一九、五畢業	初任東陽鄉村初級小學教員歷任副官幹事	同右	三三、六、五、
	同右	軍委二階	〃		譚隆文	銀川	四川巴縣	民一〇、九、二九、	太原反仁中學高中部肄業二年	初任本處事務員	(廿)總人喬字第一九五五二號 三三、六、八、	三三、六、八、
	同右	同中尉	〃		潘蘭清		江蘇吳縣	民三、九、二〇、	安慶女子師範學校肄業一年	初任本廠子弟小學事務員	(廿)總人喬字第九一號 三三、一、四、	三三、一、四、
	同右	軍委一階	〃		管運希		浙江嘉興	前四、九、一八、	浙江甲種農業學校一七、六、畢業	初任後勤部第三十一軍械庫庫員歷任庫員事務員	(廿)總人喬字第三一八六號 三三、四、	[illegible]三、一、
工政課	委任一級至薦任三級或同中校	軍薦二階	課長		潘鴻	一鳴	浙江平湖	前一三、一〇、八、	南京海軍電雷學校五、七畢業	初任護法艦隊飛鷹軍艦實習生歷任副電官正電官主任課員	銓叙(18)字六三八七[illegible] 三三、六、	[illegible]
	委任六級至一級或同少校		課員									

	委任六級至一級或同少校	同上尉	課員		李子範		浙江定海	民二、二、七、	上海民立中學肄業	初任上海元順轉運公司事務員歷任辦事員庫員	(世)總一四九○[illegible]三一、一[illegible]
	委任八級至五級或同上尉	同上尉	〃		宋萬山		江蘇淮陰	前七、五、一、	江蘇省立第六中學畢業	初任湖北建設廳航政處管理員歷任事務員辦事員課員	(世)總人字二九七○[illegible]三一、二、二[illegible]
	同右	同中尉	〃	|	趙亞沛		山東肥城	民十、九、八、	國立第一中學二九、二三畢業	初任本課事務員	(世)總人字二七四四號三三、五、一九、
	同右	同上尉	〃		高啟智		江蘇嘉定	民四、二、八、	上海三育中學二三、七畢業	初任上海保权工藝廠廠務主任歷任顧問主任	(世)總人字第二三一四七號三三、一○、四、
	同右	支薪一百三十元	〃		陳志伊		安徽廬江	民三、八、二、	中央警官學校正科第三期二七、八畢業	初任自貢市防空指揮部警備總隊分隊長歷任科員股長教官主任	(世)總人字第六七七四號三三、三、一、
	委任十級至五級或同中(上)尉	支薪一百二十元	〃		劉佩紛		湖南桂陽	民七、五、四、	中央大學法律學系三五、八、畢業	初任司法行政部人事司科員	(世)總人甯字第二五九二號三三、八、二、
	同右	支薪一百二十元	〃		盧立英	福成	浙江吳興	民七、四、五、	全國民營電業聯合會電業學校二六、七畢業	初任華生電器廠工程員歷任工務員管理員	
	同少(中上)尉	同中尉	事務員		曾維舉	希賢	江蘇江寧	民一、三、一○、	南京鐘英中學畢業	初任安徽長淮水上公安局司書歷任司書事務員	(世)總人字第九四○五號三三、四、二○、

李子範		[illegible]
宋萬山		[illegible]
趙亞沛		三三、五、一九、
高啟智		三三、一○、四、
陳志伊		三三、三、一、
劉佩紛		三三、五、八、
盧立英		三三、二、四、
曾維舉		三三、四、二○、

0070

	同右	同中尉	事務員	宋毓麟		河北南宫	民五、六、二六、	南宫縣立初級中學畢業 陸軍一一三師軍士連畢業	初任陸軍一一三師六三九團特務長歷任副官	(卅)總人字第一九六八九號 三二、八、三〇、	三二、八、三〇、
	同右	軍委三階	〃	李繼民		四川廣漢	前二、二、二〇、	廣漢元覺寺小學畢業	初任四川塩務税捐局辦事員歷任查緝員錄事	(卅)人精字第一三五五號 三四、一、六、	三四、一、六、
	同右	軍委二階	〃	李永祥	中健	江蘇如皋	民六、五、二五	南京五州中學高中部二三、畢業	初任經濟部採金局出納員歷任廣務事務員		三三、三、二六、
材料庫	委任五級至一級或同少(中)校		庫長								
	委任八級至五級或同上尉	委任七級	庫員	方和昌		浙江蘭谿	民七、三、三、	同濟大學附設高職機械科三〇、一、畢業	初任兵工署第二十工廠技術員歷任工務員	(卅)總人晉字第四一〇一四號 三三、三、二〇、	三三、一〇、一、
	同右	同中尉	〃	賀家熾		安徽滁縣	民七、九、九、	國立第九中學高中分校畢業	初任安徽全椒縣政府科員歷任助理員庫員	(卅)總人字第一九一三號 三三、一、二	三三、一、一、
	同右	同中尉	〃	何仲良		江蘇吳縣	民四、二、四、	吳縣縣立中學三三、七、畢業	初任重慶漢與鉄工廠材料收發員歷任助理員事務員	(卅)總人字第三三二〇四號 三三、三、六	三三、七、
	同右	軍委一階	〃	潘光昌		安徽全椒	民元、五、六	教育部特設第一中山高中部二九、七、畢業	初任重慶明豐公司會計員歷任庫員	(卅)總人晉字第一〇五二六號 三三、三、三	三三、三、三、

	委任十一級至七級或同中(上)尉	軍委一階	庫員		胡文彬		上海市	民九、四九、	上海上公中學二七、八畢業	初任香港日報館事務員歷任庫員	(卅)總人審字第三九〇八三號 三三、九、七、	三三、九、七、
	同右	軍委一階	〃		孫庠大		江蘇武進	民二、九、三	無錫輔南中學初中部二六、七畢業	初任中央大學事務員歷任庫員	(卅)總人審字第一〇五三六號 三三、三、三、	三三、三、[illegible]
	同右	委任十八級	〃		楊馭恩		雲南劍川	民二、一〇、八、	同濟大學附設高職機械科三三、十畢業		(卅)總人審字第一六五三四號 三三、五、一〇	三三、一一、三〇、
	同右		庫員									
	同少(中上)尉	同中尉	事務員		李紹德		河南濟源	民一〇、一、六、	河南省立聯中畢業	初任本庫事務員	(卅)總人字第三〇八九四號 三三、三、九、	三三、三、九、
	同右	同上尉	〃		陳潛		浙江臨海	民五、七、六、	臨海私立東山中學二二、六、畢業	初任宜昌關監督署辦事員歷任司事庫員	(卅)總人字第四三一六號 三一、三、一八、	三一、一、一、
第一所	薦任六級至二級	薦任五級	所長		金子澄		江蘇無錫	前七、四九、	同濟大學機師科一五、七畢業	初任交通兵第一團技士歷任技士主任股長	銓叙(卅)字第一〇八七三號 三二、七、一九、	三二、七、一九、
	委任六級至一級	委任一級	技術員		楊汝文	獻之	浙江嵊縣	民二、一一、一、	同濟大學附設高職機械科二六、七畢業陸軍機械化學校(三)七畢業	初任軍委會西南運輸處技士歷任教官工程師	(卅)總人審字第一六六二九號 三三、四、四、	三三、四、四、

十一

	委任八級至三級	委任六級	技術員		王學琛	乃旭	江蘇宿遷	民三、七、三	湖北省立武昌高級職業學校机械科三五、七畢業	初任重慶人和製鉄公司製圖員歷任技術員	(卅)總人齊字第四〇二一號 三三、三、三	三三、三、三
	同少(中上)尉	同少尉	事務員		郭璽		河北安國	民五、四、五	河北正定中學高中部肄業二年	初任河北民軍總指揮部書記歷任司書	(卅)總人字第三〇八一四號 三三、二、七	三三、七、九
	同右	軍委三階	〃		張裕驥		安徽蕪湖	民一、五、五	安徽省立蕪湖高級職業學校商科二四、六畢業	初任交通部遂建區運輸辦事處站員歷任服務員辦事員	(卅)總人齊字第二〇六八三號 三三、六、二	三三、四、四
	同右	軍委三階	〃		楊昌廷		四川銅梁	民一〇、七、五	銅梁縣立初級中學二五、七畢業	初任銅梁太平鄉中心小學校長	(卅)總人齊字第一二三五九號 三三、四、二〇	三三、一、二六
第三所	薦任六級至二級	委任一級	所長		王秩信		浙江黃岩	民五、三、九	兵工專門學校二六、六畢業	初任砲兵技術研究處服務員歷任技術員	(卅)總人齊字第三九五五號 三三、二、一四	三三、二、一四
	委任六級至一級	委任二級	技術員		王樹東		四川南充	民二、五、一	同濟大學机械電工系二六、九畢業	初任兵工署廿工廠技術員歷任技術員	(卅)總人齊字第三一六七五號 三三、九、二四	三三、五、一五
	同右	委任十級	〃		鄧清舫		四川自貢	民九、三、三	國立中央工業職業學校机械科三三、七畢業	初任本所技術員	(卅)總人齊字第一九九九八號 三三、六、一一	三三、六、一一
	委任八級至三級	委任八級	〃		王馨達		四川巴縣	民六、一、一	重慶大公職業學校机械科三〇、六畢業	初任兵工署廿八工廠技術員	(卅)總人齊字第二〇九九八號 三三、六、二六	三三、三、二六

	同少(中)上尉	軍委一階	事務員		陳朗	少秋	浙江鎮海	前一、八、六	上海民強中學一六、三、畢業	初任上海大通航業公司會計員歷任會計員事務員	(丗)總人齊字第六〇九一號 三三、二、二七、	三三、二、二七、
	同右	同中尉	ク		岳仲賢	秋潭	四川成都	民三、一〇、二六、	四川成公高級中學二〇、五、畢業	初任廿一軍邊防三路司令部教官歷任站員主任處員	(丗)總人字第一九六八九號 三三、八、三〇、	三三、八、三〇、
	同右	同中尉	ク		王功恕	純寬	湖南臨武	民一〇、四、八、	湖南臨藍嘉聯立鄉村師範學校二三、七、畢業	初任湖南臨武縣立第九小學教員歷任訓育員事務員	(丗)總人字第二一七四四號 三三、五、一九、	三三、五、一九、
第五所	薦任六級至二級		所長									
	委任六級至一級	委任一級	技術員		李繼遜	日新	湖南武岡	民一、四、一〇、	湖南大學電机工程科畢業	初任永利錏廠技術員歷任技術員課員	(丗)總人齊字第一〇五二六號 三三、三、三一、	三三、三、三一、
	委任八級至三級	委任六級	ク		張奉瀚		浙江鄞縣	民五、七、一〇、	上海大公職業學校機械科二九、六、畢業	初任中國汽車製造公司机務員歷任技術員	(丗)總人齊字第三五八四五號 三三、一〇、三一、	三三、一〇、三一、
	同少(中)上尉	軍委一階	事務員		袁守昌	培鑾	四川江北	前一五、一〇、一〇、	江北縣保長訓練所二六、二、畢業	初任江北縣上忠信團徵收員歷任保長司書	(卌)人精字第二六三三號 三四、一、二四、	三四、一、二四、
	同右	軍委一階	ク		丁繼樺		江西九江	前三、三、二五、	九江縣立師範學校八、一二、畢業	初任國營招商局九江分局辦事員歷任徵收員辦事員	(丗)總人齊字第三九一五號 三三、一、一四、	三三、一、一四、

0074

		第四所						
同右	薦任六級至二級	委任六級至一級	同右	委任八級至三級	同少(中上)尉	同右	同右
軍委一階	薦任十級	委任七級	委任六級	委任七級	軍委一階	軍委三階	軍委一階
〃	所長	技術員	〃	〃	事務員	〃	〃
高宇庭	呂則仁	曹菊祥	伍駿	張元敏	陳星若	蔡儀	戴凱
			友正				
四川成都	浙江東陽	上海市	湖南長沙	江西弋陽	廣東南海	湖北黃陂	湖北漢陽
民四、六、三、	民三、三、五、	前九、九、一、	民六、八、二五、	民六、一、二、	民九、一、二七、	民四、四、二、	民六、二、七、
湖北啟黃中學高中部二四、一三、畢業	兵工專門學校造兵科二四、八、畢業	浙江甲種工業學校肄業一年半	兵工學校第三期軍械技術科三一、八、畢業	同濟大學機械系三一、七、畢業	廣州教忠中學二七、六、畢業	湖北省立高級工業職業學校化學科三二、一、畢業	湖北省立高級中學肄業
初任軍政部城塞局司書歷任司書事務員	初任兵工署服務員歷任技術員課員	初任本廠額外技術員	初任兵工署技術司附員歷任技術員	初任本所技術員	初任廣東北江航務管理所事務員歷任科員辦事員		初任重慶世界化學公司技師
(卅)總人齊字第一六五一四號 三三、五、二〇、	(卅)總人字第一八九三號 三三、八、三、	(卅)總人齊字第二〇六〇六號 三三、六、二〇、	(卅)總人齊字第一九二九二號 三三、九、二、	(卅)總人齊字第一九九九八號 三三、六、二、	(卅)總人齊字第二三〇三〇號 三三、六、二七、	(卅)總人齊字第四一〇一四號 三三、三、二〇、	(卅)總人齊字第二四五〇六號 三三、七、三〇、
三三、五、二〇、	三三、八、三、	三三、六、二〇、	三三、九、二、	三三、六、二、	三三、六、二七、	三三、九、七、	三三、七、三〇、

第五所	薦任六級至三級	薦任十級	所長		何戊德		河北束鹿	民一六、八、	兵工專門學校第三期火藥科二三、七畢業	初任軍政部金陵軍械庫服務員歷任技術員	(廿)總人字第(一九二三)號 三三、八、三、	三三、八、三、
	委任六級至一級	委任二級	技術員		李永仁		江蘇無錫	民五、三、二七、	光華大學化學系畢業	初任輔仁中學教員歷任技術員	(廿)總人齊字第三三二六八號 三三、四、二七、	三三、四、二七、
	同右	委任四級	〃		駱憑誥		安徽廣德	民六、八、一九	同濟大學附設高職機械科二六、七畢業	初任重慶合作五金製造公司技師歷任服員技士	(廿)總人齊字第三三四九三號 三三、六、二〇、	三三、六、二〇、
	同少(中上)尉	同中尉	事務員		李庶斌		湖南衡陽	民八、三、七、	衡陽縣立大同中學初中部肄業	初任湖南保安第十二團書記歷任書記事務員	(廿)總人字第三〇八九四號 三三、三、九、	三三、三、九、
	同右	軍委二階	〃		胡燕	安煦	浙江鎮海	民八、二、一、	交通大學肄業二年	初任衡陽大生丸器廠工務員		三三、一〇、二七、
第六所	薦任六級至三級	薦任十級	所長		張世權		江蘇高郵	民四、三、三〇、	兵工學校第四期應用化學科畢業	初任兵工署製造司服務員歷任技術員	銓(七)字第一三四〇號 三三、九、一六、	三三、九、一六、
	委任六級至一級	委任八級	技術員		謝耀宗		江蘇武進	民八、五、二六、	國立西北工學院機械系三二、六畢業	初任國防工業設計委員會技訓處心理測驗員	(廿)總人齊字第四六〇二號 三三、五、二、	三三、一二、二九、
	同右	委任九級	〃		楊星奎		湖南湘鄉	前八、三、七、	長沙楚怡工業學校肄業	初任漢陽兵工廠領工歷任工務員	(廿)總人齊字第二〇五六〇號 三三、六、二〇、	三三、六、二〇、

十三

0076

	同少(中上)尉	軍委三階	事務員	胡子孝		湖北鄂城	民七、二、元、	湖北省立第九初級中學畢業	初任第一戰區幹訓團政治部司書 歷任科員副官		三三、三、一、
	同右	同少尉	ク	韓文法		河南孟津	前一〇、三、二〇、	孟津縣立中學肄業	初任河南建設廳助理員歷任教員僱員	(卅)總人字第一六〇九九號 三一、七、七、	三、四、一、
第七所	薦任六級至二級	薦任九級	所長	鄒昱	昱甫	察哈爾蔚縣	前一、一〇、一〇、	兵工學校第二期製藥科二三、七畢業	初任兵工學校助教歷任教官管理員技術員	銓叙(18)字第一〇八七三號 三〇、七、九、	三〇、七、九、
	委任六級至一級	委任四級	技術員	陳樹凱	希哲	上海市	民六、八、二、	兵工學校第五期應用化學系畢業	初任本處第二所技術員	(卅)總人字第一三二六八號 三三、四、二七、	三三、四、二七、
	同右	委任三級	ク	俞伯銘	長青	安徽懷寧	民一、九、六	安慶高級工業學校機械科畢業	初任安慶高級工業學校機械工廠管理員歷任材料員技術員	(卅二)總人齊字第二四五〇六號 三三、七、三	三三、七、三、
	委任八級至三級		ク								
	同右	委任六級	ク	陳光祖		湖南長沙	民八、二、八、	兵工學校軍械技術科畢業	初任本所技術員	(卅二)總人齊字第一三二六八號 三三、四、二七、	三三、四、二七、
	同少(中上)尉	軍委三階	事務員	李傳賢		湖南醴陵	民七、三、二七、	湖南私立湘東中學初中部二九、七、畢業	初任重慶潘力生會計師事務所事務員	(卅二)總人齊字第二〇六〇六號 三三、六、二〇、	三三、六、二〇、

	同少(中上)尉	同少尉	事務員	劉飛麟		安徽寧國	民八、一、四、	安徽省立女子職業學校高中部畢業	初任寧國縣立第二小學教員歷任辦事員	(卅)總人字第一五八四〇號三二、七、五、	三二、五、二、
	同右	軍委二階	〃	高啟然		江蘇嘉定	民八、四、三、	私立崇敬中學二六、七、畢業	初任廣安中心小學教員		三三、三、元、
第八所	薦任六級至二級	委任三級	所長	朱宝鈺		江蘇吳縣	民七、九、二六、	同濟大學機械系二九、七、畢業	初任砲兵技術研究處技術員歷任技術員	(卅)總人齊字第三二二五三號三三、七、三、	三三、七、三、
	委任六級至一級	委任六級	技術員	程月初	伯恒	浙江東陽	民七、一〇、一、	浙江大學機械系三二、六、畢業	初任浙江大學機械系助教	(卅)總人齊字第三三四九四號三三、一〇、九、	三三、七、四、
	同右	委任七級	〃	張鴻祥		江蘇無錫	前二、四、三、	無錫工商中學機械科肄業一年	初任本廠額外技術員	(卅)總人齊字第二〇六〇六號三三、六、二〇、	三三、六、二〇、
	同右	委任七級	〃	萬定國		江西豐城	民六、九、一七、	交通大學機械系三二、八、畢業	初任本所技術員	(卅)總人齊字第一九九一〇號三三、六、一〇、	三三、六、一〇、
	同右	委任八級	〃	翟象頤		廣東東莞	民九、三、一三、	同濟大學機械系三三、七、畢業		(卅)總人齊字第三九三七五號三三、二、二六、	三三、二、二六、
	同右	委任十一級	〃	柴里耕		浙江鎮海	民三、一二、一一、	同濟大學附設高職機械科三三、七、畢業		(卅)總人齊字第三五八四五號三三、一〇、三、	三三、七、一五、

十四

0078

委任八級至二級	委任四級	技術員	沈培孫	浙江嘉興	民七、三、二〇、	同濟大學機械系三〇、一、畢業	初任本廠第三所技術員	(卅一)總人齊字第一三二六八號 三一、四、二七、	三一、四、二七、
同右	委任六級	〃	賀聖懷	浙江鎮海	民七、八、二六、	上海市公職業學校高級機械科二九、六畢業	初任上海電氣服務社技術員歷任工務員	(卅一)總人齊字第二三三三七號 三一、七、四、	三一、四、五、
同右	委任十一級	〃	邵國宣	雲南會澤	民三、六、四、	同濟大學附設高職機械科三〇、七、畢業		(卅一)總人齊字第三五八五二號 三一、一〇、三一、	三一、七、五、
同右	委任八級	〃	方岳	四川廣安	民八、四、四、	同濟大學附設高職機械科畢業	初任中央電工器材廠助理員歷任工務員技術員	(卅一)總人齊字第二四五〇六號 三一、七、二二、	三一、七、三一、
同右	委任十一級	〃	黃善光	福建閩清	民三、八、九、	同濟大學附設高職機械科三一、七畢業		(卅一)總人齊字第三三四九四號 三一、一〇、九、	三一、七、五、
同少(中上)尉	同中尉	事務員	鄒勉之	廣東惠陽	民一〇、三、七、	廣東東江臨時中學高中部畢業	初任本所事務員	(卅一)總人字第二三一五〇號 三一、一〇、五、	三一、一〇、五、
同右	同少尉	〃	何雙林	浙江嘉興	民二、二、五、	嘉興縣立中學畢業	初任重慶合眾工程公司事務員	(卅一)總人字第一六〇九九號 三一、七、七、	三一
同右	同委二階	〃	伍子祝	廣東新會	民二、三、二三、	新會縣立師範學校二七、六、畢業 南洋華僑學校英文專科肄業一年	初任南洋文冬加叻埠鴻發公司會計員歷任練習生	(卅一)總人……第六…… 三……	

	同少(中)尉	軍委三階	事務員	丁建		湖南衡陽	民七、一、四、	九江私立光華中學高中部肄業一年半	初任陸軍輜重兵獨立汽車第五團器材管理員	(卅)總人甯字第六四四六號 三二、三、四	三二、八、一〇、
	同右	軍委三階	々	朱品鴻		浙江安吉	民六、五、二、	浙江孝豐縣立初級中學肄業	初任軍政部十二補訓處軍需歷任事務員		三二、八、一七、
	同右	同中尉	々	梅慕周		湖北武昌	民五、二、一五、	湖北應城縣立中學三二、畢業	初任湖北應城縣政府會計員歷任軍需	(卅)總人字第二三一五〇號 三二、一〇、五、	三二、一〇、五、
	同右	同中尉	々	王丕欽		四川南充	民八、九、二六、	南充高級職業學校二八、三、畢業	初任中國機器鑄造廠物料管理員	(卅)總人字第二七四四號 三二、五、一九、	三二、五、一九、
	同右	同中尉	々	董維		四川儀隴	民五、七、二、	儀隴縣立中學二三、五、畢業	初任儀隴縣政府收發員歷任錄事特務長副官	同右	三二、五、一九、
第九所	薦任六級至三級	委任二級	所長	姚錦松		江蘇松江	前二、八、一五、	上海中華職業學校土木科畢業(二七)	初任無錫實業學校技師歷任經理技術員	(卅)總人甯字第一三二六八號 三二、四、二七、	三二、四、二七、
	委任六級至一級	委任十一級	技術員	王長柏	鶴齡	湖北黃岡	民三、二、二、	重慶大公職業學校機械科三〇、七、畢業	初任兵工署第一工廠涪陵辦事處辦事員歷任助理員	(卅)總人甯字第三五五三四號 三二、一〇、一八、	三二、一〇、一八、
	委任八級至三級	委任八級	々	湯孝元		江蘇武進	民七、二、九、	國立中央工業職業學校機械科三一、七、畢業	初任本處第十所技術員	(卅)總人甯字第二九二九二號 三二、九、一一、	三二、九、二、

十五

0080

	同少(中上)尉	同中尉	事務員		吳本德		安徽懷寧	民八、三、三	蕪湖蕪關中學肄業二年半	初任蕪湖土地呈報處測量員	(卅)總人字第一六六一五號 三二、八、六	三二、八、六
	同右	同中尉	〃		關燿東		遼寧瀋陽	民二、三、六	國立第四中學高中部畢業	初任本所事務員	(卅)總人字第三〇八九四號 三二、三、九	三二、三、九
第十所	薦任六級至二級	薦任十級	所長		錢啟特		浙江嵊縣	民一、一〇、三〇	浙江大學電机系二四、六、畢業	初任杭州電氣公司技師歷任技士技術員	(卅)總人字第一六九二二號 三二、八、一三	三二、八、一三
	委任六級至一級	委任一級	技術員		金偉章	漢初	江蘇武進	民一、六、三	同右	初任江蘇省建設廳工程員歷任技士教官教員	(卅)總人字第二四七六一號 三二、一〇、一六	三二、一〇、一六
	同右	委任七級	〃		陳幼君	慶文	四川富順	民七、一、二六	中央大學机械系三二、七、畢業		(卅)總人督字第三五八四五號 三二、一〇、三	三二、一〇、三
	委任八級至三級	委任一級	〃		方炳盤		江蘇宜興	前一、六、七	中央大學電机系二四、一畢業	初任砲兵技術研究處技術員歷任技術員	(卅)總人督字第三九三五號 三二、二、四	三二、二、四
	同右	委任五級	〃		王者仁		江蘇松江	民[illegible]、四、二六	江蘇省立松江中學肄業同濟大學附設藝校二〇、一二畢業	初任上海閘北水電公司動力部管理員歷任管理員技士	(卅)總人督字第二九二九二號 三二、九、二	三二、九、二
	同少(中上)尉	同上尉	事務員		曹俊生	文善	安徽績溪	民六、二、五	浙江省立金華中學二五、一六畢業	初任浙江船舶總隊郵衛縣派出所稽查員歷任事務員	(卅)總人字第三〇六八三號 三二、一二、三	三二、一二、三

	同少（中）上尉	同中尉	事務員		何俊可		四川富順	民三、五、四、	重慶私立精益中學初中部元七畢業	初任砲兵技術研究處事務員	（卅）總人字第一五八四〇號 三三、七、五、	三三、七、五、
	同右	軍委二階	〃		丁鑿林	松濤	江蘇江寧	民三、三、一、	南京青年會中學二三、七畢業	初任安徽蚌埠公安局書記歷任特務員事務員	（卅）總人脊字第三五〇三四號 三三、十、六、	三三、十、六、
福利處	薦任四級至一級		處長									
	委任一級至薦任三級	支薪二百元	專員		周克功		浙江嵊縣	民三、一二、	上海復旦實驗中學商科二〇、六、畢業	初任武昌第一紡織公司會計員歷任科員組員股長會計主任		三三、八、八、
	同少（中）校	軍薦一階	處員		陳新	咏辛	浙江崇德	前十、七、七、	浙江甲種商業專門學校九、七畢業 浙江軍警教練所畢業	初任江海關監督公署會計歷任督察員局長中隊長課員組員	銓（卅）字第八二四號 三三、八、九、	三三、八、九、
	同少（中）上尉	同上尉	事務員		謝逸萊		江蘇武進	前六、六、十、	前京師官立女子師範學堂畢業	初任上海市立務本女子中學教員歷任教員主任服務員校長	（卅）總人字第三七八〇號 三三、二、一七、	三三、二、一七、
	同右	同上尉	〃		張其端	亞瑄	河北景縣	前四、十、十、	天津私立商業專校畢業	初任湖南乾城縣政府科員歷任主任站員	（卅）總人字第三四九九號 三三、三、九、	三三、三、九、
事業課	同少（中）校	軍薦一階	課長		金熾賢		江蘇武進	民一、八、二三、	上海儲光中學高級商科二三、七畢業	初任武青公路職整理站站長歷任服務員課員組員科員	銓案（卅）字第六三九三號 三三、五、一五、	三三、五、五、

0082

	同上（少校）尉	軍薦二階	課員		楊維根		浙江諸暨	前七、二、一〇、	諸暨縣立中學一三、七、畢業	初任中央軍校編譯處校對員歷任校對員組員課員	（卅三）總人齊字第七七六六號	三三、三、三、	三三、一一、四、
	同右	軍薦一階	〃		劉楚輝		湖北鄂城	前二、一〇、二、	武昌中華大學附設中學二三、七、畢業中央警官學校戰訓班二七、一〇、畢業	初任武昌地方法院書記官歷任幹事業務員	（卅三）總人齊字第三三三九號	三三、一〇、三、	三三、五、一、
	同中（上）尉	同上尉	〃		許之暢		安徽桐城	民三、三、三、	安徽省立六邑中學一八、六、畢業中央政治人員訓練班二六、四、畢業	初任陸軍二五師政治部指導員歷任指導員連長軍需組員	（卅三）總人字第一五八四〇號	三三、七、五、	三三、七、五、
	同右	軍委一階	〃		蔣維新	天福	四川華陽	前六、六、二、	四川尚成法政專門學校一九、七、畢業	初任軍政部駐川軍務局科員歷任譯員	（卅三）總人齊字第二八九六八號	三三、九、三、	三三、一一、九、
	同少（中）尉	軍委二階	〃		周樹忠	淦成	江蘇高郵	民八、一〇、四、	國立第九中學高中部三〇、七、畢業	初任大公報館會計課會計員	（卅三）總人齊字第二八九六八號	三三、九、三、	三三、九、三、
	同右	軍委三階	〃		李雄飛	名亭	湖南武岡	民四、一、一、	武岡縣立初級中學一九、六、畢業	初任湖南警備司令部司書歷任副官	（卅四）人精字第一三九〇號	三四、一、一八、	三三、七、一、
	同准（少）尉		事務員										
	同右	同少尉	〃		岳煥新	守謙	湖南長沙	前一、三、三、	湖北老河口私立鄭陽中學肄業二年	初任陸軍一九三師軍需處司書歷任事務員	（卅三）總人字第三〇八一四號	三三、三、七、	三三、一〇、一、

訓育課	委任四級至薦任五級或同少(中)校	薦任九級	課長		成機樟	西云	江蘇武進	前一、六、六、	江蘇省立第二農業學校一六、七、畢業 江蘇省立教育學院二一、畢業	初任江蘇吳縣縣農場技術員歷任館長校長主任	(卅)總人齊字第六三八五號 三三、三、	三三、三、七、
	委任八級至三級或同上(少校)尉	支薪一百八十元	課員		林用中	自強	江蘇丹陽	前六、三、二四、	江蘇省立教育學院二一、畢業	初任丹陽縣立第二農民教育館館長歷任視導員幹事主任教員		三三、二、三、
	同右	支薪一百四十元	〃		徐家達	明時	浙江吳興	前一、十一、九、	東吳三中一六、七、畢業 東吳大學肄業三年	初任浙江第三學區社會教育輔導員歷任主任助理秘書科長教員	(卅)總人齊字第二八九六八號 三三、九、三、	三三、三、七、
	同中(上)尉	軍委一階	〃		蔡劍光		福建廈門	民六、三、五、	國立戲劇專科學校三三、七、畢業	初任安南堤岸集英小學教員		三三、九、八、
	同右	軍委一階	〃		劉斌	建華	四川閬縣	民四、六、六、	川東聯合縣高級中學一六、七、畢業	初任閬縣縣政府科員歷任教員主任		三三、五、一〇、
	同少(中)尉	同中尉	〃		杜祖培		江蘇崇明	民二、四、四、	江蘇海門中學高中部二〇、六、畢業	初任海門農業改良場練習生歷任助理員幹事主任	(卅)總人字第七八二〇號 三三、四、二、	三三、四、二、
	同右	軍委二階	〃		袁趨凡	光德	河南開封	民一、一〇、三、	河南大學肄業一年	初任陸軍鐵甲車大隊副官歷任幹事書記課員	(卅)總人齊字第二八九六八號 三三、九、三、	三三、二、四、
	同准(少)尉		事務員									

0084

	同右	軍委三階	〃		張藝青		江蘇武進	民五、六、廿、	武進縣立女子師範學校二三、六、畢業	初任本廠福利處司書歷任教員	(卅)人精字第七六〇七號 三三、三、四、	三三、十、一〇、
醫院	聘任 月薪四百六十元至六百元	支薪六百元	院長		胡成儒		山東青島	民三、五、七、	青島醫學專門學校一九、八、畢業 日本東京帝國大學醫學部畢業	初任青島醫院醫師歷任主任院長教授	(卅)工人發文乙字第八八八號 三四、一、三〇、	三三、六、一〇、
	聘任 月薪四百元至六百元		內科主任									
	同右	支薪四百九十元	外科主任		張局難	台瀾	福建龍溪	前七、四、二六、	江蘇南通學院醫科二六、六、畢業 日本九州帝國大學醫學部畢業	初任南通學院醫科助教歷任醫師主任	同右	三三、七、六、
	同右	支薪三百八十元	產婦科主任		俞千宙	兆安	江蘇無錫	民二、九、一〇、	上海聖約翰大學醫學院二九、畢業	初任上海宏仁醫院醫師歷任醫師主任		三四、一、一、
	聘任 月薪三百六十元至六百元	支薪四百九十元	醫師		劉世達		湖南湘陰	前九、四、一五、	浙江省立醫藥專門學校醫學科一八、七、畢業	初任長沙市防疫醫院醫師歷任軍醫醫師主任	(卅)工人發文乙字第五七二五號 三三、六、一四、	六、九、三〇、
	同右	支薪三百二十元	〃		高愷		浙江杭州	民二、四、一、	國立江蘇醫學院三一、七、畢業	初任桂林省立醫院醫師歷任醫師	(卅)工人發文乙字第八八八號 三四、一、三〇、	三三、七、一〇、
	同右	支薪二百四十元	〃		張家瑜	怡曾	江蘇儀徵	民三、一、一、	國立江蘇醫學院三三、二、畢業		同右	三三、五、九、

任用	支薪	職別	姓名	字	籍貫	年齡	學歷	經歷	核准文號	日期
聘任 月薪一百六十元至三百元		實習醫師								
同右	支薪一百六十元	〃	李遠琴		浙江寧波	民六、十五	國立江蘇醫學院醫科三三、一畢業	—	（卅）工八發文乙字第八八八號 三四、一、三	三六、一四、
聘任 月薪二百元至四百元	支薪二百元	檢驗師	許道楨		湖北沔陽	民八、四一	中國博醫會醫藥技士專門學校病理實驗診斷科二七、四畢業	初任漢口普愛醫院化驗室技士歷任技士主任		三九、一七、
同右	支薪三百三十元	藥劑師	李鴻猷		江蘇武進	民二、三六、	國立藥學專科學校二九、六、畢業	初任衛生署麻醉藥品經理處技佐歷任技士助教	（卅）工八發文乙字第八八八號 三四、一、三	三八、一、
聘任 月薪一百二十元至三百元	支薪一百一十元	調劑員	陳玲素		江蘇崑山	民五、三六、	國立藥學專科學校調劑訓練班三三、六畢業		（卅）工八發文乙字第五七二五號 三三、六、一四、	三十、六、
同右	支薪一百二十元	〃	吳慕賢		江蘇青浦	民六、	國立藥學專科學校三三、六畢業		（卅）工八發文乙字第八八八號 三四、一、三、	三五、一七、
聘任 月薪二百元至三百六十元	支薪三百元	護士長	張志玉	子玉	湖北漢陽	民一、六六	漢口普仁高級護士職業學校二三、畢業	初任漢口協和醫院護士長歷任副護士長護士長藥劑生	同右	三三、一、
聘任 月薪一百八十元至三百元	支薪三百元	高級護士	汪菊英	敬俊	湖北黃岡	民一、二一	漢口普仁高級護士職業學校二四、畢業	初任北平協和醫院護士歷任護士長	（卅）工八發文乙字第五七二五號 三三、六、一四、	三六、一、

十九

0086

	同右	支薪二百六十元	〃		符玉芳		江蘇江陰	民一、五、八、	南京鼓樓高級護士職業學校肄業重慶仁濟高級護士職業學校畢業	初任普濟醫院護士歷任護士	同右	三一、三、一、
	同右	同右	〃		孫文賢		江蘇吳縣	民四、二、七、	上海澄衷護士職業學校二六、七、畢業	初任上海同仁醫院護士歷任醫護員、軍醫	同右	三一、九、一、
	同右	同右	〃		余雲棠	慶曲	湖北孝感	民三、七、三、	湖北高級護士職業學校二七、畢業中央高級助產職業學校畢業	初任湖北省立醫院護士歷任護士、助產士	(渝)工人發文乙字第八八八號 三四、一、三〇、	三三、一〇、一五、
	同右	支薪三百元	〃		嚴琳英		河北天津	民二、一、一、	同仁高級護士職業學校二四、畢業	初任同仁醫院護士歷任護士組員	同右	三三、一〇、八、
	同右	支薪二百六十元	〃		劉文瑛		湖北漢口	民三、一、一〇、	漢口普仁高級護士職業學校二七、畢業	初任南昌市臨時難民醫院護士長歷任護士長	(渝)工人發文乙字第八八八號 三四、一、一三、	三三、五、五、
	聘任月薪五十五元至八百八十元		護士									
	同右	支薪九十元	〃		賴愛芝		四川奉節	民五、四、四、	教育部衛生署合辦助產護士訓練班畢業	初任中國紅十字會重慶醫院護士歷任護士	(渝)工人發文乙字第八八八號 三四、一、一三、	三三、一二、一、
	同右	支薪一百元	〃		李廣徽		湖南新化	民四、六、六、	新化私立上梅中學肄業二年		(渝)工人發文乙字第五七二五號 三三、六、四、	三三、八、一〇、

十九

聘任 月薪五十五元至一百八十元	支薪一百元	護士	羅炎輝	四川資陽	民四、二、六	資陽五福小學畢業		(豐)工文發文乙字第五七二五號 三三、六、一四	三一、八、一〇
同右	支薪七十元	〃	吳志鴻	四川江津	民五、六、六	教育部衛生署合辦助產士助理員訓練班三三、三、畢業	初任衛生署傳染病院助理護士	(豐)工文發文乙字第八八八號 三四、一、三〇	三三、八、五
同右	支薪一百元	〃	王祖玲	江蘇鎮江	民八、三、一	上海智仁勇女子中學畢業	初任上海普世大藥房藥劑生	同右	三三、五、五
同右	支薪一百元	〃	徐崇富	湖北宜昌	民七、七	宜昌哀欽拿女子中學畢業 仁濟醫院護士訓練班二七畢業	初任宜昌仁濟醫院助理護士歷任助理護士		三三、七、一
同右	支薪七十元	〃	丁月輝	陝西紫陽	民八、六、一	湖北省立中學二六、七畢業 重慶市民醫院護士學校畢業	初任重慶市民醫院護士歷任護士辦事員		三三、七、一六
聘任 月薪一百八十元至三百元	支薪二百元	助產士	金偉如	江蘇吳縣	民一、二、二五	蘇州美國部俗民婦孺醫院產婦科畢業	初任蘇州婦孺醫院護士長歷任助產士護士長	(豐)工人發文乙字第五七二五號 三三、六、一四	二九、三、三
同右	支薪二百六十元	〃	姚慕貞	江蘇如皋	民四、一〇、一七	上海惠生高級助產職業學校二五畢業	初任上海惠旅產科醫院助產士歷任助產士軍醫		三三、七、一〇
聘任 月薪一百六十元至三百元	支薪一百六十元	事務長	范里	山東濟南	民一、二、一〇	山東省立中學二五畢業	初任三六師野戰醫院副官歷任科員組員		三三、二、一

0088

單位	職級	官等	職務		姓名	別號	籍貫	出生	學歷	經歷	銓敘	到差日期
	聘任 月薪六十元至一百二十元	支薪六十元	事務員		莊靜		江蘇武進	民三、六、三、	安徽芳藏女子初級中學肄業	初任本廠僱員		三三、七、一、
農場	委任五級至一級	委任一級	場長		杜豁然	賁之	河北井陘	前四、六、三、	北平大學農學院二四、畢業	初任浙江稻麥改良場技術員歷任技士主任股長		三三、九、一、
	委任八級至四級		技術員									
	同右	委任四級	〃		羅璠	煥如	浙江杭州	民二、一〇、二三、	北平大學農藝化學系二四、七、畢業	初任察哈爾省立農業專門學校教授歷任組長主任		三三、一〇、五、
	同右	委任四級	〃		朱桓	叔衡	浙江紹興	民二、五、	北平大學農學系二六、畢業	初任湖北農業改進所技士歷任技師主任		三三、九、一五、
	同右	委任八級	〃		葉育元	上鳴	廣東梅縣	民九、一〇、一六、	中山大學農學系三三、七、畢業		(卅四)人精字第三七八七號 三四、二、七、	三三、一〇、二、
	同少(中上)尉	軍需三階	事務員		張漢墀		湖北孝感	前三、五、二〇、	漢陽晴川中學畢業	初任廿九路軍六十師師部副官歷任辦事員業務員		三三、一二、二七、
	同右	同少尉	〃		謝融		四川合川	民五、一、八、	兵部第四小學畢業	初任砲兵技術研究處事務員	(卅)總人字第一四九〇號 三一、一、三一、	三一、一、三一、

子弟小學	聘任月薪八十元至一百二十元		校務主任									
	同少（中上）尉	軍委三階	事務員		魏德才		山東德縣	民三、八、二〇	河南私立昆陽中學高中部肄業二年半	初任德縣第一區區署署員	卅總人審字第六八九六八號 三三、九、三	三三、一一、一〇
	同右		〃									
會計處	薦任四級至一級	支薪二百元	處長		郭孝同		浙江杭縣	民四、三、二九	浙江宗文中學畢業	初任漢口第一紡織公司會計員歷任會計員組員課員課長主任專員	卅總人審字第二九〇九七號 三三、九、七	三三、九、七
	委任一級至薦任三級	支薪二百元	專員		龔英熊		江蘇吳江	民二、八、一七	國立上海商學院二五、七畢業	初任浙江省立洪台中學商科主任歷任股長課長	卅總人審字第二〇七九六號 三三、六、二三	三三、九、二七
	同少校	同少校	處員		許榮成		江蘇無錫	民一、二、三	上海青年會中學肄業	初任上海光明電器行助帳歷任書記譯電員	卅總人字第二四八八號 三三、二、一	三三、二、一
	同少（中上）尉	軍委二階	事務員		高鳳貴		河南太康	民一、三、五	河南省立高鄉中學二六、七畢業	初任五五軍軍需處課員歷任事務員錄員		三三、九、一六
簿記課	委任三級至薦任五級	薦任中級	課長		張景瑞		江蘇灌雲	前四、九、五	復旦大學會計系二六、一六畢業	初任江西省經濟委員會股長歷任組長主任教員股長	卅總人審字第一三三五二號 三三、四、二七	三三、二、一〇

0090

	委任五級至一級	支薪一百八十元	課員		陳炎	琪輝	福建閩侯	前八、九、二	上海崇實中學畢業	初任交通部駐滬電料管理局辦事員歷任課員幹事	(卅)總人審字第二四九五五號 三二、八、二、	三二、八、二、
	同右	支薪一百八十元	〃		陸憲廷		江蘇南匯	民一、六、二五	江蘇省立上海中學商科二五、六、畢業	初任國營招商局會計員歷任會計員課員		三二、二、一、
	同右	支薪一百六十元	〃		韓方喜		四川重慶	民九、九、一九	上海立信會計專科學校重慶分校二七、六、畢業	初任軍委會西南運輸處服務員歷任課員	(卅)總人審字第一六六四六號 三二、五、三、	三二、五、二、
	委任八級至五級	支薪一百三十元	〃		趙幼雲		四川巴縣	民六、五、一九	上海立信會計專科學校重慶分校二六、六、畢業	初任四川省銀行出納員歷任課員	(卅)總人審字第二三九五五號 三三、八、二、	三二、八、二、
	同右	支薪八十元	〃		周春貞		雲南平彝	民七、一、二七	雲南省立昆華女子中學二六、九、畢業	初任中國運輸公司辦事員歷任會計員幹事員	(卅)總人審字第三五四九九號 三三、一〇、二四、	三二、四、一〇、
	委任十二級至八級	支薪六十元	〃		張家梅		安徽懷寧	前六、三、七	安慶女子職業學校五、六畢業	初任中央大學會計組僱員	(卅)總人審字第一六六四六號 三三、五、三、	三二、五、二六、
	同右	支薪八十五元	〃		諶定中		安徽懷寧	民七、四、六	蕪湖蕪關中學二六、一畢業	初任西藏駐京辦事處會計股股員歷任課員	(卅)總人審字第四〇一〇號 三三、三、二〇、	三二、三、二〇、
成本計算課	委任三級至薦任五級	薦任五級	課長		李秉滔		江蘇六合	前九、七、二三	上海南方大學商科三、七、畢業	初任上海興業煙草工廠會計主任歷任科長主任	銓崇(13)字第九三七〇號 三三、六、二三、	三二、一一、

委任五級至一級		課員							
同右	支薪一百六十元	〃	朱榮熊		安徽逕縣	民六、六、五	復旦大學商學院肄業二年	初任滇緬鐵路工程局會計課課員，歷任辦事員、科員	(卅)總人會字第二〇六〇六號 三三、六、六	三三、六、二〇、
同右	支薪一百六十元	〃	李文儒	鴻珍	河北正定	民三、五、八	河北省立法商學院商學系二四、六畢業	初任鎮江高資江南造紙廠會計員，歷任會計員	(卅)總人會字第三三一三號 三三、六、一	三三、六、一、
委任八級至五級	委任五級	〃	徐德基		上海市	民六、一、一五	上海法政學院政經系三二、六畢業	初任上海大豐造紙廠會計主任，歷任科員、專務員	(卅)總人會字第二三二五三號 三三、七、三	三三、六、二六、
同右	委任七級	〃	周鼎		廣東潮陽	民八、三、二	武昌中華大學商學院工商管理系肄業二年	初任重慶川康營造廠會計員，歷任科員	(卅)總人會字第一六五一四號 三三、五、二〇	三三、六、一三、
同右	支薪一百二十元	〃	陳琳		廣東潮州	民七、一、一四	上海立信會計學校簿記班二六、六畢業	初任昆明益華煤鐵公司助理員，歷任課員	(卅)總人會字第一六六四六號 三三、五、二三	三三、五、二三、
同右	支薪一百一十元	〃	何柏青	流	浙江諸暨	民二、一、三	浙江省立高級中學商科二〇、六畢業	初任諸暨芦江小學校長，歷任立信會計員、科員	(卅)總人會字第一六六四六號 三三、五、二三	三三、五、二三、
委任十二級至八級	支薪九十元	〃	陳宏法		安徽廣德	民三、三、一六	重慶市會計人員講習所三二、一畢業	初任財政部涪陵鹽務監運處會計員，歷任課員		三三、二、二三、

0092

	同右	軍委二階	〃		黃俶卿	遂鑫	四川犍為	民七、五、五、	樂山縣立中學六、三、畢業	初任犍為張巴馬煤廠會計助理員、歷任事務員	(卅二)總人齊字第一六五二四號	三二、五、二〇、
薪工計算課	委任三級至薦任五級	支薪二百元	課長		王鑾	仲鳴	江蘇南通	民一、五、三〇、	南通私立商業中學畢業	初任南京大同麵粉公司會計員、經任科員會計員課員	(卅二)總人齊字一九六八九號	三二、八、三〇、
	委任五級至一級	支薪一百四十元	課員		曹繼常		四川江安	民三、五、八	北碚兼善中學高級商科六一、畢業、農本局會計人員訓練班畢業	初任北碚兼善中學會計助理員、歷任會計員課員	(卅二)總人齊字第一六六九五號	三三、五、二六、
	同右	支薪八十元	〃		劉榮國	人倨	四川涪陵	民二、七、二六	重慶立信會計學校三二、六畢業			
	委任八級至五級	支薪一百元	〃		經燕英		南京市	民五、五、七、	北平輔仁大學教育系三二、六、畢業		(卅二)總人齊字第六一八七號	三二、二、六、
	同右	軍委一階	〃		胡學恆		江蘇江都	民五、三、三、	江都私立揚州中學肄業二年半	初任江都縣政府辦事員歷任事務員課員	(卅二)總人齊字第九七〇號	三二、三、二八、
	同右	同中尉	〃		龐中鈺		河南洛陽	民六、九、三、	洛陽復旦中學畢業	初任本廠統計科科員	(卅二)總人字第二九九九二號	三二、二、九、
	委任十二級至八級	軍委一階	〃		高國光	起	南京市	民五、九、三、	湖北聯中理接分校高中部二九、七畢業、宜昌青年社會計補習班畢業	初任兵工署第四材料庫二分庫庫員、歷任庫員庫長課員	(卅二)總人齊字第二三三七號	三二、七、四、

黃俶卿	三二、三、四、
王鑾	三二、八、三〇、
曹繼常	三二、二、四、
劉榮國	三二、七、二七、
經燕英	三二、八、二六、
胡學恆	三二、三、二六、
龐中鈺	三二、二、九、
高國光	三二、七、四、

審計課	委任十二級至八級	支薪一百二十元	課員		向鳴岐		四川雲陽	民七、七、五、	成都志誠高級商業職業學校六、八、七、畢業	初任成都利川實業公司服務員暨任課員	卅總人審字第一六六四六號 三三、五、三、	三三、五、三、
	委任三級至薦任五級	薦任十一級	課長		蕭鴻漸		江蘇吳江	民一、四、八、	滬江大學會計系畢業	初任江蘇青浦營業稅局會計主任歷任主任股長課長	銓叙(卅)字第一三八四八號 三三、八、三、	三三、八、三、
	委任五級至一級	支薪一百四十元	課員		陳忠策	君謹	江蘇儀徵	前八、二、二九、	天津南開大學肄業	初任魯豫區統稅局辦事員歷任秘書組員股長課長	卅總人字第一九一九五號 三三、八、二〇、	三三、八、二〇、
	同右	支薪一百四十元	〃		陸康如		江蘇江寧	前六、三、三、	南京江寧中學畢業	初任金陵製造局統計科科員匯任股長科員課員	同右	三三、八、二〇、
	同右	支薪二百元	〃		許麟章		浙江吳興	民一、一二、三、	國立上海商學院畢業	初任浙贛鐵路會計處課員歷任主任股長	卅總人審字第四〇二六號 三三、三、二〇、	三三、三、二〇、
	委任八級至五級	支薪一百元	〃		高樹森		南京市	民四、六、五、	南京會計師公會附設會計補習學校畢業	初任兵工署廿一工廠供應課課員	卅總人審字第三六八三號 三三、二、八、	三三、二、八、
	同右	軍委一階	〃		嚴道畬	光畬	貴州印江	民九、九、六、	貴州省立貴陽高級中學肄業二年	初任貴州省會警察局僱員歷任幹事會計員科員	卅總人審字第一九九一〇號 三三、六、一〇、	三三、六、一〇、
	同右	支薪一百三十元	〃		吳邈		江蘇宜興	民三、一二、五、	上海持志大學肄業	初任敘昆鐵路工程局課員歷任課員股長		三三、一〇、一九、

0094

一

	委任十一級至八級	委任八級	〃		文慎		湖南長沙	民七、二、一七、	湖南省立商業專科學校工商管理系三一、七畢業	初任財政部零陵直接稅局稅務員		三三、二、一、
	同右	支薪一百元	〃		譚宗秀		四川萬縣	民一〇、二、六、	上海立信會計學校重慶分校三一、六畢業	初任本課課員	(卅)總人齊字第二六六四六號 三三、五、二、	三三、五、二、
土木工程科	薦任四級至一級	薦任十級	科長		蔣蔭松	我千	江蘇無錫	民二、三、二五、	國立浙江大學土木工程系二五、六畢業	初任武昌市政府工程員歷任工務員工程師	(卅三)總人齊字第六四五九號 三三、三、四	三三、一〇、八、
	同少校	軍委一階	科員		楊藻之		河北北平	民六、五、六、	浙江溫州中學畢業 中央軍校第十四期步科畢業	初任中央軍校特訓班區隊長歷任科員課員	(卅三)總人齊字第三五七九七號 三三、一〇、三〇、	三三、七、二四、
	同中(上)尉	同上尉	〃		梁忠玉		湖北宜昌	民三、八、八、	湖北省立第四中學畢業 中央軍校軍官訓練班十一期步科畢業	初任姊歸縣立第一小學教員歷任科員幹事	(卅)總人字第二九七〇三號 三一、三、三、	三一、九、一四、
	同少(中上)尉	軍委二階	事務員		袁鳳英	予凰	江蘇鎮江	民三、五、一四、	江蘇省立鎮江師範學校畢業	初任南京市立英中門小學教員歷任教員	(卅三)總人齊字第三五八六九號 三三、一〇、三一、	三三、一〇、三一、
	同右	同少尉	〃		陳鑄九	鐵鋒	四川銅梁	民七、五、六、	萬縣縣立初級中學肄業二年	初任重慶公共汽車公司廣告員歷任組員	(卅)總人字第二九八三六號 三一、三、二四	三一、七、八、
	委任一級至薦任四級	薦任十級	工程師		崔乃煊		河北文安	民六、二、二〇、	上海國立中法工學院土木科畢業	初任參謀本部城塞組江陰區工程處技佐歷任技佐技士	(卅三)總人齊字第六三九二號 三三、三、三、	三三、一〇、六、

三三

	委任三級至一級		工程師									
	同右	委任二級	工程師		宋世焜		安徽涇縣	民七、二、六、	湖北省立漢陽高工職業學校土木科二五、三、畢業	初任武昌市政府工程處查勘員歷任工程員股長技術員	卅總人審字第二〇六〇六號 三三、六、二〇、	三三、六、二〇、
	同右	委任二級	〃		賁超	文杰	江蘇川沙	民一、八、八、	上海滬江大學土木系肄業二年	初任上海董大酉建築師南京事務所繪圖員歷任工程師技佐	卅總人審字第一〇七三二號 三三、四、六、	三三、四、六
	委任五級至三級	委任三級	技術員		孔監平		浙江慈谿	民二、七、一五	浙江之江大學土木系元、畢業	初任上海華嚴營造廠工程師歷任工程主任工程師	卅總人審字第二〇九九七號 三三、六、二六、	三三、九、一〇、
	同右	委任三級	〃		周履		浙江杭州	民七、三、一、	交通大學土木工程系三〇、七、畢業	初任聖約翰大學助教歷任工務員	卅總人審字第四〇五六四號 三三、一一、三〇、	三三、一〇、四、
	委任八級至五級	委任四級	〃		阮揚中		四川銅梁	民二、七、三、	銅梁農業職業學校二七、一、畢業	初任四川双流縣農業推廣所主任歷任技術員督導員		三三、九、五、
	同右	委任六級	〃		章道江		安徽來安	民二、四、一、	中央大學農學院畜牧獸醫專修科三三、一、畢業	初任四川農業改進所技佐歷任督導員技佐		三三、一〇、五、
	同右		〃									

0096

	同右		ク									
	委任十級至八級		工程員									
	同右		ク									
	同右		ク									
	委任十二級至八級		測繪員									
	同右		ク									
	同右		ク									
	同上尉	軍委一階	管料員		程代勇	[illegible]	湖北孝感	民五、七、三、	湖北省立第三中學畢業	初任軍政部湘[illegible]工程處[illegible]，歷任課員管料員	[illegible]總人資字[illegible]一六五一四[illegible] 三[illegible]、五、二〇、	三三、五、二〇、

0097

	同少（中）尉	同少尉	管料員		朱福壽		湖北黃陂	前六、二、三、	黃陂縣立中學肄業五年	初任漢口市政府工務科材料股職員，歷任戰工員分隊長	（卅）總人字第二七五四號 三二、六、一、	三二、一、三、
購置科	薦任四級至一級	薦任五級	科長		陳志靜		江蘇武進	前五、一、一、	兵工學校造兵科第一期八、七、畢業	初任上海兵工廠技術員，歷任組長、技士、課長	銓敘（18）字第八四七五號 三三、六、一、	三三、四、一
	委任五級至三級或同少校	同少校	科員		汪承祝	幼勤	安徽合肥	前六、四、六、	前北平參戰軍軍士教導團八、三、畢業	初任上海兵工廠庶務股員，歷任庶務員、管理員、主任、副官、餉員	（卅）總人字第八三五二號 三一、五、三、	三一、五、三、
	同右	同少校	〃		舒洪鈞		廣東番禺	前一〇、三、三、	國立廣東大學高師部四、六、畢業	初任廣州市法院候補書記官，歷任委員、庶務員、教務員、主任、組員	銓敘廳字第一〇五九四號 三三、七、三、	三三、二、二、
	委任七級至五級或同上尉	同上尉	〃		周旦	仲瑜	浙江嵊縣	民五、六、七、	中央軍校十六期交科畢業	初任江寧要塞守備營排長，歷任排長、連附、副官	（卅）總人字第二三二六九號 三三、一〇、六、	三三、一〇、六、
	同右		〃									
	同右	同上尉	〃		余鵬群		湖北武昌	民四、三、三、	湖北省立第九中學畢業	初任武昌市政處水電廠營業股股員，歷任會計員、科員	（卅）總人字第一九三號 三二、一、二、	三二、一、二、
	同右	同中尉	〃	一	李笑秦		四川資中	民三、五、一、	巴縣縣立高泉師範畢業，陸軍二十一軍軍官教育團畢業	初任陸軍廿一軍第三旅副官，歷任副官、押運員	（卅）總人字第一八六六號 三三、六、二、	三三、六、二、

0098

委任十级至八级或同上尉	同上尉	科员	陈向九		河北献县	民二、四、八	郑州私立中南中学英六、毕业	初任山东[illegible]城县政府征收员，历任[illegible]员会计员	卅三总人字第三三三一九号 三三、三、二四	三三、九、二七
同右	军委一阶	〃	陈浩生		江苏武进	前五、一二、三	私立武进中学毕业	初任中央大学事务组员，历任事务员	卅三总人齐字第四一〇一四号 三三、三、一〇	三三、三、二〇
同右	同上尉	〃	吴高源	琼园	四川江津	前三、二、五	省立广州东[illegible]师范学校后期文史组毕业	初任江津县立小学校长，历任[illegible]组员	卅三总人字第一八〇〇七号 三三、七、三	三三、七、三
同右	同上尉	〃	卢渠波	[illegible]	广东[illegible]	民二、七、[illegible]	香港大同英文书院肄业	初任[illegible]会[illegible]员，历任组员	卅三总人字第一四九〇号 三三、一、三一	三三、七、一
同右	同上尉	〃	[illegible]振[illegible]		江苏宝山	前二、五、二	上海惠灵中学高中商科毕业	初任[illegible]	卅四总人字第一五三三七号 [illegible]	三四、五、七
同右	同上尉	〃	杨[illegible]生	[illegible]	湖南沅江	前八、一、二	南京钟英中学高中三七毕业	初任江苏[illegible]，历任[illegible]组员	卅四总人字第一〇七九五号 三四、六、三	三四、六、三
委任十二级至十级或同中尉	同中尉	〃	凌斌		湖南湘潭	前一、一〇、一〇	长沙[illegible]女子中学毕业	初任湖南[illegible]	卅四总人字第一九六八九号 三四、八、三〇	三四、八、三〇
同右	同中尉	〃	王[illegible]		四川江北	民九、九、三	巴县县立女子中学毕业	初任[illegible]	卅三总人字第二〇八九四号 三三、一二、九	三三、一二、九

					統計科		
同少(中)上尉	同右	同右	同右	同右	薦任四級至二級或同中(上)校	委任二級至薦任八級或同中校	委任五級至三級或同少校
同中尉	軍委三階	軍委三階	軍委一階	同上尉		支薪二百元	委任八級
事務員	押運員	押運員	〃	〃	科長	科員	〃
關幼鴻	王濟民	陳西伯	毛鴻林	馬文斌		王啟賢	常振嫻
		洞皆	友貴	禎齋		達人	
湖北鍾祥	四川銅梁	四川綦江	浙江江山	河北青縣		浙江杭州	湖南長沙
民八、八、三	民八、四、九	民一、八、一	民六、八、三	前七、二、六		民五、三、一九	民七、九、十
湖北省立第三女子師範學校畢業	重慶私立鎮江中學初中三畢業	綦江縣立中學高中畢業	江山私立志澄中學一九、七畢業	青縣縣立師範學校畢業		湖北私立武昌中華大學工商管理系肄業三年	重慶大學經濟系肄業
初任巴東縣中心小學教員、歷任事務員	初任陸軍四五軍三七師副官、歷任運輸員	初任綦江縣立中學教員、歷任辦事員、僱員	初任江西省公營福廠會計、歷任會計員、課員	初任青縣警察局書記、歷任課員、科員		初任交通部川滇公路管理處會計科員、歷任總務股長、課長	
登總人字第六六○六號 三三、六、二○	登總人字第一六一六六號 三三、六、二	同右	登總人字第二三一九號 三三、八、五	登總人字第九○四五號 三三、四、二○			登總人字第一八四五號 三三、一○、三
三三、六、二○	三三、四、二六	三三、三、二六	三三、七、一	三三、七、二		三三、一二、一○	三三、九、一

0100

	同右	支薪一百三十元	〃		沈宥年		四川成都	民七、七、八	蜀華高級中學三五、七畢業	初任四川公路局修車總廠總務組組員歷任會計員課員	卅三總人會字第一六七七二號 三三、五、廿六	三三、五、廿六
	委任八級至五級或同上(少)校	支薪一百六十元	〃		李平華	維白	四川巴縣	民一、十二	上海勞働大學附中十九、七畢業重慶實商高職校統計專修班畢業	初任四川長壽縣立女子中學教員歷任教員校長之任	同右	三三、五、廿六
	同右	軍委一階	〃		徐秀英		南京	民九、三、二	南京商業中學畢業	初任重慶艱童教養院第一分院教導員歷任教員辦事員	卅三總人會字第一六五〇四號 三三、五、二〇	三三、六、五
	同右	委任七級	〃		林蔭卿	貽	福建閩侯	民六、五、廿六	商務大學經濟系三三、畢業	初任□□會計處會計課課員	卅三總人會字第一三三四一五號 三三、七、一〇	三三、七、一〇
	委任十二級至八級或同中(少)尉	委任八級	〃		李耻華		四川巴縣		南京兵科中學高中部二十七、六畢業中國統計學社統計專修班第一期畢業	初任軍委會傷兵管理處實習生歷任辦事員	卅三總人會字第一六五五七號 三三、八、二九	三三、三、九
	同右	同中尉	〃		梅程生	瑚甫	湖南湘潭	前六、八、廿六	長沙縣立中學畢業	初任中國種苗場合作社營業員歷任事務員技術員	卅三總人字第三二四九九號 三三、一二、一九	三三、一二、九
	同右		〃									
	同少(中)上尉	軍委一階	事務員		程克忠（印）		湖北安陸	民二、三、廿六	湖北省立農業專科學校肄業二年	初任湖北釀造廠技士		三三、一一、一

	同少(中)上尉	軍需二階	事務員	文異俗		四川 遂寧	民九、二、四、	遂寧精一中學初中部二七、畢業	初任重慶哥倫布兵工廠管理員歷任幹事助理員	(國)人精字第三〇〇號 三四、一、三、	三七、一、
福利處子弟小學			教員	陳淑耘		四川 樂山	民六、五、六、	成都女子師範學校畢業	初任樂山中城鎮中心小學教員歷任教員		三六、一、
			〃	[illegible]		江蘇 淮陰	民二、九、九、	南通女子職業師範學校畢業	初任江陰縣梅小學教員歷任教員		三四、七、
			〃	張掌珠	藏文	江蘇	民八、九、九、	蘇州女子師範學校[illegible]畢業	初任江寧中心小學教員歷任教員校長		三八、一、
			〃	葉嘉英	文灝	浙江 黃岩	民五、八、	黃岩縣立女子師範學校畢業	初任黃岩河西小學教員歷任教員		三八、一、
			〃	吳 樂	慕慧	江西 南昌	民二、六、六、	國立社會教育學院藝術科畢業	初任青木關中心小學教員歷任教員		三八、八、
			〃	陳秀芳	湘衡	江蘇 [illegible]	前六、八、二	江蘇省立第一女子師範學校十三年畢業	初任江蘇第一師範附小教員		三三、三、
			〃	鍾振群		江蘇 太倉	民三、四、四、	南京女子師範學校畢業	初任青木關中心小學教員歷任教員		三八、九、

二六

0102

			〃		姚素生		安徽無為	民六、三、三〇	湖北省立建始女子師範學校三〇、七畢業	初任陸軍戰砲總隊宣傳隊民校教員		三三、八、二五
			〃		周冀姜		湖南長沙	民八、四、二	長沙女子中學高中師範科二八、七畢業	初任湘鄉横塘小學教員歷任教員主任		三三、九、三
			〃		褚懷珍		浙江海鹽	民三、九、元	杭州女子初級職業學校三三、七畢業	初任紹興成章小學教員歷任教員幹事		三三、二、一
			〃		魏景南	明	江蘇武進	民六、五、廿	武昌第二女子中學畢業	初任桂林東江鎮中心小學教員歷任辦事員導師		三三、二、一
			〃		莊均	思厚	江蘇武進	前一五、二、五	蘇州工業專門學校土木工程科畢業	初任江蘇吳江中學教員歷任制工程師技士主任		三三、七、一
			〃		瞿秀珍		江蘇靖江	民六、九、九	國立女子師範學校三三、七畢業	初任中央農業實驗所蠶桑助員歷任教員		三三、八、一七
			〃		蔣鋆鉅	明恒	浙江富陽	民八、二、七	浙江省立湘湖師範學校二六、畢業	初任遂昌縣立簡易師範學校教師歷任課員課長		三三、五、二七
			〃		孫智群		江蘇江寧	民八、七、七	國立女子師範學校三三、七畢業			三三、八、一

			教員		劉瑛	學源	四川成都	民七、三、五	成都興群體育專科學校畢業	初任眉山縣立女子初級中學教員歷任教員		卅三、一、六、
			〃		劉文真		山東長山	民五、九、九、	山東益都師範學校二七、七、畢業山東省立臨時政治學院文科畢業	初任山東昌樂第一中心小學校長歷任教員		卅三、九、五、
			〃		汪運生	濤	江蘇南京	民三、二、三、	南京金陵大學肄業	初任桂林職工訓練所傢具科主任歷任教員		卅三、二、十、
			〃		曾憲經	浩靜	湖南衡陽	民一、八、廿六、	湖南衡粹女子職業學校畢業	初任衡陽第六初級小學教員歷任教員主任		卅三、八、一、
			教導主任		方炳綸	丙莖	浙江義烏	前一、九、三、	浙江省立湘湖師範學校卅六、畢業	初任福建教育師資訓練所教員歷任教員教務主任		卅三、七、十七、
工務處		薦薪四百元	額外聘任工程師		徐光	子明	江蘇宜興	前廿四、九、廿五、	美國威斯康新大學畢業德國海德爾堡大學畢業	初任北京大學教授歷任參事教授教官		卅三、十、三、
		委任七級	附員		侯碩		江蘇無錫	民六、二、八、	兵工學校第六期造兵系三三、七、畢業			卅三、九、一、
		〃	〃		金澤淵		四川綦江	民七、八、十、	兵工學校第六期應用化學系三三、七、畢業			卅三、九、一、

0104

	委任七級	附員	武晉璋		山西霍縣	民七、一〇、三、	兵工學校第六期造兵系三三、七、畢業		三三、九、一、
	〃	〃	趙子立		河南睢縣	民六、四、一六、	兵工學校第六期應用化學系三三、七、畢業		三三、九、一、
	〃	〃	路松筠		安徽懷寧	民七、七、二三、	兵工學校第六期造兵系三三、七、畢業		三三、九、一、
	〃	〃	王愷華		江蘇溧陽	民七、二、一六、	同右		三三、九、一、
福利處	支薪四十元	僱員	楊唯銀		四川巴縣	民九、一二、一六、	教育部第二社會教育工作團農村建設學校畢業	初任教育部第二社教團民校導師歷任幹事	三一、一〇、二〇、
	支薪三十元	僱員	岑沛溢	永福	四川巴縣	民三、一、一〇、	大夏大學附設中學高中部肄業	初任重慶世成商店副經理歷任主任	三一、九、一六、
土木工程科	支薪二百四十元	額外聘任工程師	王維濬	一可	江蘇吳縣	民四、一〇、一〇、	國立中法工學院土木工程系二六、畢業	初任上海法租界工部局設計員歷任工程師	三一、三、一九、
	支薪一百五十元	僱員	劉夢熊		安徽桐城	民一、三、三、	河南丙海中學肄業	初任滇緬鐵路工程局監工員歷任監工員	三一、二、二〇、

支薪一百二十元

僱員

王業初

浙江杭縣

民四、四六、

浙江省立中學高中部畢業

初任上海新貴營造廠監工員歷任監工員

三三、二、四、

军政部兵工署第十工厂厂长庄权任内一九四五年十月人员移交清册（一九四五年）

2

軍政部兵工署第十一工廠廠長莊權內三十四年十月份人員移交清冊（附簡歷冊一種花名冊

區分	編制額			戰增額			缺額			實有數			備註
	員	工	兵	員	工	兵	員	工	兵	員	工	兵	
廠本部	四〇七	三五〇〇	三四四	八九			一〇六	三三八	一九九	三九〇	三一六二	一四五	
株洲董家塅留守處	七		八六										該處于本年秋間淪敵撤所有員兵均已遣散

3

移交廠長莊權

經交人張家傑

接收廠長丁天雄

經收人張家傑

部派監盤范德彰

署派監盤柳敏

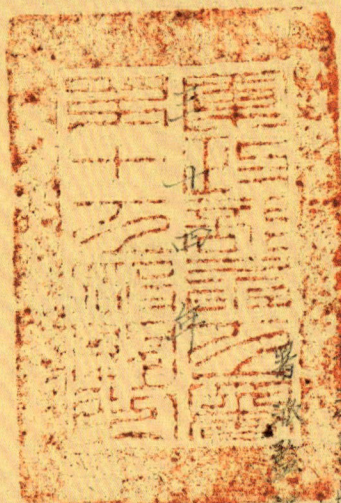

中華民國　　年　　月　　日

4

軍政部兵工署第十工廠廠長莊權任內三十四年十月份人員簡歷冊

5

軍政部兵工署第十工廠現有官佐名冊

區別	級職	姓名	年齡	籍貫	出身	略歷	備考
	簡任四級 廠長	莊權	四九	江蘇武進	德國撤克遜工業大學機械科畢業	歷充兵工廠技師主任工程師兵工委員科長廠長等職	
廠長辦公廳	薦任三級 主任秘書	張家傑	三九	江蘇儀徵	復旦大學商學院會計系畢業	歷充科員會計組主任處長主任秘書等職	
秘書室	同上校 秘書	盧漢璆	五九	福建永定	上海神州法政專門學校法律本科畢業	歷充股長科長秘書組長等職	
	軍薦一階 秘書	沈克俊	三六	安徽石棣	四川公立法政專門學校政治經濟系畢業	歷充科長課長秘書等職	
	仝右	李遐敷	四五	湖南湘鄉	復旦大學畢業	歷充股長課長專員秘書稽核等職	
	仝右	金之傑	四〇	江蘇嘉定	復旦大學文學院教育系畢業	歷充科員股長秘書等職	
	仝右	吳傑	四六	安徽歙縣	安徽省立第二師範學校畢業	歷充股長課長專員秘書主任等職	
	軍委一階 事務員	金則連	三〇	江蘇江寧	南京金陵大學附中高中部肄業	歷充教員事務員等職	

5-1

文書股	軍薦二階 副官	楊恩晟	三二	河北滄縣	河北省立第一師範學校畢業	歷充書記副官課員等職
	同中校 股長	燕鑄人	四三	湖北黃陂	湖北法政專門學校畢業	歷充秘書科長股長專員等職
	軍委二階 事務員	樊介祥	三三	四川江北	巴縣縣立中學肄業	歷充保管員股員事務員等職
	仝右	周建宏	三一	四川武勝	南充嘉陵高中畢業	歷充書記股員事務員等職
	仝右	劉澄	三〇	四川潼南	潼南縣縣立中學畢業	歷充戶籍員款員事務員等職
	軍委一階 事務員	洪根琛	三〇	安徽宿松	安徽省立宿松中學畢業	歷充司書書記事務員等職
人事股	同中校 股長	方燕蓀	三九	安徽定遠	上海聖約翰大學畢業	歷充科長課長股長等職
	軍薦二階 股員	丁聰	三六	江蘇無錫	北平朝陽大學法科畢業	歷充幹事院長編審組長等職
	軍委一階 事務員	楊立成	二九	安徽懷寧	九江鄉村師範學校畢業	歷充所長辦理員事務員等職
	仝右	祝修華	三三	浙江海寧	浙江海寧中山中學畢業	歷充管理員事務員等職

6

檔案股	軍委一階 股長	胡佩玉	三八	四川重慶	重慶求精中學畢業	歷充科員股員事務員等職	
	軍委一階 股員	李蔚農	三三	江蘇灌雲	江蘇省立東海師範畢業	歷充書記副官股員等職	
	軍委二階 事務員	林道生	三三	湖南武岡	湖南省立第一高中畢業	歷充書記軍需等職	
事務課	軍委一階 課員	吳遜	三二	江蘇宜興	上海持志大學畢業	歷充課員股長等職	
	軍薦二階 課員	陳凱	四〇	湖南衡陽	中華聖公會文華大學預科畢業	歷充副官排長連長課員等職	
	軍委一階 課員	吳嵩祥	二九	四川江津	成都成城中學肄業	歷充司書事務員等職	
	仝右	丁士良	三六	江蘇江陰	江陰澄輪中學畢業	歷充公務員指導員等職	
	仝右	劉蔭棠	三七	江蘇武進	江蘇省立第五中學畢業	歷充司書服員等職	
	軍委二階 事務員	容廉	二七	廣東新會	香港湘父中學畢業	歷充書記幹事組員科員等職	
	仝右	王繼春	四九	山東滕縣	滕縣縣立小學畢業	歷充司書事務員等職	

6-1

	軍委一階事務員	張治華	二九	湖南長沙	軍需學員班畢業	歷充司書副官軍需學識
	仝右	許之暢	三二	安徽桐城	安徽省立陸邑中學畢業	歷充軍需副官學識
出納課	同少校課長	余懷徽	三二	江蘇武進	江蘇省立常州中學畢業	歷充書記股員課員課長學識
	支薪八五元課員	陳元珠	三一	江蘇武進	重慶大公職業學校會計科畢業	歷充課員
	委任八級課員	陳級蘭	二三	安徽懷寧	仝右	歷充組員
	軍委三階課員	姜化南	二七	江蘇武進	立信會計校畢業	
	軍委一階課員	楊福鎰	四八	湖北宜昌	武昌高等學堂畢業	歷充事務員課員
	軍委二階事務員	李成果	二六	湖南衡陽	國立第三中學肄業	歷充事務員
	仝右	郭逢壬	二二	湖南寧鄉	湖南私立信義中學畢業	歷充保管員收發員
成品庫	軍薦二階庫長	郭品璋	三二	江蘇鎮江	南京金陵大學肄業	歷充書記股長課員庫長

	軍委一階庫員	李高全	三三	四川墊江	陸軍第八十八軍士官隊畢業	歷任連長教官
	仝右	孫壽卿	三五	山東濟寧	南京成美中學一九二二畢業	歷任書記辦事員科員
	軍委二階庫員	孫雲山	三三	江蘇寶應	南京東方中學肄業二年	歷任技師押運員
	軍委三階課員	楊定祥	四三	四川巴縣	重慶川東聯立師範學校肄業二年	歷任管理員司書
	軍委一階事務員	易晉	三三	江蘇興化	上海大公職業學校機械科畢業	歷充庫員管理員
	軍委二階事務員	程祖蔭	二九	江蘇無錫	無錫縣立中學肄業	歷任軍士事務員
警衛稽查組	代理上校組長	袁祖翹	三五	湖北鄂城	中央軍校第七期一九.九.畢業 中央警官學校高級班一期二六.三.畢業	歷任中隊長督察員所長主任教官副處長
	少校組員	嚴國威	三二	浙江杭縣	中央警官學校特警班一期二八.一.畢業	歷任紡織廠業公會常務主席科員組長
	軍委一階組員	劉樹連	三一	山東武城	中央警官學校特種警察訓練班第四期三〇.七.畢業	歷任巡官檢察員組員
	仝右	劉亮丞	三二	陝西南鄭	浙江警官學校畢業	歷任教務主任幹事科員

7-1

職別	姓名	年齡	籍貫	學歷	經歷
上尉組員	李雲浪	三二	廣東梅縣	中央陸軍軍官學校步科畢業	歷充排長連長副官
仝右	覃鳳池	三一	湖北來鳳	湖北省立[illegible]制十三中學二六、一二、畢業 軍委會戰政班第二期三一、五、畢業	歷任教員隊長政務員科員
軍委一階組員	張其昌	三〇	福建	中央警官學校特種訓練班第五期三三、六、畢業	歷任校長教員科員課員
中尉組員	林毅強	三〇	廣東文昌	中央軍校十七期步科三一、八、畢業	歷任分隊長
軍委三階組員	栗翼和	二七	湖南長沙	中央警官學校特訓班三二、一一、畢業	歷任管理員股員
軍委二階組員	郭竹青	三三	湖北黃陂	軍訓班第五期二四、一〇、畢	歷任特務長排長事務員
仝右	童有華	二八	四川涪陵	巴縣立第三職業學校三七、二、畢業	歷任教員司書
軍委三階司書	文林	三二	四川合川	朝陽中學肄業	歷充司書
仝右	袁君武	三五	湖北武昌	武昌中華大學高中部二八、畢業	歷任司書僱征員助理員
警衛步校大隊大隊長	唐猶龍	三五	湖南武岡	湖南第二聯合中學一九、一二、畢業 砲兵學校尉官班三期二五、二、畢業	歷任觀測員連附連長營附教官

8

	上尉大队附	朱幼松	二七	安徽桐城	中央军校二分校十六期步科毕业	曾任指导员区队长中队长科员
	准尉副官	凌炳春	三三	湖南湘潭	湘潭县立中山初级中学毕业	曾任事务员
第一中队	上尉中队长	贺又和	二九	湖南当阳	中央军校十七期步科毕业	曾任连附区队长分队长中队长
	中尉中队附	刘志钦	二九	安徽涡阳	中央军校军训班十期步科毕业	曾任排长附员分队长
	准尉特务长	刘俊卿	二七	四川三台	陆军四五军军官教育团毕业	曾任排长
	中尉分队长	王敦惠	二七	河南汲县	中央军校十七期步科毕业 陆军特种兵联合分校工兵科毕业	曾任排长助教
	少尉分队长	全静涛	二五	江苏睢县	中央陆军军官学校十七期步科毕业	曾任附员排长管理员
	仝右	尚步连	三二	江苏铜山	徐州中学初中部毕业 陆军五七师干部教育班一期毕业	曾任排长副官
第二中队	上尉中队长	韩幼成	三二	四川巴县	中央军校十四期步科毕业	曾任队附员排长副官组员
	少尉中队附	孔广仁	二五	浙江永康	中央军校十八期步科毕业	曾任分队长

8-1

單位	職別	姓名	年齡	籍貫	學歷	經歷
	准尉特務長	左世棠	二七	四川墊江	墊江縣立中學畢業	曾任上士文書
	中尉分隊長	龔秉鈞	二八	四川瀘縣	中央軍校十八期步科畢業	曾任附員排長
	准尉分隊長	張福建	四〇	江蘇銅山	銅山縣立師範學校肄業	曾任上士班長副官
	少尉分隊長	桂雲龍	二九	湖南黃梅	陸軍四一軍幹訓班畢業 軍委會東南幹訓團步科畢業	曾任押運員排長
	中尉管理員	周敏生	二七	四川達縣	中央軍校第十七期步科畢業	曾任排長連長參謀
工務處	簡任六級處長	榮泉馨	四二	江蘇無錫	德國柏林工業大學畢業	曾任主任教員課長委員主任
	軍薦二階處員	胡良濟	三八	浙江杭縣	浙江之江大學文學院肄業	曾任書記科員股員
	軍委二階事務員	邱世昌	四一	四川大足	大足縣立舊制師範學校肄業	曾任書記調查員所員文書
	仝右	徐清塵	二四	江蘇武進	國立第二中學畢業	曾任事務員
工程師室	薦任一級總工程師	陳心元	四三	山東惠民	同濟大學電工機械系畢業	曾任幫工程師技術員所長

9

[印]	薦任一級工程師	蔡其恕	四三	江蘇青浦	同濟大學電工機械科畢業	歷充教員技術員工程師	
[印]	仝右	陳熹業	三九	廣東梅縣	德國勃浪斯威高等工業大學畢業	歷充委員技術員主任工程師	
[印]	薦任三級工程師	孟繼炎	三九	山東長清	同濟大學電機系畢業	歷充技術員課長工程師	
[印]	薦任四級工程師	陳志靜	四〇	江蘇武進	兵工專校第一期造兵科畢業	歷充組長技士課長科長工程師	
[印]	薦任九級工程師	張庭桂	三六	江蘇金山	同濟大學機械系畢業	歷充技術員工程師	
[印]	薦任十級技術員	陳志暄	四二	安徽廬江	安徽省立第一工業學校畢業	歷充廠員技術員庫長	
[印]	仝右	李繼遜	三五	湖南武岡	湖南大學電機工程科畢業	歷充技術員課員課長	
[印]	仝右	方炳盤	三六	江蘇宜興	中央大學電機系畢業	歷充技術員	
[印]	委任三級技術員	陳俊明	三六	江蘇上海	上海濬水測繪學校畢業	歷充課員技術員	
	委任八級技術員	鄧清劭	二六	四川自貢市	中央工職校技術科畢業	歷充技術員	

9-1

職別	姓名	年齡	籍貫	學歷	經歷	備考
委任九級技術員	田嘉鑾	二二	雲南雲龍	同濟大學附職校機械科畢業	歷充技術員	
仝右	柴里耕	二二	浙江鎮海	仝右	歷充技術員	
委任十級技術員	曹后勁	二七	浙江寧波	仝右	歷充技術員	
軍委二階事務員	卜慶成	二八	江蘇武進	武進私立正衡中学畢業	歷充事務員	
仝右	陶維堃	二五	四川雲陽	雲陽縣立初中畢業	仝右	
委任二級課長	葉昭浩	二八	浙江鄞縣	同濟大學附職校机械科畢業	歷充技術員所長	作業課
委任四級技術員	陳光祖	二七	湖南長沙	兵工專校軍械技術科畢業	歷充技術員	
委任十級技術員	楊駐恩	二四	雲南劍川	同濟大學附職校机械科畢業	歷充技術員	
委任六級技術員	曹菊祥	四〇	上海市	浙江省立甲種工業學校畢業	歷充技術員	
委任五級技術員	閻梓亭	三二	河北青縣	安慶省立高職校畢業	歷充技師技術員	

10

	委任五級技術員	傅元慶	二九	江蘇武進	西北工學院礦冶工程系畢業	歷充技術員
	委任六級技術員	金性初	二八	浙江溫嶺	同濟大學附職校機械科畢業	歷充技術員
	委任八級技術員	陳權	三〇	江蘇武進	江蘇常州中學機械科肄業	歷充技術員
	同上尉事務員	孟榮鉅	三二	江蘇江寧	江蘇江寧師範學校畢業	歷任校長教員主任
	軍委三階事務員	高啟良	二八	江蘇嘉定	嘉定蘇民職業學校畢業	歷充辦事員書記
	軍委一階事務員	宋銘三	三六	雲南晉寧	江西大同中學畢業	歷充書記課員
檢驗課	委任三級技術員	駱思誥	三二	安徽廣德	國立同濟大學附職校機械科畢業	歷充股員技術員
	仝右	李國璋	二九	廣東五華	廣州市立第三職校畢業	歷充技術員
	委任七級技術員	趙子立	二九	河南睢縣	兵工學校第六期應用化學系畢業	歷充技術員
	委任二級技術員	戴樹智	二九	江蘇吳縣	同濟大學機械系畢業	歷充技術員

(6-)

委任七級技術員	謝耀宗	二七	江蘇武進	西北工學院機械科畢業	歷充技術員	
委任六級技術員	陳幼君	二八	四川富順	中央大學機械系畢業	歷充技術員	
委任三級技術員	陳樹凱	二七	上海市	兵工學校大學部應用化學系畢業	歷充技術員	
委任五級技術員	張鴻祥	四三	江蘇無錫	無錫少商中學機械系肄業	歷充技術員	
仝右	馬天文	三三	河北河間	河北省立高職校畢業機械科	歷充技術員	
委任十級技術員	譚承權	二五	四川萬縣	重慶高職校機械科畢業	歷充技術員	
委任六級技術員	徐光輝	三〇	江蘇松江	上海中華職校機械科畢業	歷充技術員	
軍委二階事務員	申屠華	三三	浙江東陽	浙江軍管區軍官大隊畢業	歷充隊長幹事	
仝右	譚隆文	三六	四川巴縣	重慶市立初中畢業	歷充事務員	
仝右	潘蘭清	三二	江蘇江寧	安慶子女師範畢業	歷充事務員	

工政課

軍委二階事務員	管達希	三九	浙江嘉興	浙江甲種農業學校畢業	歷充庫員事務員
軍簡二階課長	潘鴻	四八	浙江平湖	南京海軍電雷學校畢業	歷充副官課員課長
支薪一八〇元課員	陳炎	四三	浙江闓條	上海崇實中學肄業	歷充辦事員課員
代理軍簡二階課員	李子範	三三	浙江定海	上海民立中學肄業	歷充辦事員庫員
同上尉課員	宋萬山	四二	江蘇淮陰	江蘇省立第六中學畢業	歷充事務員課員
仝右	高字庭	三一	四川成都	湖北啟黄中學高中部畢業	歷充司書事務員
仝右	高啟智	三一	江蘇嘉定	上海三育中學畢業	歷充教務主任
仝右	劉佩谷	二八	湖南株陽	中央大學法律系畢業	歷充科員課員
委任七級課員	郭循安	二四	河南新鄉	中央工職校機械科畢業	歷充工務員
軍委二階事務員	徐棟臣	四三	江蘇江寧	南京鐘英中學畢業	歷充股員保管員

117

部門	職級	姓名	年齡	籍貫	學歷	經歷
	同中尉事務員	宋毓麟	三一	河北南宮	南宮縣立中學畢業	歷充副官事務員
	仝右	李繼良	三七	四川廣漢	廣漢元覺寺小學畢業	歷充事務員
	仝右	李永祥	二九	江蘇如皋	南京五洲中學畢業	歷充事務員
材料庫	軍委一階庫員	賀家熾	二八	安徽滁縣	國立第九中學高中畢業	歷充助理員庫員
	同中尉庫員	何仲良	三一	江蘇吳縣	吳縣縣立中學畢業	歷充事務員
	軍委一階庫員	潘克昌	二五	安徽全椒	教育部特設第一中山班高中畢業	歷充會計員庫員
	仝右	胡文彬	二六	上海市	上海上公中學畢業	歷充事務員庫員
	仝右	孫庠大	二四	江蘇武進	無錫輔南中學畢業	歷充事務員庫員
	委任九級庫員	段渭	二一	雲南彌勒	同濟大學附職校機械科畢業	
	軍委二階事務員	周亞華	二三	浙江平湖	上海震旦大學附中畢業	歷充工務員

12

（印：延卡）	同上尉事務員	陳　潛	三一	浙江臨海	浙江臨海私立中山中學畢業	歷充庫員事務員
第一所（印：延卡）	薦任五級所長	金子澄	四二	江蘇無錫	同濟大學機師科畢業	歷任技士工場主任股長所長
	委任五級技術員	王學璪	三二	江蘇宿遷	武昌高職校機械科畢業	歷充技術員
	軍委二階事務員	郭　璽	三一	河北安國	河北正定中學畢業	歷充司書事務員
	仝右	張裕驥	三四	安徽蕪湖	蕪湖高級農職校畢業	歷充站員電務員
	軍委三階事務員	楊昌廷	二五	四川銅梁	重慶高職商科畢業	歷充小學校長
第二所（印：延卡）	薦任十級所長	王秋信	三一	浙江黃巖	兵工專校軍械技術科畢業	歷充技術員所長
（印：延卡）	委任一級技術員	王栩東	三三	四川南充	同濟大學附職機械科畢業	歷充技術員
（印：延卡）	委任二級技術員	吳人杰	三五	湖北漢陽	湖北省立高職校機械科畢業	歷充事務員技術員
	委任六級技術員	王聲達	二九	四川巴縣	重慶大公職校機械科畢業	歷充技術員工場主任

12-1

所別	職別	姓名	年齡	籍貫	學歷	經歷
	軍委一階事務員	陳明	三二	江蘇江寧	上海民孫中學畢業	歷充事務員
	軍委三階事務員	汪壽祥	三二	江蘇江寧	上海私立安徽中學高中肄業	歷充收驗員管理員
	軍委一階事務員	王功恕	二五	湖南臨武	湖南臨藍嘉聯立鄉村師範學校畢業	歷充教員事務員
第三所	委任二級所長	沈倍孫	二八	浙江嘉興	同濟大學機械系畢業	歷充技術員
	委任一級技術員	吳庭亨	四二	江蘇武進	上海東華大學機械系畢業	歷充技術員
	委任五級技術員	張奉源	三一	浙江鄞縣	上海大公職校高級機械科畢業	歷充技術員
	軍委一階事務員	袁子臣	五〇	四川江北	江北縣政府保長訓練班畢業	歷充保長司書課員
	仝右	丁繼華	四八	江西九江	江西九江縣立師範學校畢業	歷充辦事員徵收員
第四所	薦任十級所長	呂則仁	三二	浙江東陽	兵工專校造兵科畢業	歷充技術員所長
	委任五級技術員	周載黄	二八	浙江吳縣	上海大同大學機械系畢業	歷充技術員

13

	委任五級技術員	伍駿	二八	湖南長沙	兵工學校軍械技術科第二期三〇八畢業	曾任附員技術員
	委任十級技術員	王長柏	二二	湖北黃岡	重慶六公職業學校機械科畢業	曾任辦事員助理員技術員
	軍委一階事務員	陳犀若	二五	廣東南海	廣州散忠中學畢業	曾任科員書記事務員
	軍委三階事務員	徐造成	二六	浙江平湖	上海私立中國中學肄業	曾任收發員
	軍委一階事務員	戴凱	二八	湖北漢陽	湖北省立高級中學肄業	曾任技術事務員
第五所	薦任十級所長	何戊德	三三	河北東鹿	兵工學校第二期火藥科畢業	曾任服務員技術員
	委任一級技術員	李永仁	二九	江蘇無錫	光華大學化學系畢業	曾任教員技術員
	委任五級技術員	程月初	二六	浙江東陽	浙江大學機械系畢業	曾任助教技術員
	同中尉事務員	李度識	二六	湖南衡陽	衡陽縣立大同中學初中部肄業	曾任書記事務員
	軍委二階事務員	胡燕	二六	浙江鎮海	交通大學肄業二年	曾任工務員事務員

137

第六所 薦任十級 所長	張世權	三〇	江蘇高郵	兵工學校第四期應用化學科畢業	曾任服務員技術員
委任二級 技術員	包其家	二八	江蘇崑山	同濟大學附設高職機械科畢業	曾任機務員技士
委任六級 技術員	朱元敬	二六	浙江蕭山	金陵大學化學系畢業	曾任技術員副工程師
軍委三階 事務員	胡子孝	二六	湖北鄂城	湖北省第九初級中學畢業	曾任司書科員副官
軍委二階 事務員	韓又法	四四	河南孟津	孟津縣立中學肄業	曾任助理員教員
第七所 薦任九級 所長	鄒昱	三五	察哈爾蔚縣	兵工學校第二期製藥科畢業	曾任教官管理員技術員
委任一級 技術員	林德經	三六	福建閩侯	福州電氣公司藝術傳習所畢業	曾任管理員技術員
委任二級 技術員	俞伯銘	三四	安徽懷寧	安徽高級工業學校機械科畢業	曾任管理員材料員技術員
委任四級 技術員	尹劍飈	二九	山西孟縣	中山大學機械系肄業一年	曾任技術員工程師
軍委三階 事務員	孫東升	三〇	山東濟南	江西九江鄉村師範肄業	曾任事務員

14

軍委二階事務員	劉飛麟	二六	安徽寧國	安徽省立女子職業學校高中部畢業	曾任教員辦事員
仝右	高啟然	二六	江蘇嘉定	私立崇敬中學畢業	曾任教員事務員
第八所					
委任二級所長	朱寶鈺	二七	江蘇吳縣	同濟大學機械系畢業	曾任技術員
委任二級技術員	朱建中	三〇	江蘇江都	同濟大學機電系畢業	曾任技術員技士課長
委任六級技術員	南登岐	二六	江蘇江都	同濟大學機械系畢業	曾任技術員
仝右	萬定國	二八	江西豐城	交通大學機械系畢業	曾任技術員
仝右	鍾恩寵	三〇	廣東五華	同濟大學機電系畢業	曾任技術員
委任五級技術員	張明彝	二八	湖北江陵	廣西大學機械系畢業	曾任股員技士
委任八級技術員	梅宮榮	二九	四川瀘縣	重慶高級工業職業學校機械科畢業	曾任技術員工務員
委任五級技術員	閻梓亭	三二	河北青縣	安慶高級工業職業學校機械科畢業	曾任技師技術員

147

第九所

委任七級技術員	莊雙瑞	二五	江蘇武進	重慶大学化学系畢業	曾任技術員
仝右	武尚章	三一	江蘇江寧	國立復旦大学法学院肄業兩年	曾任辦事員教員編輯
軍委二階事務員	何雙林	三二	浙江嘉興	嘉興縣立中学畢業	曾任事務員
仝右	伍子初	二三	廣東新會	新會縣立師範学校畢業 南洋華僑学校大專科肄業一年	曾任會計員練習生
仝右	林振華	二三	廣東蕉嶺	蕉嶺縣立中学高中部畢業	曾任教員
軍委四階事務員	朱品鴻	二八	浙江安吉	浙江孝豐縣立初級中學肄業	曾任軍需事務員
同中尉事務員	梅慕周	二九	湖北武昌	湖北應城縣立中学畢業	曾任會計員軍需
軍委一階事務員	王丕欽	二六	四川南充	南充高級職業学校畢業	曾任管理員事務員
仝右	董維	三〇	四川儀隴	儀隴縣立中学畢業	曾任錄事特務長副官
委任一級所長	姚錦松	四五	江蘇松江	上海中華職業学校土木科畢業	曾任技師辦理技術員

15

單位	職級	姓名	年齡	籍貫	學歷	經歷
	委任七級技術員	張元敏	二八	江西弋陽	同濟大學機械系畢業	曾任技術員
	仝右	湯孝元	二七	江蘇武進	國立中央工業職業學校機械科畢業	曾任技術員
	同中尉事務員	吳本德	二六	安徽懷寧	蕪湖萃文中學肄業二年半	曾任測量員
	軍委三階事務員	唐運鴻	三一	四川安岳	安岳縣立中學肄業兩年	曾任司書縣事
第十所	薦任十級所長	錢啟時	三四	浙江嵊縣	浙江大學電機系畢業	曾任技師技士技術員
	委任一級技術員	金卓章	三四	江蘇武進	浙江大學電機系畢業	曾任工程員技士教官教員
	委任二級技術員	張善	三二	浙江嘉善	同濟大學機械系畢業	曾任技術員工程師
	委任三級技術員	余炳儒	五〇	浙江杭縣	上海梵皇渡公學機械科肄業二年半	曾任技術員課員
	委任四級技術員	王若仁	三四	江蘇松江	江蘇省立松江中學肄業 同濟大學附設藝徒學校畢業	曾任管理員技士
	同上尉事務員	曹俊生	二八	安徽績溪	浙江省立金華中學畢業	曾任稽查員事務員

151-1

職工福利處	軍委二階事務員	劉尚志	三一	河南杞縣	開封建國中學初中部畢業	曾任司書書記
	軍荐二階專員	周克功	三一	浙江杭縣	上海復旦實驗中學商科畢業	曾任科員組員股長會計主任
	軍荐一階處員	陳新	四四	浙江崇德	浙江甲種商業專门學校畢業 浙江軍警教練所畢業	曾任警察局長中隊長課員組員
	同上尉事務員	謝逸萊	五二	江蘇武進	前京師官立女子師範學堂畢業	曾任教員主任校長
	仝右	張其端	三八	河北景縣	天津私立商業專校畢業	曾任科員主任站員
事業課	軍荐二階課長	傅抱青	三六	浙江杭縣	杭州蕙蘭中學畢業	曾任事務員書記技佐專員秘書
	軍荐二階課員	楊維根	四一	浙江諸暨	諸暨縣立中學畢業	曾任組員課員
	仝右	沈問清	三二	浙江崇德	海寧中山中學畢業	曾任設計員幹事
	軍委一階課員	胡學恒	二九	江蘇江都	私立揚州中學肄業二年半	曾任辦事員事務員司書課員
	仝右	蔣維新	四〇	四川華陽	四川志成法政專门學校畢業	曾任科員課員

16

	軍委二階課員	周樹忠	二六	江蘇高郵	國立第九中學高中部畢業	曾任會計員	
	仝右	岳煥新	三五	湖南長沙	湖北老河口私立鄖陽中學肄業二年	曾任司書事務員	
	軍委三階事務員	熊維鈞	二四	廣東梅縣	梅縣私立水白初級中學畢業	曾任事務員	
	仝右	李雄飛	三〇	湖南武岡	武岡縣立初級中學畢業	曾任司書副官	
訓育課	薦任八級課長	成機禪	三五	江蘇武進	江蘇省立第二職業學校畢業 江蘇省立教育學院畢業	曾任館長視導員幹事主任教員	（印）
	支薪一八〇元課員	林用中	四〇	江蘇丹陽	江蘇省立教育學院畢業	曾任視導員主任教員	（印）
	支薪一四〇元課員	徐家達	三五	浙江吳興	吳興三中畢業 東吳大學肄業二年	曾任主任助理秘書科長教員	（印）
	軍委二階課員	蔡劍光	二八	福建廈門	國立戲劇專科學校畢業	曾任教員	
	仝右	劉斌	三〇	四川南縣	川東聯合縣高級中學畢業	曾任科員教員主任	
	軍委三階課員	楊唯銀	二五	四川巴縣	教育部第二社會教育工作團鄉村施教區鄉村建設學校畢業	曾任導師幹事	

164

軍委二階課員	張藝青	二九	江蘇武進	武進縣立女子師範學校畢業	曾任教育幹事校長事務員
軍委三階事務員	董靜盦	三四	浙江寧波	寧波高工校畢業	曾任事務員
醫院					
支薪六〇〇元院長	馮雁忱	二七	山東昌樂	濟南齊大醫學院畢業	曾任醫師主任
支薪六〇〇元內科主任	秦文傑	二九	山東安邱	仝右	曾任醫師技士
支薪四九〇元外科主任	張局難	四一	福建龍溪	江蘇南通學院醫科畢業 日本九州帝國大學醫學部畢業	曾任醫科助教醫師主任
支薪四九〇元醫師	劉世達	四三	湖南湘陰	浙江省立醫藥專門學校醫學科畢業	曾任醫師軍醫主任
仝右	彭週	三二	廣東陸豐	國立上海醫學院畢業	曾任醫師
支薪二四〇元醫師	張家瑜	三一	江蘇儀徵	國立江蘇醫學院畢業	仝右
支薪二〇〇元醫師	李遠琴	二八	浙江寧波	國立江蘇醫學院醫科畢業	仝右
仝右	吳靜	二九	浙江黃岩	浙江省立醫藥專科學校醫科畢業	曾任醫師軍醫

17

13

檢驗師 支薪二〇〇元	許道禎	三四	湖北漢陽	中國博醫會藥技士專門學校病理實驗診斷科畢業	曾任化驗技士技士主任
藥劑師 支薪三百二十元	李鴻猷	三三	江蘇武進	國立藥学專科学校畢業	曾任技佐技士助教
調劑師 支薪一百八十元	陳玲素	二〇	江蘇崑山	國立藥学專科学校調劑訓練班畢業	
調劑員 支薪一百二十元	吳慕賢	二九	江蘇青浦	國立藥学專科学校畢業	
護士長 支薪三〇〇元	張志玉	三四	湖北漢陽	漢口普仁高級護士職業学校畢業	曾任護士長副護士長 藥劑生
高級護士 支薪三百六〇元	符蕙芳	三四	江蘇江陰	南京鼓樓高級護士職業学校畢業	曾任護士
高級護士 支薪三〇〇元	汪菊英	三四	湖北黃岡	漢口普仁高級護士職業学校畢業	曾任護士護士長
高級護士 支薪二百六十元	孫文賢	三一	江蘇吳縣	上海澄衷護士職業学校畢業	曾任護士長護士長軍醫
藥劑師 支薪三百〇元	崔應福	三二	遼寧瀋陽	藥学講習所藥科畢業	
護士 支薪三〇〇元	嚴琳英	三三	河北天津	同仁高級護士職業学校畢業	

支薪一八〇至三〇〇元高級護士	劉文瑛	三二	湖北漢口	漢口普仁高級護士職業學校畢業	曾任護士長	
支薪五五至一八〇元護士	李詠華	二八	四川自貢	江蘇醫學院護助訓練班畢業	曾任助理員	
支薪九十元護士	趙愛之	二九	四川奉節	教育部衛生署合辦助產護士助理員訓練班畢業	曾任護士	
支薪一百元護士	羅少輝	二八	四川資陽	資陽羅氏五福小學畢業		
支薪一百元護士	徐崇富	二八	湖北宜昌	宜昌衷歐會女子中學畢業	曾任助理護士	
支薪七十元護士	吳杏鴻	二九	四川江津	教育部衛生署合辦助產護士助理員訓練班畢業	曾任助理護士	
支薪三〇〇元助產士	金偉如	三四	江蘇吳縣	蘇州美國柳[illegible]氏婦孺產院產婦科畢業	曾任護士長助產士	
支薪一八〇至三〇〇元助產士	陳淑顏	三三	廣東中山	廣東和立婦孺助產學校畢業	曾任助產士	
支薪六〇元事務員	莊靜	三二	江蘇武進	安徽芳徽女子初中肄業		
委任一級農場場長	杜豁然	三一	河北井陘	北平大學農學院畢業	曾任技術員技士主任股長	農場

18

	委任四級技術員	傅槃娥	二四	江蘇宜興	國立雲南大学畢業	
	仝右	胡鶴齡	二六	仝右	國立雲南大学農學院畢業	
	仝右	朱檍	三一	浙江紹興	北平大学農学院畢業	曾任技師主任
	委任八級技術員	葉香天	二六	廣東梅縣	中山大學農学院畢業	
	軍委二階事務員	張漢墀	四六	湖北孝感	漢陽晴川中學畢業	曾任副官辦事員業務員
	仝右	謝融	三〇	四川合川	成都第四中学畢業	曾任事務員
子弟小學	聘任教導主任	陳益華	三八	江蘇嘉定	江蘇省立教育学院畢業	
	聘任教員	袁維	三七	江蘇武進	武進縣立高師畢業	
	仝右	鍾振群	三三	江蘇太倉	南京女子師範畢業	曾任教員
	仝右	闞觀	三二	遼寧梨樹	四川省立川東師範畢業	

18-1

聘任教員	吳進祥	二一	江蘇吳縣	國立重慶師範畢業		
仝右	葉嘉寶	三二	浙江黃岩	黃岩縣立女子師範畢業	曾任教員	
仝右	鄭玉華	三七	四川瀘縣	四川省立瀘縣師範普通科畢業	曾任教員校長	
仝右	張掌珠	三三	江蘇吳縣	蘇州女師畢業	曾任教員校長	
仝右	褚懷珍	三〇	浙江海鹽	杭州女子初級師校師範訓練班畢業	曾任教育幹事	
仝右	吳志隱	四二	安徽合肥	江蘇省立第一女師畢業		
仝右	顧質文	三二	江蘇吳縣	蘇州景海女師高師畢業		
仝右	陳秀芳	四〇	江蘇六合	江蘇省立第一女子師範畢業	曾任教員	
仝右	孫智群	二七	江蘇江寧	國立女子師範畢業		
仝右	陳愛莉	三四	浙江蘭溪	杭州弘道女校幼稚師範科畢業		

19

會計處

職別	姓名	年齡	籍貫	學歷	經歷
仝右	方炳綸	三五	浙江義烏	浙江省立湘湖師範畢業	曾任主任教員
仝右	潘潔清	二六	廣東惠陽	國立戲劇專科學校肄業一年	曾任教員訓育員
仝右	湯華	二八	江蘇武進	上海兩江體育專科學校畢業	曾任教員
仝右	萬瑛	二一	江蘇武進	國立重慶師範美師科畢業	
仝右	唐純貞	二一	四川潾水	國立重慶師範音師科畢業	
仝右	羅蘭	二一	四川古宋	國立重慶師範體師科畢業	
仝右	趙潤生	二八	江蘇松江	南京棲霞師範畢業	曾任小學教員
軍委三階事務員	魏德才	三三	山東德縣	河南私立[illegible]中學高中部肄業	曾任署員
軍委一階事務員	杜祖培	三三	江蘇崇明	江蘇海門中學畢業	曾任薪事課員
處長 支薪二〇〇元	郭孝同	三一	浙江杭縣	浙江宗文中學畢業	曾任會計員組員課員課長主任專員

簿記課

荐六專員	陳濟時	三二	浙江杭縣	杭州浙江省甲種高業学校畢業	曾任特長主任	（印）
同少校處員	許榮成	三四	江蘇無錫	上海青年会中学肄業	曾任書記譯電員	（印）
軍委二階事務員	高鳳資	三四	河南太康	河南省立高師中学畢業	曾任事务員課員	
荐任十級課長	張景瑞	三八	江蘇灌雲	復旦大学会計系畢業	曾任組長主任款貸股長	（印）
委任三級課員	何慶从	二九	江蘇江都	國立商業專科学校畢業	曾任股長	（印）
支薪一八〇元課員	陸寫廷	三四	江蘇南通	江蘇省立上海中学商科畢業	曾任會計員課員	（印）
支薪一六〇元課員	韓方喜	二六	四川重慶	上海立信會計專科学校重慶分校畢業	曾任課員	（印）
支薪八〇元課員	周春貞	二八	雲南平彝	雲南省立昆華女子中学畢業	曾任会計員辦事員	
支薪六〇元課員	張家梅	四〇	安徽懷寧	安慶女子職業学校畢業		
支薪八五元課員	諶定中	二八	仝右	蕪湖[illegible][illegible]中学畢業	曾任股員課員	

20

成本課

荐任五級 課長	李秉超	四三	江蘇六合	上海南方大学商科畢業	曾任課長科長主任
支薪一百六十元 課員	高雪怡	三一	江蘇鎮江	上海法学院統計会計課畢業	
支薪一百八十元 課員	朱榮鼐	二九	安徽涇縣	復旦大學商科肄業二年	曾任課員
支薪一百三十元 課員	趙幼雲	二五	四川巴縣	上海立信會計学校重慶分校畢業	曾任出納員課員
軍委二階 課員	歐啟文	三三	四川涪陵	立信會計專科学校附設会計職業訓練班畢業	曾任課員
委任七級 課員	周鼎	二七	廣東潮陽	武昌中華大学商学院肄業二年	曾任科員
支薪八十元 課員	吳建藩	三〇	四川合江	立信會計專科学校附設会計職業訓練班畢業	曾任簿記員
支薪一百一十元 課員	何柏青	三三	浙江諸暨	浙江省立高級中學商科畢業	曾任科員
支薪九十元 課員	陳宏法	三二	安徽廣德	重慶市会計人員傳習所畢業	曾任課員
同中尉 課員	曹新一	二六	江蘇嘉定	江蘇省立上海中學畢業	

201-1

薪工計算課	支薪二百元 課長	王鑾	三四	江蘇南滙	南通私立商業中学畢業	曾任事務員
	支薪一百四十元 課員	曹継常	三二	四川江安	蒙本局会計人員訓練班畢業	曾任会計員課員
	委任五級 課員	徐德基	二九	上海市	上海法政学院政經系畢業	曾任科員事务員
	軍委二階 課員	陶崇文	二六	南京市	南京蘇民職校商科畢業	
	同中尉 課員	龐中旺	二六	河南洛陽	洛陽復旦中學畢業	曾任科員
	軍委一階 課員	高國光	三〇	南京市	湖北聯中建始分校畢業	曾任庫員股員
	支薪一百二十元 課員	向鳴岐	二八	四川雲陽	成都志城高級商業職業学校畢業	曾任課員
審計課	薦任十一級 課長	蕭鴻漸	三四	江蘇吳江	滬江大學会計系畢業	曾任主任股長課長
	支薪一百四十元 課員	陳忠策	四二	江蘇儀徵	天津南開大学肄業	曾任秘書組員股長
	仝右	陸康如	二五	江蘇江寧	南京江寧中学畢業	曾任主任股長

21

支薪二〇〇元 課員	許麟章	三四	浙江吳興	國立上海商學院畢業	曾任課員
軍委一階 課員	高樹森	三〇	江蘇南京	南京會計師公會附設會計補習學校畢業	曾任課員
仝右	嚴道裔	二五	貴州印江	貴州省立貴陽高中修業	仝右
委任五級 課員	朱金鳳	二九	江蘇溧陽	國立商專會計科畢業	曾任會計員
委任八級 課員	文愼	二七	湖南長沙	湖南省立商專工商科畢業	曾任稅務員
土木科					
薦任九級 科員	蔣蔭松	三二	江蘇無錫	國立浙江大學土木工程系畢業	曾任工程員工務員工程師科長
軍薦二階 科員	楊慕之	二八	河北北平	浙江溫州中學高中及中央軍校畢業	曾任科員
軍委一階 科員	梁忠玉	三一	湖北宜昌	中央軍校軍官訓練班十一期步科畢業	曾任科員鄂幹幹事
軍委四階 事務員	郭明泉	三四	河南新鄉	河南新鄉縣立中學畢業	曾任服務員
軍委二階 事務員	胡備興	三〇	江蘇睢寧	山東省立菏澤中學畢業	曾任事務員

21-1

購置科

職別	姓名	年齡	籍貫	學歷	經歷
薦任九級工程師	崔月煌	三二	河北文安	上海中法國立工学院土木工程系畢業	曾任技士工程師
委任二級工程師	費　超	三四	江蘇川沙	上海滬江大学土木系肄業	曾任繪圖員技術員工程師
軍委一階管料員	程仲堯	二九	湖北孝感	湖北省立第三中学畢業	曾任管料員
軍委二階管料員	朱福壽	三六	湖北黄陂	黄陂縣前川中学高中肄業	曾任監工員技士分隊長管料員
軍薦一階科長	金熾聲	三四	江蘇武進	上海倫弟中学高中部商科畢業	曾任股員課員組員科員課長
軍薦二階科員	江承祝	五〇	安徽合肥	北洋安徽軍以上教導團畢業	曾任副官組員科員
仝右	鄺洪鈞	四五	廣東番禺	國立廣東大学高師畢業	曾任書記庶務員文牘組員科員
軍委一階科員	周　旦	二九	浙江嵊縣	中央軍校十六期步科畢業	曾任排長連附副官押運員
仝右	井崇德	四一	河北文安	中央警官学校滇區員警訓練班畢業	曾任巡官警察長
仝右	余柏群	三〇	湖北武昌	湖北省立第九中学畢業	曾任會計員司書科員

22

軍委二階科員	李笑余	三〇	四川資中	巴縣[illegible]師範畢業 陸軍第二十一軍[illegible]教育團畢業	曾任副官押運員
軍委一階科員	陳向九	二九	河北獻縣	鄭州私立中南中學畢業	曾任徵收員課員會計員
仝右	陳浩生	三八	江蘇武進	私立武進中學畢業	曾任組員事務員科員
仝右	吳高源	三六	四川江津	重慶川東聯立師範學校後期文史組畢業	曾任小學校長辦事員事務員組員科員
仝右	盧渠波	二一	廣東東莞	香港大同漢文書院肄業	曾任[illegible]委員組員
仝右	譚聲揚	二七	安徽合肥	上海中學高中部工科畢業	曾任車長站長庫房管理員
軍委二階科員	凌炳	三四	湖南湘潭	長沙岳雲中學畢業	曾任[illegible]稽查員[illegible]員
仝右	王道蕭	二四	四川江北	四川巴縣縣立女中畢業	曾任事務員科員
軍委二階事務員	仲士藩	二四	江蘇常熟	江蘇省立太倉中學高中部畢業	曾任科員事務員辦事員
軍委三階事務員	王濟民	三一	四川銅梁	重慶私立[illegible]學畢業	曾任副官連附僱員

22-1

統計科

軍委三階事務員	陳西伯	三一	四川綦江	綦江縣立中学卒業	曾任分隊長、辦事員、僱員
軍委一階事務員	壽奕清	三一	浙江諸暨	浙江金華中学高中部畢業、中央軍校三分校十六期畢業	現任押運員
仝右	馬文斌	五一	河北青縣	青縣々立小学畢業	曾任書記、司書、課員、辦事員
支薪二百元科員	王啟賢	二八	浙江杭縣	湖北私立武昌中華大学商学院工商管理系肄業三年	曾任科員、檢查員、股長、課長
委任二級科員	李士儒	三〇	河北正定	河北省立法商学院商学系畢業	曾任會計員、課員、科員
支薪一四〇元科員	沈有年	二六	四川成都	四川蜀華高級中学畢業	曾任組員、會計助理員、課員、科員
支薪一三〇元科員	李平華	三三	四川巴縣	上海國立勞働大学附中畢業、重慶私立實用高級職業学校統計班畢業	曾任教員、校長、會計主任、科員
委任五級科員	吳永穆	二二	四川巴縣	國立復旦大学統計專修科社會系畢業	
委任七級科員	常振嫺	二六	湖南長沙	國立重慶大学化学系畢業	曾任科員
軍委二階科員	徐秀英	二四	江蘇南京	南京育群中学畢業	曾任教導員、教員、辦事員、譯電員、科員

23

14

軍委二階科員	梅雁生	三三	湖南漢壽	湖南長沙縣中畢業	曾任事務員科員
委任八級科員	劉國厚	三二	湖北廣寧	朝陽學院經濟系畢業	曾任科員主任
軍委一階事務員	程[illegible]忠	三三	湖北安陸	湖北農專肄業	
軍委二階事務員	文異俗	二四	四川遂寧	遂寧私立精一初中畢業	曾任辦事助理員
軍委三階課員	何靜翔	二七	四川雲陽	四川省立南充中學肄業	
合計	三六三員				

24

額外員

職別	姓名	年齡	籍貫	學歷	經歷
支薪四〇〇元 工程師	徐光	五七	江蘇宜興	美國威斯康新大學畢業入[illegible]海時尔大學畢業	曾任大學教授參事
支薪二六〇元 工程師	王維漆	三〇	江蘇吳縣	中法國立工學院土木工程學士	曾任設計員工程師
支薪四〇〇元 工程師	魏朝瑋	四四	湖南		
仝右	姚公凱	四四	湖南	湖南高等工業學校肄業 中央陸軍學校十八年畢業	曾任參謀團附營長所長主任參謀參謀長督察官
支薪二四〇元 技術員	李宗潭	三六	河北安國	兵工專校造兵科畢業	曾任技副技術員主任所長
仝右	戴坤培	三〇	江蘇奉賢	私立上海滬江大學肄業	曾任辦事員助理員科員
支薪二〇〇元 技術員	米康域	三一	浙江海寧	國立同濟大學機械系畢業	曾任教員主任工程師
支薪一四〇元 技術員	龔長椿	二四	江蘇海门	仝右	
仝右	周俊英	二四	浙江鎮海	仝右	
仝右	袁文明	三一	浙江連水	中央大學畜牧獸医畢業	曾任技助技士

24-1

支薪一四〇元技術員	陳椿年	二一	浙江餘姚	國立交通大學機械系畢業	
仝右	唐炯南	二三	江蘇武進	重慶交通大學機械系畢業	
仝右	康繼隆	二四	江蘇南滙	國立交通大學機械系畢業	
支薪九〇元技術員	李檪臣	一九	雲南蒙自	國立同濟大學附設高工職業機械科畢業	
支薪九〇元事務員	李文彬	三四	湖北江陵	漢口江漢中學畢業	曾任科員庫長
仝右	萬慧初	三二	湖北鄂城	朝陽大學經濟系畢業	曾任營業員稽核員科員
仝右	李明	二〇	江蘇江陰	無錫龍志中學畢業	曾任材料員帳務員組員
仝右	胡天玉	一九	浙江蘭谿	國立貴州大學理科肄業	曾任護士
支薪一五〇元僱員	劉夢熊	三三	安徽桐城	河南函海中學肄業	曾任監工員
支薪一三〇元僱員	王業初	三〇	浙江杭州	浙江省立高中肄業	仝右

支薪三〇元僱員	岑沛溢	三一	四川巴縣	大夏大学附設中学高中部肄業、曾任副經理主任
委任四級附員	王縄勲	二七	河南三其	兵工学校大学部応用化学系畢業
委任七級服務員	候碩	二八	江苏盐城	兵工学校六期造兵系畢業
仝右	金澤淵	二九	四川綦江	仝右
仝右	武晉璋	二九	山西霍縣	仝右
仝右	路松筠	二八	安徽懷寧	仝右
仝右	王愷華	二九	江苏溧陽	仝右
額外人員合計	二七員名			

26

移交廠長莊權

經交人張家傑

接收廠長丁天雄

經收人張家傑

部派監盤苑德彰

署派監盤柳敏

中華民國三十四年　月　日

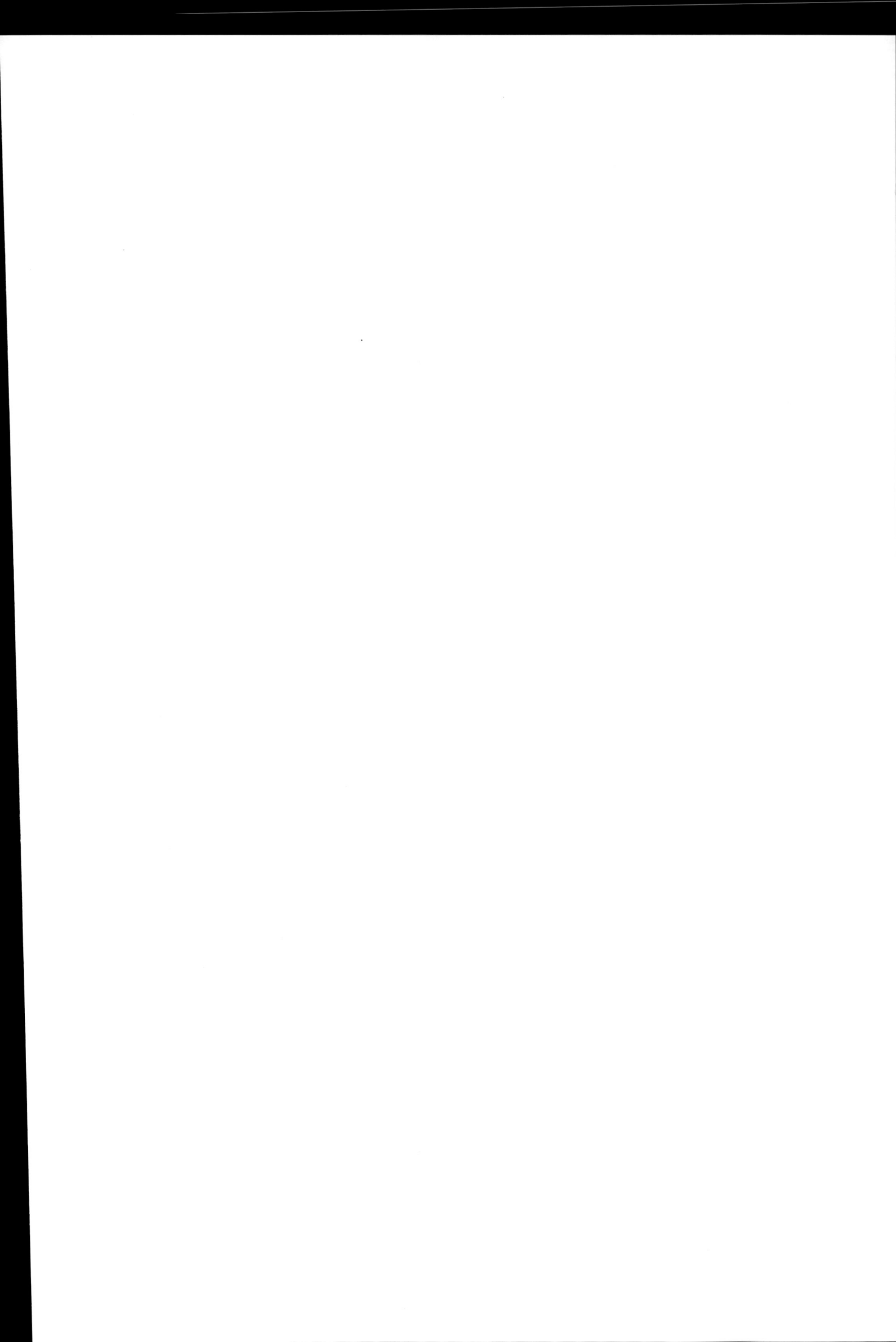